Repousser l'horizon
Pushing back the horizon

Itinéraires et réflexions en Europe pour le Troisième Millénaire

European cultural itineraries and explorations for the Third Millenium

© Éditions du Rouergue
5, rue Cusset, 12 000 Rodez
Tél. 65 73 36 07 - Fax 65 68 09 59

Les Éditions du Conseil de l'Europe
Conseil de l'Europe - Strasbourg

CONSEIL de L'EUROPE

European cultural itineraries and explorations for the Third Millenium

Itinéraires et réflexions en Europe pour le Troisième Millénaire

Cet ouvrage a été réalisé sous la direction de
This book is edited by

Robert Dulau

Repousser
Pushing back
the horizon
l'horizon

Recherche iconographique
Picture research

Annie Delay

EDITIONS du ROUERGUE

Itinéraires culturels du Conseil de l'Europe

Council of Europe
Conseil de l'Europe

Council of Europe Cultural Routes

Avant-propos
Foreword

CATHERINE
LALUMIÈRE

Les Itinéraires Culturels du Conseil de l'Europe ont été créés en 1987, à l'initiative de l'Assemblée Parlementaire et du Conseil de la Coopération Culturelle. Ils invitent les citoyens européens à parcourir et à explorer les chemins réels et imaginaires où s'est forgée, tout au long des siècles, l'identité culturelle européenne dans son unité et dans sa diversité. Retraçant les routes, indiquant les haltes et les carrefours où les Européens se sont rencontrés pour échanger des idées, des expériences, des biens et des services, les itinéraires ne sont pas uniquement un regard vers le passé, vers notre patrimoine, vers notre histoire ; ils sont aussi une réflexion sur notre présent et notre avenir.

Depuis 1987, le Conseil de l'Europe a initié une douzaine d'itinéraires culturels mobilisant autour de ce programme des hommes politiques et des experts gouvernementaux, des responsables politiques et administratifs des villes et des régions, des chercheurs et des experts universitaires, des artistes et des pédagogues, ainsi que des agents du développement touristique.

Aujourd'hui, nous ressentons le besoin d'aller plus loin, de « repousser l'horizon » et d'engager, avec des intellectuels de grand renom, une réflexion sur l'imaginaire des itinéraires culturels, autour du concept de la « séduction ». Grâce au travail de coordination de M. Robert Dulau, ces douze contributions, malgré leurs points de départ différents, se complètent, s'enrichissent mutuellement et s'interpellent. Nous espérons que le dialogue ainsi engagé pourra s'approfondir encore et se développer.

Je ne souhaite pas ajouter une treizième contribution à cet ensemble, mais préciser, brièvement, pourquoi ce programme des Itinéraires Culturels est un programme emblématique du Conseil de l'Europe.

Comme le souligne Michel Foucher dans son ouvrage Fragments d'Europe, *le continent européen est segmenté,*

depuis toujours, par des cycles historiques et culturels différents. Depuis 1989, l'Europe, malgré un processus d'unification ambitieux, compte déjà vingt-cinq nouveaux États et plus de douze mille kilomètres de frontières supplémentaires ! Et, malgré ces nouvelles lignes de partage, les Européens se réfèrent aujourd'hui, comme le souligne clairement la Déclaration finale du Sommet des Chefs d'État et de Gouvernement du Conseil de l'Europe à Vienne les 8 et 9 octobre 1993, à « l'indivisibilité et à l'universalité des Droits de l'Homme, à la prééminence du droit, à un commun patrimoine culturel enrichi de ses diversités ». C'est le signe que, pour nous, la frontière n'est plus là pour séparer et sécuriser, mais pour relier et favoriser le dialogue interculturel.

Sur le modèle des grands itinéraires de notre histoire (les universités, les religions, les routes marchandes, les lumières, etc.), les Itinéraires Culturels du Conseil de l'Europe visent à promouvoir une approche transfrontalière de nos identités. Dans cet esprit, l'idée de nation revêt une signification englobante, c'est-à-dire qu'une nation peut regrouper des gens ayant des identités différentes, chaque personne pouvant, par ailleurs, posséder simultanément plusieurs identités. Ainsi, les itinéraires nous aident à comprendre que « la découverte de l'altérité est celle d'un rapport, non d'une barrière » (Claude Lévi-Strauss). L'Europe que nous voulons est une Europe des échanges, de la solidarité vécue entre des expressions culturelles différentes, des valeurs et des modes de vie divers mais complémentaires. Dans cet esprit, les itinéraires culturels deviennent symboliques de l'Europe que nous voulons redécouvrir et de celle que nous voulons construire.

Mais aujourd'hui la réalité est autre, l'Europe est en crise. Instabilité politique et dépression économique, crise des valeurs, retour de l'irrationnel, intolérance et exclusion menacent les valeurs des Droits de l'Homme et de la démocratie. En face de ces nouveaux défis nous prenons conscience que la démocratie n'est pas un rempart, mais une lutte au quotidien.

Dans ce combat nous avons besoin des « instruments » de l'action culturelle et de la libre circulation des idées et des hommes. Nous devons mêler dans un même mouvement Droits de l'Homme, démocratie et culture, en décloisonnant autant que possible nos approches. Les Itinéraires Culturels nous permettent d'avancer dans l'affirmation des valeurs dont nous avons besoin pour relever les défis de nos sociétés. C'est du côté de nouveaux droits culturels que nous pourrons espérer un dépassement de cette crise.

Le Conseil de l'Europe, qui regroupe aujourd'hui trente-deux démocraties du continent, a été fondé en 1949 pour surmonter les déchirements de l'Europe et garantir le respect et la dignité de tous les êtres humains par-delà leurs religions, leurs ethnies et leurs autres différences. Dès lors, il s'est fixé une finalité culturelle et il a fondé son action sur l'universalité des valeurs et la reconnaissance des identités, au travers notamment de la participation à des communautés diverses. Ce message est plus que jamais d'actualité et les Itinéraires Culturels l'incarnent parfaitement. Cependant les itinéraires n'entendent pas relier entre eux des « lieux de mémoire » momifiés, des recueils de chefs-d'œuvre en péril, ils nous invitent au contraire à engager un nouveau rapport au temps et à l'espace. Au-delà d'une conception passive du patrimoine « héritage », ils nous renvoient à une conception volontariste d'un patrimoine ouvert sur la vie sociale et sur la création contemporaine.

Nous ne pourrons pas préparer le XXIe siècle avec les peurs et les recettes du XIXe, nous devons avoir une démarche de création culturelle permanente qui puisse fonder notre savoir et nos pratiques. C'est en ce sens que les Itinéraires Culturels nous permettront d'avancer dans la construction d'une Europe de paix et de valeurs partagées par tous les citoyens européens.

Foreword

*T*he Council of Europe's "Cultural Routes" were created in 1987, on the initiative of the Parliamentary Assembly and the Council for Cultural Cooperation. They are an invitation to European citizens to travel and explore the real and imaginary routes where European cultural identity has been forged, in its unity and diversity, over the centuries. Retracing these routes, noting the halts and intersections where Europeans have met to exchange ideas, experiences, goods and services, these itineraries are not only a look at the past, at our heritage and our history, they are also an exploration of our present and our future.

Since 1987, the Council of Europe has instigated a dozen or so cultural itineraries, involving politicians and government experts, political leaders and municipal and regional authorities, scientists and academics, artists and teachers, as well as tourism development bodies.

Today we feel the need to go further, to "push back the horizon" and to invite distinguished intellectuals to reflect on the concept of cultural itineraries, taking "seduction" as the unifying theme. Despite their different starting points, these twelve contributions complement, enrich and challenge each other, thanks to Mr Dulau's skilled editorship. We hope that the dialogue thus opened up will be pursued and explored further.

I do not intend to add a thirteenth chapter to this collection, but would like to explain briefly why these "Cultural Routes" are a flagship programme for the Council of Europe.

As Michel Foucher emphasizes in his book Fragments d'Europe, the continent of Europe has always been segmented by different historical and cultural cycles. Despite an ambitious unification programme, since 1989, Europe has already gained 25 new states and more than 12,000 kilometres of additional frontiers! But regardless of these new dividing lines, Europeans today refer to "the indivisibility and universality of human rights, the rule of law and a common cultural heritage enriched by its diversity", as is clearly emphasized in the last Declaration of the Summit of Heads of State and Government of the Council of Europe on the 8 and 9 October 1993. It is the signal that, for us, the frontier is no longer there to divide and reassure, but to forge links and promote inter-cultural dialogue.

Following the example of the great landmarks in our history (the Universities, religions, trade routes, the Age of Enlightenment etc.), the Council of Europe's "Cultural Routes" aim to promote a cross-border approach to exploring our various identities. From this point of view, the concept of nation becomes all-embracing; in other words, a nation can bring together people with different identities, moreover, each person can have several identities at the same time. Thus the itineraries help us to understand that "the discovery of otherness is that of a relationship, not of a barrier" (C. Lévi-Strauss). The Europe we want is a Europe of exchanges, of solidarity between different forms of cultural expression, values, and lifestyles which are diverse but complementary. In this spirit, the "Cultural Routes" become symbolic of the Europe we want to rediscover and the Europe we want to build.

But today's reality is a far cry from this. Europe is in crisis. Political instability and an economic slump, a crisis of values, the return to the irrational, intolerance and exclusion threaten Human Rights and democracy. Confronted with these new challenges, we become aware that democracy is not a bulwark but a daily struggle.

To further this struggle, we need the "instruments" of cultural initiatives combined with the free movement of ideas and people. We must bring together Human Rights, democracy and culture, under one umbrella and decompartmentalize our approach as far as possible. The "Cultural Routes" enable us to promote the values we

need to respond to the challenge of our societies. These new cultural rights are our hope for overcoming the present crisis. The Council of Europe, which today brings together 32 democracies, was founded in 1949 to surmount the divisions of Europe and guarantee the respect and dignity of all human beings, irrespective of religion, ethnic background or other differences. Since then, it has set itself a cultural objective and has based its efforts on the universality of values and the recognition of identities, in particular through the participation of various communities. This message is more pertinent than ever and the "Cultural Routes" embody it to perfection.

However, the aim of these itineraries is not to serve as a link between mummified "repositories of memory", collections of threatened masterpieces – quite the contrary, they invite us to enter into a new time/space relationship. Beyond a passive idea of heritage, they imply a voluntarist conception of a heritage which is open to social interchange and contemporary innovation.

We cannot prepare for the twenty-first century armed with the fears and formulae of the nineteenth: we must adopt an attitude of ongoing cultural innovation which will form the basis of our knowledge and practice. It is in this sense that the "Cultural Routes" will enable us to progress in the construction of a Europe of peace whose values are shared by all the citizens of Europe.

Catherine Lalumière
(Secrétaire Général du Conseil de l'Europe - Secretary General of the Council of Europe)

English translation: Ros Schwartz

Préface

RAYMOND
WEBER

Avant que ne s'ouvrent les douze contributions qui forment ce recueil, qu'il me soit permis de revenir un peu longuement sur sa source : le programme des Itinéraires Culturels du Conseil de l'Europe, ses thématiques, sa démarche de travail, son message.

C'est l'expérience issue de ce programme que nous avons souhaité mettre en perspective, en posant, avec d'autres regards que le nôtre, et d'autres langages que ceux de notre quotidien, quelques-uns des grands problèmes de cette fin de siècle ; ceux auxquels nous renvoie précisément la mosaïque des itinéraires.

Depuis leur origine, les itinéraires nous ont conduits en effet à mener une démarche complexe qui insiste à la fois sur la nécessaire prise en compte des identités culturelles, mais aussi sur le caractère évolutif de ces identités, qui relie l'enracinement particulier et communautaire aux valeurs universelles, qui s'appuie sur le patrimoine et l'histoire mais transforme la mise en mémoire du passé en mise en question critique du présent.

Une démarche qui se confronte aux contradictions de l'action de terrain, en refusant d'abandonner, au nom du pragmatisme, l'analyse, la réflexion, la recherche, la création.

Les chemins de Saint-Jacques, premier Itinéraire Culturel du Conseil de l'Europe, ont repris les routes de pèlerinages indiquées depuis le XIIe siècle par le guide du pèlerin ; cette initiative a fait appel à l'imaginaire d'une Europe consciente de son histoire et de son patrimoine, mais ouverte sur l'avenir. Une Europe qui veut s'unifier, mais ne pas perdre le charme et la richesse de ses identités multiples.

Préface

Une Europe de la solidarité et de la tolérance se fondant sur les valeurs communes des Droits de l'Homme et de la démocratie. D'autres thèmes ont suivi, s'inscrivant dans la même recherche. Ils illustrent tous cette quête des Européens de leurs mémoires contradictoires, de leurs mémoires mêlées. Vikings et Celtes invitent à réfléchir à ces grandes civilisations et à leurs traces toujours vivantes dans l'Europe d'aujourd'hui ; les influences religieuses, notamment à travers le monachisme, les courants artistiques majeurs comme le baroque, les réseaux commerciaux tels que celui des villes hanséatiques, mais aussi les routes de la soie, permettent d'aborder les modes d'échange multiples au moyen desquels nous avons construit notre architecture, dessiné nos paysages, communiqué nos découvertes, fait circuler nos savoir-faire et nos richesses, édifié nos systèmes de pensée, modelé nos diversités culturelles. D'autres thèmes à l'étude ou déjà mis en œuvre ouvrent encore la palette de nos investigations : les parcs et jardins, l'habitat rural et le patrimoine populaire, l'humanisme, les Découvertes, les Tsiganes, le Rhin-et-Danube, l'Art nouveau, le Bauhaus...

Itinéraires multiples qui invitent bien sûr au voyage, à la découverte concrète, mais aussi au partage des connaissances, à la confrontation des convictions, des savoirs, des idées... Ils invitent enfin aux parcours imaginaires. Parcours qui s'inscrivent dans nos traces plurielles, dans nos mémoires lointaines ou proches, y compris dans nos mémoires douloureuses. Parcours créatifs qui nous permettent de garder vifs nos souvenirs, mais aussi de les interpréter, de les revisiter, d'en faire les instruments vivants de notre avenir.

Les Itinéraires Culturels se fondent à la fois sur nos racines et sur nos projets, ils veulent réunir les fragments de notre continent et participent à l'intégration d'une Europe qui cherche à se réconcilier avec elle-même. L'écrivain néerlandais Cees Nooteboom s'interrogeait récemment : « Où est l'Europe dont nous avons rêvé pendant toutes ces années ? [...] Au cas où elle serait quelque part, nous aimerions bien la récupérer ; pas celle du Marché commun et des frontières, mais l'Europe des pays d'Europe, de tous les pays d'Europe. Il faudrait nous rendre l'Europe, avant qu'on ne la perde à jamais. »

En effet, au-delà de la libre circulation des hommes, des marchandises, des capitaux et des services, quelle ambition de civilisation avons-nous pour une Europe tiraillée aujourd'hui entre l'intégration et la fragmentation ? L'Europe enfin réconciliée avec elle-même pourra-t-elle redevenir « cet espace d'intercommunication où se recycle en permanence ce qu'il y a eu et ce qu'il y a de plus exigeant, de plus énigmatique, de plus inventif, dans la culture conçue comme culture des différences », tel que le définit Eduardo Lourenço.

Les Itinéraires Culturels expriment de manière métaphorique cette conviction que l'Europe, riche de son histoire, de son patrimoine, de ses valeurs, mais aussi de son esprit critique, de ses doutes, de la confiance qu'elle donne à la pensée rationnelle, est capable de relever ces défis.

À travers ce programme des itinéraires, nous mesurons en effet que l'Europe est la rencontre d'un espace géographique et d'une histoire commune, d'une part, la rencontre d'espaces culturels singuliers et d'une communauté de destin, d'autre part. Mais nous vérifions encore davantage le poids

d'ambiguïtés que porte aujourd'hui la problématique européenne, et tout particulièrement au travers de cette question de l'identité : identité européenne, identité nationale, identité régionale, identité d'une minorité ou d'une communauté, identité personnelle ; la question des identités resurgit partout aujourd'hui en Europe. Sans doute salutaire en face de la mondialisation des économies et de l'uniformisation des comportements culturels, la recherche identitaire se crispe pourtant trop souvent sur un passé figé, et se développe par exclusions : exclusion ethnique, exclusion sociale, exclusion de haine.

Or la réalité de l'Europe est celle d'une société multiculturelle. Or l'identité culturelle de chacun d'entre nous ne peut se définir que de manière plurielle. Or l'interculturel ne va pas de soi. C'est l'acceptation d'une confrontation, une lutte de tous les jours : une conquête. Ce n'est pas par hasard qu'Assia Djebar développe le concept de « l'étrangère », et que Claudio Magris insiste sur les frontières « à l'intérieur de l'individu ».

Dans le droit fil de cette constatation, l'itinéraire culturel n'impose pas de valeurs, mais, aidant à un cheminement intérieur, il peut poser des actes de résistance, éviter le suivisme. Nouant dans la durée, au-delà du discours et des rencontres éphémères, des liens concrets de travail et d'échange, il met en œuvre une coopération culturelle qui peut donner vitalité aux démocraties et contribuer à la sauvegarde de la dignité de l'individu.

Car les itinéraires se fondent pleinement sur les valeurs du Conseil de l'Europe : Droits de l'Homme, démocratie, prééminence du droit, valeurs humanistes de la tolérance et de la solidarité. Des valeurs qui doivent aujourd'hui servir de repères, mais qui ne peuvent pourtant être vécues comme un carcan immuable. Car les valeurs, tout comme les sociétés dans lesquelles elles se sont forgées, sont aujourd'hui en crise : nous devons, avec lucidité et courage, les redéfinir à l'épreuve de réalités qui leur résistent. Les itinéraires sont inscrits dans cette perspective, dans le développement d'actions concrètes au cœur des territoires des pays européens.

Ils valorisent les initiatives d'individualités et de groupes, et non pas seulement le jeu des structures et des institutions ; ils permettent à des personnes venant de contextes très différents de s'entrecroiser, de s'arrêter, de s'enrichir mutuellement, d'entreprendre ensemble, de participer. Essayant de rapatrier la dignité humaine, la créativité et la conscience d'une communauté d'esprit, de l'exil où l'aliénation quotidienne les maintient, ils créent une dynamique qui génère des déclinaisons dans les domaines de l'éducation et de la recherche, du tourisme culturel et du développement local, du patrimoine au-delà de la notion de patrimoine bâti, mais aussi de la création contemporaine.

Les itinéraires sont culturels au sens où ils sont expression de sens et de beauté, potentiel de création, éléments permanents de critique par rapport aux conformismes de toutes sortes, facteurs d'identité, de cohésion et de communication sociale. « La culture, comme le dit Elie Wiesel, n'admet pas les frontières et les murs... La culture est précisément ce qui les transcende, comme elle transcende le temps et l'espace. » Ils ne sont pas un produit culturel, pédagogique ou touristique, à consommer tout prêt dans les rayons très bien garnis des cultures officielles. Ils ne sont pas non plus un programme

technocratique imposant une seule grille pour de commodes répartitions de moyens ou de labels, mais, à partir d'un cadre commun, ils sont des regards entrecroisés, des recherches transversales, des ancrages territoriaux reliés à l'universel, des visions poétiques transcendant nos routines et paresses.

Créateurs de nouveaux réseaux, reliant des lieux de mémoire, des paysages culturels, des cités, des sensibilités, des religions, des valeurs, des philosophies, des mouvements artistiques, ils relient surtout des talents : ceux des hommes et des femmes qui veulent échanger, s'associer, coopérer, se sentir partie prenante de la vie d'une communauté, avec leurs singularités respectées.

Le programme des Itinéraires Culturels donne ainsi suite aux recommandations du Sommet des Chefs d'État et de Gouvernement du Conseil de l'Europe à Vienne en octobre 1993, qui demandent de renforcer « des programmes visant à éliminer les préjugés par l'enseignement de l'histoire, en mettant en évidence les influences mutuelles positives entre différents pays, religions et idées, dans le développement historique de l'Europe ». Il est exemplaire de l'action de notre organisation, quant à son contenu, à ses méthodes de travail, au partenariat qu'il développe, tant au niveau des villes et des régions que des États et des autres organisations internationales comme l'UNESCO et l'Union européenne.

Les itinéraires inventent un espace transfrontalier, paneuropéen, où une parole publique puisse se frayer un chemin au-delà des logiques d'État, des orthodoxies en tous genres, et des commémorations. Un espace ouvert où l'on puisse chercher de nouvelles solutions, s'essayer à de nouvelles constructions, partager des expériences, analyser des échecs, se permettre des remises en question... Où l'on puisse « repousser l'horizon ».

Conduisant cette « action emblématique », comme l'a souligné le Secrétaire Général du Conseil de l'Europe, Madame Lalumière, il était normal que cette même action nous conduise plus loin encore vers une réflexion liée à l'histoire des idées en Europe.

Le voyage immobile que nous entreprenons avec ce livre nous ramène à toutes les clés de nos autres voyages thématiques. Il nous était nécessaire, en effet, d'inscrire dans notre démarche, et à ce moment précis de son accomplissement, cette interrogation à plusieurs voix sur la philosophie qui sous-tend les méthodes d'action des Itinéraires. Fidèles aux dimensions plurielles qui sont les nôtres, nous avons souhaité cet entrelacs de regards et de témoignages qui s'interrogent sur la diversité européenne, sur le caractère ambivalent d'une Europe qui s'est tour à tour construite et déchirée, tour à tour ouverte aux échanges et repliée sur elle-même, et qui, tout en développant de remarquables intuitions, a par moments dangereusement frôlé l'anéantissement.

Il nous était nécessaire de proposer ce livre-itinéraire, qui rend compte de notre recherche, de nos incertitudes et de nos questions, à l'aube du troisième millénaire. Il nous était nécessaire également, dans chacun de ses douze chapitres, mais aussi à travers la double lecture du parcours iconographique, de pouvoir analyser autrement ce que nous renvoient, comme en écho, les réalités précises des itinéraires culturels que nous mettons en œuvre. Afin de faire nôtre l'affirmation d'Édouard Glissant : « À l'imaginaire de l'identité racine unique, substituons l'imaginaire de l'identité relation. »

Preface

By way of introduction to this prestigious collection of articles, I would like to take the opportunity to consider the source of its inspiration: the Council of Europe's Cultural Routes programme, its themes, its approach and its message.

We wanted to focus on the valuable experience gained from this programme by examining, from different cultural viewpoints and in a variety of different languages, some of the key issues facing Europe as this century draws to a close, issues which are highlighted by this varied programme of itineraries.

Since its inception, the programme has involved us in an extremely complex process, a process which underlines the need to take account of different cultural identities as well as stressing their progressive nature, a process which bridges the gap between individual and national entrenchment and universal values, a process which respects national heritage and history while transforming the evocation of the past into a critical reassessment of the present.

In contrast to on-the-spot action, this approach refuses to sacrifice, in the name of pragmatism, the more abstract concepts of analysis, reflection, exploration and creativity.

The Pilgrim Route to Santiago, the first of the Council of Europe's cultural itineraries, followed pilgrim routes that have existed since the twelfth century. The initiative captured the imagination of a Europe conscious of its history and heritage and yet open to change, a Europe which welcomes unification without wishing to lose the charm and wealth of its many identities. A Europe which subscribes to the concepts of solidarity and tolerance based on the common values of human rights and democracy. The themes which followed were inspired by the same spirit of exploration and symbolised Europe's pursuit of its contradictory and ambivalent past.

The Vikings and Celts invite us to reflect on these great civilisations whose influence is still felt in modern Europe, in the sphere of religion (especially through monasticism), major artistic movements such as the Baroque, and trade networks such as the Hanseatic League and the silk roads, thus opening the door to the wealth of exchanges which contributed to Europe's architectural development and landscape design and enabled us to communicate our discoveries, pass on our riches and expertise, build thought systems and cultivate our cultural diversity. Other themes under consideration or already being explored have extended the scope of our venture: parks and gardens, the rural environment and national heritage, humanism, discoveries, Hungarian gypsies, the Rhine and Danube, Art Nouveau and the Bauhaus, among others.

This varied programme of itineraries is an open invitation to embark on a voyage of intellectual as well as physical discovery, to compare different beliefs, knowledge and ideas. It is an invitation to pursue an abstract exploration which is inextricably linked to Europe's multiple heritage, to its distant and more recent past, including its more painful memories. And it is these intellectual explorations which enable us to keep the past alive, to be interpreted and reassessed, and to serve as an instrument for shaping our future.

The Cultural Routes bring together our historical roots and future aspirations. They are an attempt

to reunite a fragmented continent and a contribution to the integration of a Europe striving to come to terms with itself. The Dutch writer, Cees Nooteboom, recently asked: "Where is the Europe we have been dreaming of for so long? (...) If it does in fact exist, we would very much like to know where; not the Europe of the Common Market and European frontiers, but the Europe which incorporates all European countries. We must commit ourselves to the European ideal, before we lose it forever".

Apart from freedom of movement of persons, goods, capital and services, what are our aspirations for the development of a Europe torn between integration and fragmentation? Will a united Europe become the "intercommunicating space which constantly recycles the most demanding, the most ambivalent and the most inventive aspects – past and present – of a culture perceived as a culture of differences" described by Eduardo Lourenço.

The cultural itineraries are the metaphoric expression of the conviction that a Europe rich in history, heritage and values combined with the faculty of criticism and doubt and a firm commitment to rational thought, is capable of meeting the challenge.

The programme presents Europe as a geographical space with a common history on the one hand, and as a series of individual cultural spaces with a common destiny on the other. But it establishes even more firmly the extreme ambivalence of the issues facing modern Europe, particularly that of identity: be it European, national or regional, the identity of a minority group, a community or an individual. Identity is a central issue for all modern Europeans. Although it can be seen as a salutary concept when we consider the internationalisation of the economy and the standardisation of cultural behaviour, all too often the search for identity clings to a fixed idea of the past and is developed on the basis of exclusion: ethnic and social exclusion or exclusion based on hatred.

Europe is in fact a multicultural society in which the cultural identity of each one of us can only be defined in plural terms. And inter-cultural relations do not just happen, they have to be accomplished. It takes determination and a tireless effort to confront and resolve the issues that arise daily. It is no coincidence that Assia Djebar develops the theme of "the female foreigner" and that Claudio Magris emphasises the barriers "within the individual".

In keeping with this state of affairs, the Cultural Routes do not impose values but enable participants to make an inner voyage of discovery, giving them the strength to make a stand and guard against the blind acceptance of prejudice. By forging real, long-lasting links through work and cultural exchanges, which are more durable than mere words and fleeting contacts, the itineraries promote a cultural cooperation which can revitalise democracies and help to safeguard the dignity of the individual.

The Cultural Routes are based on the values upheld by the Council of Europe: human rights, democracy, justice, tolerance and solidarity. These values should serve as guides, rather than be seen as written in stone. For values, like the societies which create them, are currently in a state of crisis.

We must be prepared to redefine them, with lucidity and courage, to meet the challenge of practical reality. The cultural itineraries are part of this perspective, contributing to the development of positive actions within the very heart of Europe.

The itineraries promote individual and group initiatives, and not only within existing structures and institutions, by enabling people from widely differing backgrounds to meet, get to know each other, benefit from each other's experience, and take part in joint endeavours, in an attempt to retrieve the human dignity, creativity and the sense of community which tend to become lost in a constant process of alienation. They generate a dynamics which generates new ideas in education and research, cultural tourism and local development, a wider concept of heritage than architectural heritage, and a contemporary creativity.

The itineraries are cultural in the sense that they are an expression of meaning and beauty. They are a potential source of creativity and enlightened criticism in the face of widespread conformity. They offer a sense of identity, cohesion and social communication. In the words of Elie Wiesel: "culture does not recognize, is not supposed to recognize, boundaries and walls... On the contrary, culture transcends them, as it transcends time and space". The itineraries are not a ready-for-consumption cultural, educational or tourist product from the well-stocked shelves of official culture. Nor are they a technocratic programme which imposes an exclusive schedule to make for easier organisation and categorisation. Based on a common framework, they are a series of intersecting perceptions and cross-cultural explorations which move from the regional to the universal. They offer an imaginative vision which transcends routine and apathy.

They create new networks which link historical watersheds, cultural landscapes, cities, sensibilities, religions, values, philosophies, artistic movements and above all talents, the talents of men and women who want to exchange ideas, live and work together in a spirit of mutual cooperation, take part of the life of a community while retaining their individuality.

In this way, the cultural itineraries programme provides a follow-up to the recommendations made at the Summit of Heads of State and Government of the Council of Europe, held in Vienna in October 1993, which called for the strengthening of "programmes designed to eradicate prejudice through the teaching of history, by emphasising the mutually beneficial influences of different countries, religions and ideas in the historical development of Europe". The programme is a fine example of the type of action sponsored by the Council of Europe, from the point of view of content, working practice and the partnerships developed at local, regional and inter-governmental level, and with international organisations including UNESCO and the European Union.

The itineraries create a cross-cultural, pan-European space in which ordinary people can express themselves across state boundaries and the constraints of all types of systems and beliefs, an open space in which it is possible to seek new solutions, try out new ideas, share experiences, analyse failures, reassess and call into question... where they can "push back the horizon".

It was hardly surprising that, in taking what the Secretary General of the Council of Europe, Madame

Lalumière, described as "symbolic action", this same action took us further down the road of an exploration which is closely bound up with the history of European ideas.

The intellectual journey we embarked on with this book is directly related to our other thematic journeys. At this point in the Cultural Routes, we felt it was time to reflect on the philosophy underpinning the itineraries. In keeping with the plural nature of European society, we wanted to publish this collection of articles expressing different perceptions of the question European cultural diversity and the ambivalent nature of a Europe which is in turn built up and torn apart, sometimes open to exchanges and sometimes turned in on itself and which, while developing some remarkable intuitions, has sometimes come dangerously close to being annihilated.

We felt compelled to publish this series of intellectual explorations as a testimony to the dilemma, uncertainties and questions facing Europe as the second millennium draws to its close. We also felt compelled to offer, in each of the twelve articles as well as in the visual dimension provided by the images which complement each chapter, an alternative analysis of what is continually reflected by the practical realities of the Cultural Routes programme. To quote Edouard Glissant: "let us replace the concept of a single cultural identity with that of inter-relational identity".

Raymond Weber
(Directeur de l'Éducation, de la Culture et du Sport du Conseil de l'Europe
Director of Education, Culture and Sport of the Council of Europe)

English translation: Ros Schwartz

Argument & iconographie

Ce livre s'inscrit dans l'approfondissement d'une réflexion menée, au sein de la Direction de la Culture du Conseil de l'Europe, sur le thème de la diversité culturelle et de la reconnaissance de l'Autre. *Repousser l'horizon* propose au lecteur européen, à travers l'articulation souple du thème de la séduction, un temps, une parole particulière afin de réfléchir à la nature des enjeux essentiels qui se posent à l'Europe en cette fin de siècle. Si la notion de séduction a été choisie en guise d'amorce aux différents chapitres, c'est qu'elle permettait la mise en évidence de l'ambivalence contenue au sein de chacune des questions abordées. En effet, qu'il s'agisse, par exemple, du chapitre sur les droits de la personne, ou bien de celui sur l'« Autre », toute séduction porte en soi son once d'ambiguïté et de contraires, sa part de fascination et de répulsion.
Douze auteurs prestigieux, traduisant par leurs origines différentes la diversité européenne, ont collaboré à cet ouvrage. Nous leur avons confié un aspect de cette séduction que chacun a librement exploré. Au fil des chapitres, nous savions par avance que de leur réflexion particulière naîtraient des paroles de conviction. Nombre de ces auteurs ont intimement vécu et participé à ce siècle. Ce qu'ils nous en livrent appartient autant à l'expérience personnelle qu'à la ferveur d'un message humaniste. Ce message, que d'aucuns bafouent ou traitent avec une distance ironique, prend ici toute sa vigueur. À un moment où l'Europe tente de se « re-situer », au moment où elle tente de développer à nouveau une pensée singulière à propos d'idéaux qui, au-delà même de ses frontières, eurent valeur de symbole et de référence, cet ouvrage vient porter témoignage de ce que la foi en l'homme n'est pas éteinte. Que les auteurs en soient remerciés, qu'ils soient remerciés d'avoir ouvert ainsi l'espace d'un véritable débat.
En regard de cet itinéraire de réflexions, *Repousser l'horizon* propose une iconographie qui n'a pas pour intention d'illustrer chaque texte, mais de développer une écriture en résonance. La première image qui ouvre les différents chapitres correspond à un choix exprimé par l'auteur. Quant aux autres illustrations, il s'est agi pour nous, sans trahir la nature et l'esprit des chapitres, de présenter des images qui tour à tour traversent et guident le fil de ces « séductions contrariées ». Ces images font parfois référence à l'anecdote, voire à l'ordinaire ; certaines rappellent des moments majeurs de notre histoire. Livre dans le livre, ce parcours puise dans le fonds iconographique ancien et contemporain : une émotion vient en prolonger une autre, un regard se prend à douter derrière un autre regard. Et c'est à ce cheminement-là, au gré des signes et repères, que le lecteur est sans cesse invité. Sollicitation d'autant plus intense qu'elle souhaiterait l'aider à se mieux situer, à saisir la nature souvent ambiguë des enjeux qui marquent la pensée et l'action européennes. Au-delà des légendages techniques, il nous a paru nécessaire de lui fournir quelques clefs supplémentaires sous forme de commentaires qui viendront éclairer la portée et le sens de certaines illustrations.

Robert Dulau

Presentation & illustrations

This book forms part of an in-depth exploration of the theme of cultural diversity and the recognition of "the Other", carried out under the auspices of the Council of Europe's Directorate for Culture. *Pushing back the horizon*, which is centred around the multi-faceted theme of seduction, provides the European reader with a specific framework within which to reflect on certain key issues facing Europe as this century draws to a close. The notion of seduction was chosen as the starting point for each of the chapters because it highlights the inherent ambivalence of the various issues at stake. Seduction, whether dealt with in the chapter on human rights or in the one on "the Other", is ambiguous, contradictory: it arouses both fascination and repulsion.

Twelve prestigious writers, whose different backgrounds reflect Europe's diversity, have collaborated on this book. We asked each of them to address one aspect of this seduction, to be interpreted as they saw fit. We already knew that the result would be a compelling body of work. Many of the contributors have lived through some of the most important events of this century and their reflections are as much the fruit of personal experience as of a fervent belief in humanist causes. These causes, which some scorn or treat with ironical detachment, come into their own in this book. At a time when Europe is trying to reassess its position, when it is trying once again to formulate a coherent approach to the ideals which once, even outside Europe, served as symbols and examples, this book proves that faith in humanity is not dead. Our thanks to the contributors for furnishing this proof and for having opened up the arena for genuine debate.

Pushing back the horizon, this series of intellectual explorations, is complemented by images which are not designed to illustrate the articles but to add another dimension. The opening image for each chapter was chosen by the author. As for the other illustrations, we wanted to stay true to the spirit of the writing while presenting images which by turns cut across and directed the thread of these "contradictory forms of seduction". These images are occasionally anecdotal, even run-of-the-mill, and some evoke major watersheds in our history. A book within a book, this sequence of images draws both on ancient and modern iconography: one emotion builds on another, one interpretation casts doubt on another. This book is an open invitation for readers to embark on a journey, guided by various signposts and landmarks, a journey whose appeal is heightened by the fact that it aims to help them clarify their position and grasp the often ambiguous nature of the issues characterising European thought and action. In addition to the captions, we felt it necessary to supply a few additional keys in the form of commentaries which will illuminate the scope and meaning of some of the illustrations.

Robert Dulau

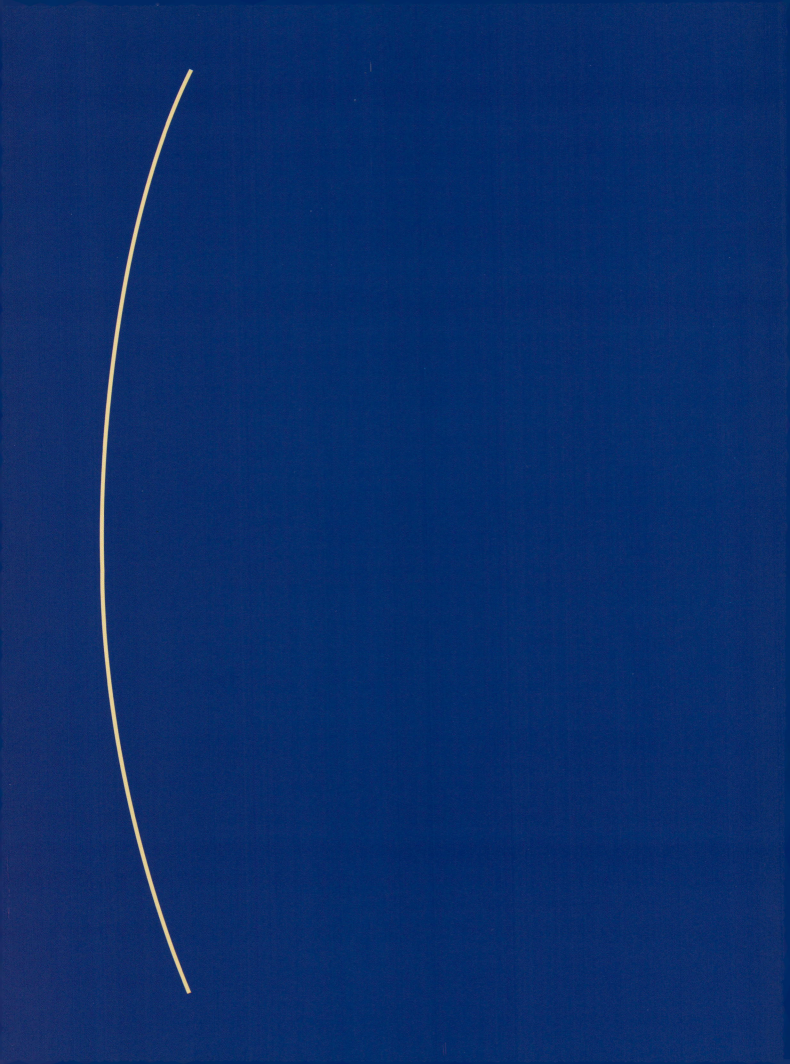

Prologue

I. Vermeer
La Leçon de musique, *1664*
Huile sur toile, 0,736 x 0,641
Buckingham Palace, Londres

I. Vermeer
A Lady at the Virginals with a gentleman, *1664*
Oil on canvas, 0.736 x 0.641
Buckingham Palace, London

GEORGES
DUBY

L'Europe est à la fois une et diverse. Réfléchir sur ce qui la rassemble et la divise, sur les tendances divergentes qui l'animent, les courants, bons ou mauvais, qui la parcourent est utile, ne serait-ce que pour reprendre parfois courage, pour repérer où le bât blesse et mieux préparer l'avenir. En outre, c'est un plaisir que de revisiter ainsi l'Europe : elle est belle, charnue, chatoyante dans la multiplicité de ses perspectives et des manières qu'ont ses habitants de prendre la vie. Mais il n'est pas mauvais non plus, ni moins plaisant, de regarder aussi en arrière, vers le passé européen. Sans doute même vaut-il mieux commencer par là. C'est le moyen en tout cas de poser avec plus de rigueur les problèmes qu'il nous faut résoudre.
Or, qui se tourne vers l'histoire bute aussitôt sur le concept ambigu de « séduction ». L'histoire séduit en effet parce qu'elle console, parce qu'elle rassure. Par elle, on se sent enraciné dans un coin de l'espace, mieux inséré dans un groupe, soutenu par la force des traditions, par le souvenir de tant de victoires remportées jadis sur l'adversité.
L'histoire surtout est entraînante. Elle n'a cessé de jouer ce rôle impulsif en Europe. Je suis persuadé que notre culture tire une grande partie de sa vigueur de ce qu'elle est plus résolument que les autres cultures du monde historisante, et que le goût qu'ont les Européens de leur passé, le respect qu'ils ont porté à leurs souvenirs, le soin qu'ils ont pris de les transmettre d'âge en âge, leur sentiment d'être en marche constamment vers un but constituent l'un des éléments majeurs de cet esprit faustien qui permit à l'Europe d'étendre dans tous les domaines ses conquêtes. Il existe cependant dans les séductions de l'histoire un côté pervers. Bien des maux que l'Europe a subis et dont elle a failli périr, les passions qui périodiquement l'agitèrent, jusqu'à ces combats

Europe is both one and multifarious. It would therefore be a worthwhile exercise to consider what unites and what divides her, to explore the diverse proclivities that make her what she is, the good and not so good passions coursing through her – not only because it is a comforting activity but also because it reveals any sensitivities and enables us to be better prepared for the future. Besides, it is a gratifying way of exploring Europe. Beautiful, ample, kaleidoscopic Europe – her landscape as diverse as the ways her inhabitants live. Moreover, it is no bad thing, I would go as far as to say enjoyable even, to take a retrospective look into Europe's past. It might in fact be preferable to begin there, since it is certainly a more precise method of pinpointing any problems that need to be resolved.
To begin with, whoever focuses on history will instantly stumble across the ambiguous notion of 'seduction'. History is seductive by virtue of the fact, that by being reassuring, it also consoles. History roots us in a corner of space, integrates us more effectively into a group. We are nourished by the vitality of its traditions and the memory of its numerous victories over adversity.
Above all, history is beguiling and has consistently played a capricious role in Europe. I am convinced that much of our culture's stamina is a result of its being decidedly more historicist than other world cultures. Add to this the European's fondness for his past, his deference for memories that have been cherished and carefully perpetuated from one generation to the next, the feeling of constantly moving towards a goal – all these constitute one of the essential elements of this faustian spirit which encourages Europe to scatter its achievements all over the place. The seductiveness of history does however have its more perverse side. Many of the evils Europe has endured, which have almost proved fatal, the

insupportables qui la déchirent encore sous nos yeux résultent d'une fermentation fiévreuse, désordonnée de la conscience historique. D'où l'urgente nécessité, pour comprendre, guérir, prévenir, de considérer d'un regard net ce que fut notre passé commun, ce patrimoine que nous sommes appelés, tous unis, à sauvegarder et à faire fructifier. Je ne vois pas d'introduction mieux appropriée à l'ensemble des réflexions réunies dans ce livre.

L'Europe est moins vieille qu'on ne croit. Sa gestation certes a débuté tôt, dès que l'Empire romain, cette construction démesurée, arrogante et fragile, commença de s'effriter. Mais l'Europe ne prit forme que par l'effet de la double fracture qui affecta cet espace politique et la Méditerranée qui en formait le cœur. Deux mouvements se sont conjugués pour la partager. Le premier, très précoce, fit, lentement, presque insensiblement, se distendre jusqu'à la rupture les liens rattachant l'Est et l'Ouest de l'Empire.
Entre la partie où la langue officielle était le grec et celle où c'était le latin, le déséquilibre en fait était bien antérieur à la conquête romaine, et celle-ci, malgré tous les pillages et d'énormes transferts de richesses, n'avait pu l'atténuer. Toujours l'Occident s'était trouvé en position de faiblesse, région de paysans, de richesses champêtres, région rustique, rustaude face à l'Orient des villes opulentes, des fructueux commerces, de l'or et des beaux objets, de l'intense vivacité de toutes les créations intellectuelles et spirituelles. Cette infériorité originelle fut aggravée dès le IIIe siècle de notre ère par les migrations des peuples germaniques, car leur flot, glissant le long de la frontière nord de la partie grecque, plus robuste, se déversa sur les provinces occidentales. Ici, la limite entre ce qu'on appelait la barbarie et les contrées que Rome avait civilisées, c'est-à-dire urbanisées, s'effaça et ce fut un fait décisif. Il favorisa la fusion entre les cultures barbares et la romaine.
Celle-ci, bien sûr, pâtit durement. Des cités dont les légions avaient tracé les plans, les plus avancées vers le nord et vers l'ouest, disparurent, toutes les autres dépérirent, Rome elle-même devint peu à peu un champ de ruines. Sur les sites urbains dévastés, demeuraient l'évêque et son clergé, la cathédrale, les basiliques monastiques bâties sur les anciennes nécropoles, de petites colonies de trafiquants levantins, syriens et juifs, enfin les cohortes dont s'entouraient les chefs de

emotions that goaded her periodically to enter the kinds of dreadful battles which today are still tearing her apart under our very noses; are the result of the frenzied, disorderly confusion in the historical conscience. If we are to understand, heal, prevent – we must urgently and objectively examine the nature of our common past, this heritage we have been invited to protect and propagate. This is the most appropriate introduction to the set of reflections incorporated in this collection.

Europe is not as ancient as we suppose it to be. Its gestation period certainly began early enough, with the disintegration of that intemperate, haughty and flimsy edifice called the Roman Empire. But Europe only began to take shape as a result of the double fracture caused by the political void that ensued and the Mediterranean lying at the centre of it. Two movements united in order to divide it. The first prematurely caused the bonds linking the East to the West of the Empire to stretch slowly, almost imperceptibly to breaking point. The East where the official language was Greek and the West where it was Latin. In point of fact this instability predated the Roman Conquest and despite the amount of looting that took place and the prodigious transfer of wealth, the latter was unable to reduce it. The West – a region of peasants and rural prosperity; a bucolic and primitive territory – was always at a disadvantage compared to the East – with its affluent towns, its flourishing commerce, the gold and priceless objects, the intense vitality of its intellectual and spiritual pursuits. This early

sense of inferiority was further aggravated in the third century AD when Germanic tribes began to migrate. Waves of them streamed along the Northern frontier of the more rugged Greek part, and poured into the western provinces, thus eradicating the line that divided what we refer to as the barbarous world from that which Rome had civilized, or

bandes campés dans ce qui subsistait des monuments antiques et qui les fascinait. Constantinople, la nouvelle Rome, où le siège de la puissance impériale s'était transporté, s'imaginait contrôler encore l'Occident, décernait aux rois barbares les insignes officiels du pouvoir ; pourtant la distance inéluctablement s'élargissait, l'incompréhension mutuelle s'accentuait. Le plus solide du tissu qui unissait le monde romain, les structures de l'Église chrétienne, finit par craquer. Bien avant que le schisme ne fût consommé, il existait deux chrétientés, de plus en plus étrangères l'une à l'autre, celle qui se proclamait catholique, celle qui se proclamait orthodoxe. Entre les deux, la ligne de partage devint de plus en plus franche. Elle courait du nord au sud, traversant les Balkans et coupant presque en son milieu la péninsule italienne.

L'autre fracture, perpendiculaire, fut brutale. Elle résulta de la foudroyante expansion de l'Islam qui recouvrit le Maghreb, un moment la Sicile, l'Espagne, déborda même sur la Gaule et qui, entre les VIIe et XIe siècles, interdit pratiquement la Méditerranée de l'Ouest à la navigation chrétienne. Ainsi, les matériaux de la construction européenne se trouvèrent cantonnés dans l'épaisseur du continent et sur les bords de la mer du Nord. Il s'agissait d'abord d'un souvenir, celui de l'unité romaine, cette nostalgie lancinante de la grandeur passée dont devaient se nourrir au cours des âges les appétits de reconquête et le puissant tropisme qui ne cesse d'attirer les Européens vers le sud, comme à la recherche d'un paradis perdu. Il s'agissait surtout des trois éléments d'une synthèse dont procède notre culture et qui se mêlèrent entre les IVe et VIIIe siècles, durant cette période obscure où tout semblait se désagréger.

C'était en premier lieu le maigre résidu de la latinité. Quelque chose de rude, laissé derrière eux par des bâtisseurs de routes, d'aqueducs, de camps militaires, des pierres superbement taillées, des édifices massifs, indestructibles. Ensuite, la notion de loi, elle aussi rigide, la volonté obstinée d'encadrer les relations de société dans de fermes cadres juridiques. Des mots surtout, engrangés dans ces textes constamment ressassés qui transmirent de génération en génération quelques notions fondamentales, celles de liberté, d'autorité, l'idée de république, l'idée d'honneur, de vertu. Un système d'enseignement, enfin, dont le but était essentiellement d'apprendre à agencer convenablement ces mots pour un discours public.

rather urbanized. This was a decisive factor for it prompted the fusion of Roman culture with the barbarous ones.

Needless to say, the former came off the worst. Designed by the Legions, the cities that lay in the extreme north and west disappeared, while the rest decayed and Rome itself gradually fell into ruins. These devastated urban sites became the habitat of bishops

and clergy, cathedrals, monastic basilicas built on former burial grounds, small colonies of Syrian, Jewish and Levantine traffickers, gangs of brigands camped in the ruins of ancient monuments that remained a constant source of fascination to their leaders. Constantinople, the new Rome, where the seat of imperial power had relocated; still imagining itself to be in control of the west, had bestowed the official trappings of power on the barbaric kings. Yet inevitably the distance between them continued to grow, mutual incomprehension to worsen. The Christian Church, the strongest of the links holding the Roman world together, ended up by splitting. Well before the schism was complete two forms of Christianity – each increasingly alien from the other – had emerged, the one calling itself Catholic and the other Orthodox. The dividing line between the two became more obvious. It ran from North to South, across the Balkans virtually cutting the Italian peninsular in half.

The second fracture – vertical – was ruthless. It was the outcome of the extraordinary expansion of Islam from the Maghreb, Sicily and Spain spilling into Gaul even. This resulted, from the seventh to the eleventh centuries, in the virtual exclusion of Christian navigational craft from the Western Mediterranean. European building material therefore remained in the continental ground or on the shores of the North Sea. At first it was just the memory of Roman unity that prompted this excruciating nostalgia for that former

Seconde composante, majeure : le christianisme. Répandu par les esclaves des villes, les soldats des légions, les femmes, triomphant des autres cultes orientaux qui, comme lui, promettaient le salut, il avait imprégné peu à peu depuis ses soubassements la société romanisée et gagné les dirigeants de l'État. Devenu la religion officielle de l'Empire, adopté pour cela par tous ceux qui voulaient s'intégrer à la communauté civilisée, il proposait d'abord une morale, le respect des valeurs de la personne, un modèle aussi de structure familiale. Il proposait, et je crois ceci capital, le concept d'incarnation, introduisant Dieu parmi les hommes et rendant ceux-ci capables de dialoguer, voire de discuter avec lui.

Le dernier des trois ingrédients venait, lui, des contrées brumeuses et forestières que la puissance romaine en sa plénitude n'avait pas soumises. C'étaient les valeurs que les tribus respectaient dans ces contrées sauvages, et qu'elles transportèrent avec elles, lorsqu'elles pénétrèrent dans les anciennes provinces impériales et les dominèrent, l'idée en particulier qu'un peuple est formé d'hommes libres, tenus de se réunir périodiquement pour débattre du droit de chacun, et que sur le respect de la foi jurée reposent la solidarité et la paix.

Lorsque le pape entreprend à la fin du VIᵉ siècle de convertir l'Angleterre, lorsque ce pays est alors ensemencé par les débris les moins dégradés de la culture latine, lorsque depuis les îles des moines missionnaires s'en vont évangéliser la Germanie et rénover l'Église des Gaules, lorsque dans l'accomplissement de ces deux tâches ils s'allient aux plus vigoureux des princes barbares, les chefs des Francs d'Austrasie, lorsqu'enfin ils nouent entre ceux-ci et Rome des liens si étroits que l'empire d'Occident est restauré en faveur de Charlemagne au seuil du IXᵉ siècle, le christianisme, la latinité, les coutumes germaniques se sont intimement confondus. À ce moment naît l'Europe. Aussitôt elle se déploie. Sa croissance s'accélère. Passé l'an mil, elle devient fulgurante. Car, d'une part, depuis lors l'Europe est la seule portion de la planète qui ait joui de cet inestimable privilège : les invasions de peuples étrangers l'ont épargnée. Et parce que d'autre part la richesse de l'Occident tenait à la richesse de ses terres. Elles étaient presque vides. Des hommes toujours plus nombreux les mirent en valeur. En dix générations, ils construisirent cette œuvre d'art, le paysage, la diversité des paysages

greatness, on which the appetites of repeated conquests were to feed over the generations; together with the powerful tropism which constantly draws Europeans to the south as if they were on a quest for a lost paradise. But it was above all a question of the three constituents of a synthesis preceding our culture, which merged between the fourth and eighth centuries, a nebulous period – on the surface, a time of disintegration.

The first constituent was no more than a meagre remnant of latinity – something crude left behind by those who built the roads, aqueducts, barracks, who erected the beautiful stone carvings and massive indestructible edifices. Then came the notion of law, also harsh, the grim determination to regulate social relationships within solid judicial structures. Words garnered in constantly rehashed texts transmitting a few fundamental notions from one generation to the next: liberty, authority, republicanism, honour, virtue. An educational system in fact, whose primary objective was to teach the correct rearrangement of these words for use in public speeches.

The second major constituent was: Christianity. Spread by slaves who came from the cities, legionnaires and women, it triumphed over all other forms of worship, offering salvation, that had their origins in the East. Beginning with the social subclasses, it worked its way up to those in charge of the state and gradually impregnated the whole of Romanised society. Now the official religion of the Empire, it was adopted by all those who wished to be integrated into the civilised community, for it advocated first of all a moral code, the need to respect an individual's worth and also recommended the ideal family structure. It aspired to give human history a meaning. It advanced, and I believe this to be the crux, the concept of incarnation, the bringing of God to man thus enabling him to converse, indeed to argue with Him.

The last of the three constituents emerged from the misty, forested regions never fully subjected to the might of Rome. It was the values appreciated by the tribes of these wild territories, which they took with them when they invaded and ruled over the former imperial provinces – in particular the concept that a nation is made up of persons who are free, required periodically to attend meetings that debate the rights of the individual, and that solidarity and peace can be achieved out of deference to a sworn oath.

européens dont nous prenons maintenant conscience qu'ils sont fragiles et qu'ils comptent parmi les éléments de notre patrimoine culturel auxquels nous sommes inconsciemment le plus attachés. À l'orée de tous les succès de l'Europe, situons une réussite agricole et l'exubérante fécondité rurale dont les villes se nourrirent pour reprendre vie, se développer et bientôt s'établir à la tête du mouvement d'expansion. Dans le même temps, l'aire de la civilisation européenne s'élargissait. Elle s'étendait vers le nord et vers l'est par l'effort continu des propagateurs de la foi chrétienne en Scandinavie, sur les rives de la Baltique et dans les pays slaves (où le christianisme romain et le christianisme grec se partagèrent le champ). Elle s'étendait vers le sud par la guerre de reconquête, dans le tumulte et l'enthousiasme, car vers ce côté les hommes d'aventure étaient attirés par l'espoir de mettre la main sur les trésors accumulés de deux civilisations beaucoup plus raffinées, l'islamique et la byzantine. Les chevaliers d'Occident refoulèrent le pouvoir musulman de la Péninsule ibérique, de l'Italie du Sud, des îles de la mer Tyrrhénienne. Le mirage de Jérusalem les entraîna beaucoup plus loin : ils parvinrent à soumettre un moment la Terre sainte, à s'établir un moment dans Constantinople. Et lorsqu'ils reculèrent, les négociants prirent le relais. Ceux d'Italie gardèrent longtemps le contrôle de l'économie levantine, certains d'entre eux se risquant sur les routes de la soie jusqu'au cœur de la Chine.

Dans un heureux équilibre entre les villes et les campagnes, par les profits conjugués du commerce et de l'exploitation du sol, le flux du développement matériel fit s'épanouir la culture durant tout le XIe, le XIIe et le XIIIe siècles. Dans l'unité. Jamais l'Europe ne fut plus étroitement unie. Rassemblée sous l'autorité des deux glaives, le spirituel et le temporel, sous le pouvoir du pape et de l'empereur que Dieu chargeait de guider ensemble son peuple. Enserrée dans un réseau dense de liaisons fluviales, routières, maritimes et de réunions marchandes. Soudée enfin par le même ensemble de rites et de croyances, le même encadrement moral, par cette langue unique, toujours vivante, le latin, écrit, parlé, dans tous ses lieux de culte, dans toutes ses chancelleries et dans toutes ses écoles. Voyons dans l'étroite parenté de style et de facture que présentent au regard les centaines d'églises dont les moines de l'ordre cistercien ont alors parsemé ses

When, at the end of the sixth century, the Pope undertook to convert England, when this country had been impregnated with the least inferior remains of latin culture, when missionary monks from the islands set out to evangelize Germany and restore the Church of the Gauls, when having achieved these two goals they allied themselves to the strongest of the barbarian princes, the chiefs of the Austrasian Franks, when at last they were bound to Rome with links so sturdy that on the threshold of the ninth century the western empire was reinstated in favour of Charlemagne – Christianity, Latinity and Germanic mores were inextricably fused. At that moment Europe was born. She immediately started to expand. Her growth accelerated. By the turn of the first millennium she was resplendent. For since then – and Europe is the only part of the planet that has been blessed in this way – she has never had to suffer a foreign invasion. Moreover, the wealth of the West has depended on the riches of her lands. These were virtually uninhabited but it was not long before a growing number of men were cultivating the land. Ten generations later the masterpiece was complete; the countryside, the diversity of the European landscape whose fragility we are now aware of, and which is one of the aspects of our cultural heritage we are unknowingly the most attached to. On the periphery of Europe's many achievements, let us place agricultural success and the booming agrarian economy that nourished the towns, brought them back to life, helping them evolve and rapidly establish themselves at the head of an expansionist movement. Parallel with this, European civilisation was beginning to cover a greater area. Through the perseverance of the propagators of the Christian faith, it spread northwards into Scandinavia and the shores of the Baltic and eastward into the Slav countries (where Roman and Greek Christianity shared the territory between them). It made its way southwards accompanying the turbulence and fervour of the Crusades which attracted adventurers in that direction who were hopeful of laying their hands on the treasures accrued by the two much more refined civilisations of Islam and Byzantium. The Western cavaliers liberated the Iberian Peninsula, Southern Italy and the islands of Corsica and Sardinia from Muslim domination. The vision of Jerusalem compelled them to continue; they occupied the Holy Land for a time, settled briefly in Constantinople. And when they withdrew, it was the merchants

provinces, depuis le Portugal jusqu'à la Pologne, depuis l'Écosse jusqu'à Chypre, l'un des signes les plus clairs de cette étonnante cohésion. Quant à l'emblème du progrès général, il est dans la cathédrale gothique. Offrande consacrant à la gloire de Dieu une part abondante des richesses acquises, elle apparaît comme une orgueilleuse affirmation de puissance, mais elle montre aussi la conjonction de tous les savoirs de ce temps, ceux des architectes, des verriers, des sculpteurs qui l'ont hardiment construite et décorée, ceux des inventeurs de la polyphonie, ceux des maîtres et de leurs disciples qui, groupés à ses portes, exploitant le legs de la philosophie et de la science helléniques, que la Rome antique avait négligé et qu'ils redécouvraient par l'entremise des savants arabes et juifs, ont forgé les modes de raisonnement dont nous vivons encore et commencé d'explorer la nature à la recherche de ses lois, de son ordre caché.

Au tournant du XIIe et du XIIIe siècles, en ce moment d'apogée, se dessinent les trois inflexions par quoi fut définitivement orienté le devenir de notre civilisation. Celle en premier lieu qui, soutenue par une méditation toujours plus approfondie sur le texte de l'Évangile, renforçait la conviction que le sacré n'est pas dissociable du charnel, que Dieu est présent dans chaque homme et que ce ne sont pas des gestes rituels qui aident à s'en rapprocher, mais l'amour : elle conduisit à la véritable refondation du christianisme dont François d'Assise fut l'inspirateur. D'autre part, le pessimisme qui avait jusqu'alors dominé la pensée religieuse et porté les plus exigeants et les plus lucides à fuir le monde et à lui tourner le dos fit place au sentiment que la nature n'est pas mauvaise, que la création se poursuit et que l'homme est appelé par le Créateur à collaborer avec lui pour porter l'ouvrage à son achèvement : l'idée neuve dans l'Europe de ce temps, c'est que l'histoire dont les hommes sont les acteurs est celle, non pas d'un pourrissement, mais d'un perfectionnement continu, c'est tout simplement la foi dans le progrès de l'humanité. Enfin les gens d'Europe commencèrent à cette époque à se persuader que la raison, reflet dans l'esprit humain de l'intelligence divine, est l'« honneur de l'homme » et que l'homme peut et doit en user librement. De cette triple proposition sont issus tous les succès ultérieurs de l'Europe, tout ce qui la fit un moment s'imposer aux autres civilisations du monde.

who took over. Italian merchants controlled the economy of the Levant over a long period, some of them risking their lives on the silk routes into the heart of China.

Having achieved a happy balance between town and country, and through the combined profit from commerce and the exploitation of the land, the course of material evolution encouraged the dissemination of culture throughout the eleventh, twelfth and thirteenth centuries. As one. Never has Europe been so closely united. Following the supremacy of the spiritual and temporal swords, the power of the Pope and the Emperor who together were entrusted by God to guide His people. Enclosed in a dense network of interconnecting rivers, roads, seas and commercial meeting places. Bound together by the same set of rites and beliefs, the same moral strictures, by this unique language Latin, still very much alive – written and spoken, in all places of worship, chanceries and schools. We only have to look at the great similarity of style and versification, conspicuous in the hundreds of churches established by the Cistercian monks throughout the provinces of Europe – from Portugal to Poland, Scotland to Cyprus – a glaring piece of evidence of this amazing cohesion. As to the symbol of this general progression, we need look no further than the Gothic cathedral. Built as an offering – dedicating a generous portion of the riches acquired to the greater Glory of God, it stands there, a magnificent confirmation of power, evidence also of how the knowledge and talent of the period came together – architects, glass makers, sculptors – in order to build and decorate it so sturdily; inventors of polyphony; masters and their disciples who – while clustered at its doors, exploited the legacy of Hellenic philosophy and science that ancient Rome had neglected but which they were rediscovering through the intervention of Arabic and Jewish scholars – were devising methods of reasoning that we still employ today and beginning to explore nature in an attempt to understand its laws, its hidden order.

At that climactic moment, the turn of the twelfth and thirteenth centuries, three inflections were determined, thus setting the course for the future of our civilization. In the first place – supported by a consistently more profound study of the Gospels – that which reinforced the conviction that the sacred cannot be separated from the carnal, that God is present within each one of us and that it is not ritual gestures that will enable up to get

L'essor des arts et des sciences s'est amplement poursuivi après 1300, et pourtant l'Europe entrait dans des temps beaucoup plus difficiles. C'est alors qu'apparurent en son sein des fissures encore aujourd'hui bien visibles. Par l'effet d'abord du poids dont l'Asie pesait sur elle, des vagues d'agressions ravageuses, qui successivement déferlèrent, celles des Mongols, puis celles des Ottomans. La première conséquence de ces chocs fut de raviver la très ancienne limite entre les contrées où, du temps de l'Empire romain, on parlait latin ici, là grec, où plus tard la chrétienté romaine d'un côté, de l'autre l'orthodoxe s'étaient répandues. En effet, les hordes des conquérants vinrent buter à peu de chose près sur cette ligne. Par-delà s'étend encore l'Europe, mais c'est l'« autre Europe », demeurée pendant des siècles écrasée, étouffée sous une chape de despotisme. Par ailleurs, sous la poussée turque, la Méditerranée, qui avait repris sa fonction médiatrice lorsque les navires de Gênes et de Venise cinglaient vers la Crimée, Saint-Jean-d'Acre, Alexandrie, redevint dangereuse, elle se ferma. Si bien que ce qui demeurait en Europe de force expansive bascula vers l'ouest, vers l'océan. Quand Christophe Colomb s'embarqua, peut-être se demandait-il s'il n'allait pas trouver sur sa route le Paradis terrestre ; son intention était en tout cas de rejoindre les Indes en contournant le bloc ottoman islamisé. Par hasard, il tomba sur un nouveau monde.

À l'intérieur de l'Europe occidentale d'autres divisions s'accentuèrent. La croissance avait revigoré les structures politiques, constitué des États, favorisé dans le cadre de ces états l'émergence d'une conscience nationale. Réunies par la mémoire d'un passé commun, par le culte des mêmes saints protecteurs, par la pratique d'un même dialecte, celui du prince et de sa cour, s'imposant peu à peu partout et s'élevant au rang de langue écrite, chacune de ces nations se dressait naturellement contre l'étranger, méprisait ses voisines, s'efforçait de les dominer. C'en fut fait bientôt de l'espèce de paix générale qui depuis l'an mil s'était instaurée tant bien que mal, dans l'équilibre entre une multitude de petites cellules seigneuriales, garantes de l'ordre au quotidien, et les deux pouvoirs universels de contrôle, l'empire et la papauté. Ces deux pouvoirs s'affaissèrent : les États ne supportaient plus leur tutelle. À la fin du XIIIe siècle se révélèrent les premiers symptômes de cette maladie interne dont on s'effraye de penser que l'Europe n'est pas guérie, je parle

nearer to Him but love: this led to the actual reshaping of Christianity along lines inspired by Francis of Assisi. Furthermore, the pessimism which had until then governed religious thought forcing both the most demanding and the most perceptive to turn their backs on the world and flee, was replaced by a sentiment that nature is not bad, that creation is continuing to go forward and that man is called by the Creator to cooperate with him to finish the job off: the innovative idea in Europe at the time, was that history in which men were the prime movers, was not one of decay but one that was continually being perfected, it was quite simply a question of having faith in the advancement of humanity. Lastly, it was at this epoch that the peoples of Europe began to believe that reason – the reflection of the divine spark in the human spirit – is 'man's honour' and that man can and must make liberal use of it. All of Europe's subsequent successes issued from this triple proposal as well as everything that made her one day force herself upon the other civilizations of the world.

The growth of the arts and sciences continued to prosper after 1300, despite the fact that Europe was entering a much more difficult era. It was at that time that the first cracks, still visible today, began to appear at the very heart of Europe – initially provoked by pressure from Asia, with the successive waves of devastating assaults from the Mongols and then the Ottomans. The immediate consequence of these shockwaves was the reinstitution of that ancient frontier between the regions where, at the time of the Roman Empire, people spoke Latin on one side and Greek on the other, and where later, Roman Christianity established itself on one side, whilst Orthodoxy spread on the other. Indeed the conquering masses found very little on this line. Stretching beyond it, is Europe, the 'other Europe', for centuries quashed and smothered by the cloak of despotism. Moreover, with the Turkish advance, the Mediterranean that had taken up its former role as mediator, became dangerous once more as ships from Genoa and Venice cut through, on their way to Crimea, St John Acre and Alexandria. She was forced to close herself off, with the result that the remnants of Europe's expansionist force veered westwards, towards the Ocean. When Christopher Columbus set sail, he must have wondered whether he was going to discover an earthly paradise on his journey; at all

du nationalisme. La guerre s'installa. Quasi permanente, de plus en plus ruineuse, les armées vivant sur le pays, dévorant ses ressources, et les avancées du progrès technique s'appliquant principalement à accroître toujours davantage l'efficacité destructrice de l'instrument militaire.

Enfin les progrès de l'indépendance de pensée se heurtant à l'appareil de cette sorte d'État trop lourd et trop riche qu'était devenue l'Église déterminèrent une dernière déchirure, celle que provoqua la Réforme. Elle fit apparaître plus nettement ce qui sous les apparences de l'uniformité distinguait depuis toujours l'une de l'autre deux parts de l'espace européen, à l'Occident de cette autre part que le despotisme asiatique tenait sous son joug. Il y eut une Europe de la Contre-Réforme, de la papauté triomphaliste et des pompes liturgiques, l'Europe des royautés de droit divin, de l'État-providence, dont on attend tout, mais que l'on tient aussi pour un maître insupportable, pour un ennemi que l'on gruge et dont il est glorieux de narguer la puissance, l'Europe des pauvres et des privilégiés, des jacqueries, des conspirations, l'Europe des physiocrates et des sociétés rentières, l'Europe aussi de la fête et du *farniente*.

events his intention was to reach India by sailing around the Islamized Ottoman block. As it happened he discovered a new world.

Within Western Europe other divisions were becoming more apparent. Expansion had revitalised political structures, formed states, and encouraged within the framework of these states the emergence of a national conscience. United by the memory of a common past, the veneration of the same patron saints, the use of the same dialect; that of the prince and his court gradually eclipsed the others and soared to the rank of the written language. Each of these nations naturally rose up against the foreigner, despised the neighbours and strove to dominate them. It very soon became the kind of general peace that had somehow existed since the year one thousand, with the balance being maintained between the countless small seigniorial enclaves, guarantors of daily harmony, and the two mighty powers: the Empire and the Papacy. But the nation states would no longer accept their authority and these two powers collapsed. By the end of the thirteenth century the early symptoms of this internal malady were manifesting themselves and the realization that Europe has not yet been cured of this sickness – known as nationalism, is most disturbing. Europe plunged into war. It became a more or less permanent state, increasingly more devastating; the armies lived off the land, exhausted its resources, and technological advances were applied chiefly to the further enhancement of the destructive capabilities of the military machine.

It was inevitable that any strides made towards independence of thought would come into conflict with the apparatus of this kind of state. The Church – become too wealthy and cumbersome – eventually provoked another split – the Reformation. This revealed quite clearly that beneath the veneer of uniformity, within the area of the Europe that lay to the west of that other area enslaved by asiatic despotism, there were and always had been two distinct parts. There was the Europe of the counter-revolution, with its triumphant papacy and liturgical ceremonies, the Europe of the divine rights of kings and welfare state full of promise and yet an obnoxious master, an enemy to be swindled, whose power is wonderful to ridicule, the Europe of the poor and the privileged, of peasant uprisings, conspiracies, the Europe of physiocrats and shareholders, but also the Europe of festivals and of doing

Cette Europe-ci est celle du Sud. Elle s'étend sur la région où se trouve plus profondément enracinée l'une des trois composantes de notre culture, l'héritage de la Rome antique. Alors que dans l'Europe réformée, la protestante, l'Europe du Nord et des Îles, de l'*habeas corpus*, de la liberté de parole, des assemblées dont la tâche est d'interpréter librement la coutume, la « loi commune » par quoi l'arbitraire de tout pouvoir est contenu, demeurèrent plus vivaces quelques traits de la très vieille culture des peuples germaniques. Ici, la morale n'est pas imposée, elle est acceptée, intériorisée. C'est l'Europe du civisme. Austère, mais industrieuse, épargnante et qui voit dans sa prospérité le signe de la satisfaction de Dieu. Et la division s'est transportée au-delà de l'Atlantique, l'Amérique latine et catholique, l'Amérique qui chante, qui danse, l'Amérique des dictatures et des métissages s'opposant à celle que les marchands de Londres et d'Amsterdam ont fondée.

Au milieu du XVIIIᵉ siècle, l'Europe est emportée par un nouvel élan de croissance. Non moins impétueux qu'à l'époque féodale, il s'est prolongé jusqu'à nous. Nous sentons aujourd'hui qu'il s'essouffle. Pourtant, il n'a sans doute pas fini de nous entraîner. Il fut dans ses débuts si vif, il dota l'Europe d'une telle supériorité, qu'elle se crut quelque temps maîtresse de la planète. En revanche, il conféra plus de virulence aux ferments d'autodestruction que l'Europe portait en elle. Les fantasmes de l'Empire se réveillèrent. Des nations conçurent l'idée néfaste qu'il leur appartenait, en vertu de telle ou telle élection, de se soumettre les autres, de les exploiter, de les asservir, voire d'en anéantir certaines. Ce ne furent plus quelques troupes, ce furent des peuples tout entiers qui se jetèrent désormais les uns contre les autres, dans la volonté de s'exterminer. Des guerres napoléoniennes, l'Europe se remit assez vite. Mais Tocqueville, qui voyait juste, apercevait, se levant sur les décombres, deux puissances, solidaires de l'Europe par leur haute culture, mais latérales, les États-Unis d'Amérique et la Russie. Survinrent les deux guerres que l'on dit mondiales, et qui en réalité n'en font qu'une. L'Europe en sortit exsangue. Une fois de plus, elle s'est refaite, mais elle resta presque un demi-siècle partagée, et par une coupure physique, ce mur qui courait à travers ses villes et ses campagnes et qui, curieusement, sur une bonne part de son parcours, retrouvait le tracé depuis longtemps estompé de la

nothing very much. This is the Europe of the South. It stretches across the region where one of the three constituents of our culture – our Roman inheritance – is the most deeply rooted. Whereas reformed Europe, the protestant one, the Europe of the North and the islands, the Europe of *habeas corpus*, of freedom of speech and of assembly, whose task it is to have a tolerant understanding of customs and the 'common law' – arbiter of all power, retains a few of the more lively features of its ancient Germanic culture. Here morality is not imposed, it is accepted, internalized. It is the Europe of good citizenship; austere but industrious, frugal, interpreting its prosperity as a sign of God's satisfaction. But this division travelled far, beyond the Atlantic: to Catholic Latin America – the America that sings and dances, the America of dictatorships and racial cross-breeding so different from the one founded by the merchants of London and Amsterdam.

In the middle of the eighteenth century, Europe was swept forward by another evolutionary wave. No less precipitous than the one that occurred in feudal times, it has continued until now. These days it can be heard gasping for breath, although it has probably not finished dragging us along yet. So full of energy at the beginning, it bestowed a feeling of such superiority on Europe, that for a time she considered herself to be mistress of the planet. On the other hand, it rendered more lethal the seeds of self-destruction that Europe carried within itself. The spectre of the Empire walked again. Nations conceived the ill-fated notion that it was their right, by virtue of this or that election, to subjugate, exploit, subdue others, indeed to wipe out a few. It was no longer a question of a handful of troops moving in but of whole nations pitching themselves from then on, one against the other bent on the extermination of the adversary. Europe recovered from the Napoleonic wars fairly speedily. But Tocqueville, a clear-sighted man, could see rising out of the ashes, two powers interdependent on Europe through their evolved though lateral societies: the United States of America and the Russia. Then came two wars that we refer to as world wars though in reality there was only one. Europe emerged bled dry. Once again she recovered, but for almost half a century remained divided, cut by a wall which ran through towns and countryside following, coincidentally, for much of the way, the delineation almost forgotten by time, of the carolingian frontier. The wall has been abolished.

frontière carolingienne. Le mur est aboli. Les séquelles, matérielles et mentales, de cette longue partition sont loin de l'être.

L'Europe s'est relevée, mais elle se sent flétrie, menacée, contrainte à la défensive, et l'on peut voir l'un des signes de son inquiétude dans le besoin qu'elle a pris de s'accrocher si fort à son passé. Elle n'a jamais tant fait pour protéger, pour restaurer son héritage culturel. Les Européens commémorent à tour de bras. Ils le font hélas presque toujours chacun chez eux. Car ils ne sont pas encore accoutumés, ni même sans doute résolus à considérer ensemble leur histoire. Il est urgent de les aider, de les contraindre peut-être à le faire. Afin d'abord de les réconforter un peu, considérant que l'Europe a traversé bien des épreuves et qu'elle s'en est toujours tirée. Afin surtout qu'ils se libèrent des mirages que les manipulations perverses de la mémoire et de l'oubli n'ont pas cessé jusqu'à présent d'entretenir.

The repercussions – material and mental – of this long partition are far from being over.

Europe has risen to her feet but feels diminished, threatened, forced into a defensive role, and one can identify in her need to attach herself so securely to her past, a manifestation of her anxiety. Never has she done so much in an attempt to protect and restore her cultural heritage. Europeans commemorate. They commemorate at every opportunity. Unfortunately they generally do this in their own back yards. For they are not yet accustomed, let alone resolved even, to contemplate their history together. It is becoming imperative to help them, to compel them perhaps to do so. If only at first to offer some comfort – for Europeans have encountered many hardships and always survived them. But more especially so that they can liberate themselves from the illusions that the perverse manipulations of memory and forgetfulness have continued to nurture right up to the present day.

Georges Duby

English translation: Anne-Marie Glasheen

Né à Paris en 1919, Georges Duby compte parmi les historiens français les plus renommés (il fut notamment professeur au Collège de France – Histoire des sociétés médiévales – de 1970 à 1991). Son œuvre, traduite dans le monde entier, fait autorité.

Born in Paris in 1919, Georges Duby is among the most famous French historian (he was notably professor at the Collège de France – History of medieval societies – from 1970 to 1991). His work, translated all over the world is accepted as an authority.

L'An Mil *(Paris, 1967)*, Guerriers et paysans, essai sur la première croissance économique de l'Europe *(Paris, 1973)*, Hommes et structures du Moyen Âge *(Paris, 1973)*, Le Temps des cathédrales, l'art et la société, 980-1420 *(Paris, 1976)*, L'Europe au Moyen Âge, art roman, art gothique *(Paris, 1981)*, Le Chevalier, la femme et le prêtre *(Paris, 1981)*, direction avec Michelle Perrot de L'Histoire des femmes *(Paris, 1991)*...

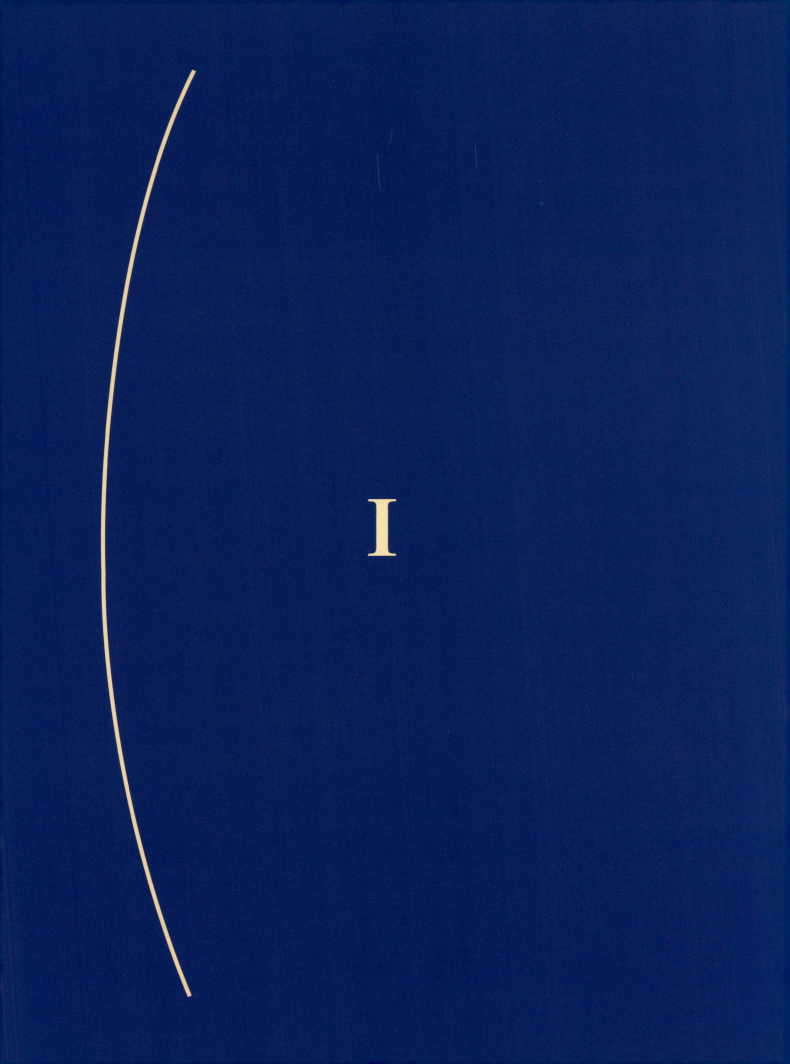

La séduction
de voir au-delà de son propre horizon

The seduction
of extending one's horizon

II. Joachim Patinir
Le Passage du Styx
XVIe siècle
0,64 x 1,03
Musée du Prado, Madrid

II. Joachim Patinir
Charon Crossing the Stygian Lake
16th century
0.64 x 1.03
Prado, Madrid

ANDREI PLESU

In Greek, the Europe cited by Hesiod as being one of the daughters of Okeanos and Tethys means "the one with the big eyes" or with the "broad face", round (by analogy with the countenance of the moon)[1]. It is possible to speculate indefinitely on the subject: "with the big eyes" could also be "with her eyes wide open", "who sees far" and, even, "who is far-sighted". But the literal meaning of the word is sufficient to indicate that its etymological "fund" contains the notions of "expansion", "dilation" and "receptiveness". Europe appears at the dawn of her own history, like a seductive virgin who allows herself to be enticed beyond her familiar boundaries by a divine *furor*. The "big eyes" express simultaneously beauty, curiosity, wonder, sensuality and fear. As for the fate of the girl who left her native Phoenicia on the back of a bull, of her own free will, to sail across the sea to Crete, it is – the Greeks would have concluded – a typically *apodemic* fate: the fate of the traveller, who abandons their home, lured by the fascination of "foreign parts". The theme of *intriguing far-off lands*, of the appeal of otherness, is a determining one for the European world – a fundamental feature. From the Greek navigators to Christopher Columbus, from Magellan to Thor Hayerdahl, we have witnessed a continual offensive launched from one continent towards all the others. It is a unique case. There were, of course, the invasions of early Europe by the nomadic Asiatics, and nowadays there are the "Japanisations" and the "Americanisations", the dramatic phenomenon of immigration which is transforming modern-day Europe into the target of a slow invasion from outside Europe. But these are only circumstances – for the most part recent – whose importance with regard to their countries of origin cannot be compared with the importance of the apodemy with regard to the eternal face of Europe. What is

l'histoire de l'Europe que de celles des continents d'origine. Nous ne connaissons point de « campagnes » civilisatrices d'Asie ou d'Afrique à l'assaut du « Vieux Monde ». Il n'y a pas, que l'on sache, de chaires d'« européennistique » à Bénarès ou à Calcutta, alors qu'il existe, par contre, des chaires d'indologie dans les métropoles européennes. Il n'y a point de « missionnarisme » bouddhiste ou

islamique comparable au « missionnarisme » chrétien (en l'espèce catholique) dans les territoires païens, « découverts » et tout à la fois « conquis ». Les « conversions » aux formes de spiritualité trans-européennes partent, la plupart du temps, de l'initiative des Européens eux-mêmes : personne n'a contraint Albert-Eugène Puyou de Pouvourville à embrasser le taoïsme sous le nom de Matgioi ; personne n'a obligé René Guénon à passer à l'islamisme, devenant Abdel Wahid Yahia ; et personne n'a déployé de propagande pour transformer un chercheur allemand en Lama Anagarika Govinda. La soif d'altérité relève de l'identité de l'Europe. En d'autres termes, l'abandon de soi représente l'un des modes de notre fidélité à nous-mêmes. L'emblème de ce paradoxe est « la ligne de l'horizon ». C'est dans le sillage ténu de cette ligne que se confrontent, depuis toujours, la grande chance de l'Europe et son suprême risque. La ligne de l'horizon constitue, pour l'Européen, l'expérience de la *limite* : tentation, expérimentation, épreuve initiatique. Et si l'un des noms du démon est « celui qui met à l'épreuve notre limite » (*peirázon*), il s'ensuit que l'horizon, limite de nos aspirations, est par excellence le lieu satanique, aux confins du salut et de l'égarement.

Curiositas

On peut faire maintes suppositions quant aux raisons qui ont conduit les rois très-catholiques à supporter les frais du projet de Christophe Colomb : le désir d'expansion coloniale, l'espoir d'un enrichissement spectaculaire, le

more, these movements belong more to the history of Europe than to the history of the continents of origin. We are not aware of any civilizing "campaigns" instigated by Asia or Africa against the "Old World". There are not, to our knowledge, chairs of "Europeanistics" at the Universities of Benares or Calcutta, whereas there are, on the other hand, chairs of Indology in major European cities. There is no Buddhist or Muslim missionary zeal comparable to Christian evangelism (in this instance, Catholic) in the pagan territories which were simultaneously "discovered" and "conquered". "Conversions" to trans-European forms of spirituality are generally instigated by the Europeans themselves: nobody forced Albert-Eugène Puyou de Pouvourville to embrace Taoism under the name of Matgioi; nobody made René Guénon convert to Islam and change his name to Abdel Wahid Yahia, and nobody used propaganda to transform a German scientist into Lama Anagarika Govinda. The yearning for otherness is bound up with the identity of Europe. In other words, the abandoning of the self represents an expression of faithfulness to ourselves. The symbol of this paradox is the "horizon". In the tenuous pursuit of this line, Europe's great chance and supreme risk have always confronted each other. For the European, the horizon represents the experience of the *limit*: temptation, experimentation, initiation test. And if one of the names for the devil is "he who puts our limits to the test" (*peirázon*), it follows that the horizon, the limit of our aspirations is the diabolical place par excellence, the border between salvation and aberration.

Curiositas

One can make any number of guesses as to the reasons which led the very Catholic kings to finance Christopher Columbus' project: the urge for colonial expansion, the hope of spectacular wealth, the mirage of Indian spices, rivalry with the Portuguese and, last but not least, a powerful missionary zeal, envisaging the conversion of vast Muslim areas of Asia and Africa to Christianity. Columbus himself ended up taking his Christian name very seriously, for, after 1493, he signed his letters: "Columbus, bringer of Christ". Much more than being the discoverer of new territories, the citizen of Genoa wanted to be a prophet and has no hesitation in saying: "God made me the messenger of the new heaven and the new earth mentioned

mirage des aromates indiens, la rivalité avec les Portugais et non pas, en tout dernier lieu, une hautaine conscience missionnaire, envisageant la conversion au christianisme des vastes espaces islamiques d'Asie et d'Afrique. Colomb lui-même avait fini par prendre très au sérieux son nom de baptême puisque, après 1493, il signait ses lettres : « Colomb, porteur du Christ ». Bien plus qu'être le découvreur de nouveaux territoires, le Génois désire être prophète et n'hésite pas à le dire : « Dieu m'a fait le messager du nouveau ciel et de la nouvelle terre dont fait mention l'Apocalypse de saint Jean » [2]. Mais à part tout cela, autant les rois que le navigateur ont dû céder à une impulsion aussi forte que gratuite : *la curiosité*. De toute évidence à l'horizon se laissaient entrevoir la richesse et la gloire. On pouvait se les imaginer et les désirer comme telles. Mais bien plus attrayants étaient l'*inimaginable*, la nouveauté absolue, le mystère que promettaient ces nébuleux lointains. Selon Sénèque le vice de la curiosité est un vice grec (*Græcus morbus*) [3]. Et la Grèce n'est-elle pas le « phénomène originaire » de l'Europe ? Tourner les regards vers l'horizon et, sans songer à l'utilité de la chose, joindre le plus aventureux des faits à la soif de la contemplation – voilà une manière d'être qui efface les différences séparant Ulysse de Colomb, et met à jour l'une des notes distinctes de « l'europénnisme » : la joie désintéressée de fouiller au-delà du propre horizon. Un voyage entrepris par pure curiosité semble étrange aux yeux des habitants du Moyen et de l'Extrême-Orient. Des documents attestent la stupeur des Asiatiques à l'égard de la coutume européenne de déambuler sans but précis. Le voyageur qui ne s'occupait ni de commerce, ni de guerre, et n'exerçait pas non plus un quelconque métier lucratif était fréquemment pris pour un espion. Il était de toute façon suspect [4]. Du reste, l'Europe elle-même a fini par s'inquiéter de l'excès de ses disponibilités cognitives. La curiosité est une vertu à deux tranchants. La tradition chrétienne, menant à ce sujet une ample campagne depuis saint Augustin jusqu'à Montaigne, prend ses distances quant à ses effets négatifs : l'indiscrétion, l'avidité pour l'information sans utilité, le goût pour l'excentricité et l'occultisme. La curiosité peut devenir, par conséquent, sacrilège, illicite, à l'instar de la *concupiscentia* et de la *superbia*. Elle se trouve à l'antipode de la foi, dans l'immédiate proximité du péché originel. Et pourtant, son insidieuse énergie l'emporte sur le scrupule théologique. La curiosité demeure

in the Apocalypse of St John".[2] But besides all that, the kings and navigator alike must have been prey to an impulse which was as strong as it was gratuitous: curiosity. Quite obviously, the horizon offered glimpses of wealth and glory. They could be imagined and desired for their own sakes. But much more attractive was the unimaginable, the utterly unknown, the mystery promised by these nebulous distant lands. According to Seneca, the vice of curiosity was a Greek vice (*Graecus Morbus*)[3]. And is Greece not the "phenomenon" from which Europe originated? Gazing at the horizon and, without thinking about the usefulness of it, associating the craving for adventure with the desire for contemplation – that is a way of being which spans the years separating Ulysses and Columbus and reveals one of the distinctive features of Europeanism: the delight in seeking beyond one's own horizon for its own sake. A voyage undertaken for the sake of pure curiosity seems strange to the inhabitants of the Middle and Far East. There are documents which attest to the astonishment of the Asiatics at the European custom of wandering with no fixed goal. The traveller who was employed neither in commerce nor in war nor exercised a trade that was lucrative in some way was frequently taken for a spy. In any case, he was treated with suspicion[4]. Moreover, Europe herself ended up being concerned about her excessive cognitive abilities. Curiosity was a double-edged virtue. Christian tradition, which had spearheaded a major campaign on this issue, from Saint Augustine down to Montaigne, kept its distance with regard to its negative effects:

indiscretion, the craving for useless information, the taste for eccentricity and occultism – as a result, curiosity can become sacrilege, illicit, following the example of *concupiscentia* and *superbia*. It is the antithesis of faith, dangerously close to original sin. And yet, its insidious energy prevailed over theological scruples. Curiosity remains the European

l'hérésie européenne par excellence. Source vitale de l'instinct de voyager, de la vivacité constitutive de l'« Occident », elle s'invente sans relâche d'autres horizons. Après le cap de Bonne-Espérance, les Indes, l'Amérique (celle du Nord et puis celle du Sud), après le Canada (atteint par les Français au XVIe siècle), après l'Australie (explorée par les Hollandais) et après les exploits russes dans l'Océan Arctique, l'Europe se livre à une insatiable redécouverte d'elle-même. Le XVIIIe siècle assiste à l'avènement de la mode du « grand tour » dont l'Italie est la vedette. Le Nord européen est fasciné par le Sud, tout comme plus tard, après la Deuxième Guerre mondiale, l'Europe de l'Est subira la fascination de l'Ouest. Par ailleurs, l'Angleterre du XVIIIe siècle vit intensément un épisode de sinophilie (lequel a influencé l'art du jardinage) 5, tandis que la France, vers la fin du XIXe siècle, fait valoir le style d'un fort accès de japonisme. Les artistes modernes récupèrent la créativité africaine et l'insolite des formes des plus lointains archipels. L'Europe est devenue planétaire et la planète est devenue européenne. Le *lointain* – en tant que dieu non usurpé de notre culte pour l'existence itinérante – n'est jamais rivé au sort d'une aspiration abstraite. Tout comme la grotte découverte par Léonard de Vinci dans son enfance, il suscite une curiosité jointe à la frayeur. Il attire et inhibe tout à la fois. C'est de lui que naissent les mondes imaginaires, les utopies, l'illusion. Obtenir, sur une surface plane, la sensation de la profondeur spatiale devient la suprême performance des peintres de la Renaissance. « C'est la soif d'espace qui s'est manifestée en premier lieu, écrit Max J. Friedländer ; ce n'est qu'en second lieu qu'ont été découvertes les lois de la perspective. » Tout le prestige de l'œuvre d'art a pu être défini, au siècle dernier, par Adolf von Hildebrand comme étant le résultat de la distance qu'elle représente (*Ein Stück Nähe als Fernbild behandelt*). C'est également à la distance qu'est due la manière dont nous concevons la transcendance. « Là » devient un pressentiment de l'« au-delà ». La vue devient dévotion. Le voyage se convertit en croisade ou en procession. Mais le bilan du dialogue européen avec la ligne de l'horizon ne s'arrête pas là. Sur le même parcours paraissent le thème de l'exotisme, l'intuition de l'abîme et tout le spectre des mondes possibles. Le lointain estompe le réel immédiat, tout en lui ajoutant de nombreuses réalités parallèles (virtuelles, fantastiques, hallucinatoires). La curiosité attisée

heresy *par excellence*. The wellspring of the travel instinct, of the vivacity characteristic of the West, it is constantly finding new horizons. After the Cape of Good Hope, the Indies, North and South America and then Canada (reached by the French in the sixteenth century, then Australia (explored by the Dutch) and subsequently the Russian exploits in the Arctic Ocean, Europe engaged in an insatiable process of self-rediscovery. The eighteenth century witnessed the fashion for the "*grand tour*", in which Italy excelled. Northern Europe was intrigued by the south, just as later, after World War II, Western Europe would be a subject of fascination for Eastern Europe. What is more, eighteenth century England was in the grip of an intense bout of sinophilia (which influenced the art of gardening),5 while late nineteenth-century France displayed stylistic tastes strongly influenced by "Japanism". Modern artists took over African creativity and the unusual forms originating in the remotest archipelagos. Europe became planetary and the planet became European. *The far-away* – as a non-usurped god of our religion of the itinerant life – is never bound to the fate of an abstract aspiration. Just like the cave discovered by Leonardo da Vinci as a child, it arouses a mixture of curiosity and fear. It both attracts and inhibits. It is the source of imaginary worlds, utopias, illusion. Obtaining three-dimensional depth on a flat surface became the supreme achievement of the Renaissance artists. "Firstly, it was the craving for space manifesting itself," wrote Max J. Friedländer; "it was only secondly that they discovered the laws of perspective." The entire prestige of the work of art was defined by Adolf von Hildebrand, in the nineteenth century, as being the result of the distance that it represents (*Ein Stück Nähe als Fernbild behandelt*). The way we conceive of transcendence is also a question of distance. "There" is a premonition of "beyond". Sight becomes devotion. The voyage is transformed into a crusade or a procession. But the outcome of the European dialogue with the horizon does not stop there. In the same context we meet the theme of exoticism, the intuition of the abyss and the whole spectrum of possible worlds. The far-off obliterates immediate reality, while adding numerous parallel realities to it (virtual, fantastic, hallucinatory). Curiosity, fanned by the far-away is at the same time a source of knowledge and frenzy. Let us add that the experience of contemplating the horizon gave rise not

par le lointain est en même temps une source de connaissance et de délire. Ajoutons à cela que l'expérience de la contemplation de l'horizon a fait naître non seulement la « cupidité » scientifique mais également son « appareil technique ». La *méthode* n'est rien d'autre qu'une manière de couvrir par courtes étapes l'intervalle qui sépare l'esprit investigateur de l'objet de sa recherche, en tant qu'horizon que l'on doit atteindre. Le mode européen de percevoir le temps, les moyens pour le mesurer ainsi que ceux qui permettent de s'orienter dans l'espace, sont les épiphénomènes du voyage. Faust, entouré de cartes, de gros volumes et d'instruments mécaniques, et le navigateur dont le regard erre au loin sous le ciel couvert d'étoiles et d'oiseaux, sont les hypostases d'un même personnage, figure spécifique du monde européen. Figure pas toujours sympathique. La curiosité peut être satanique, car les découvertes entretiennent souvent l'euphorie des découvreurs aux dépens des « découverts ». Plus d'une fois l'Européen fut – sur les territoires qu'il annexa – le messager d'un fol orgueil, ignorant d'une manière barbare la juste mesure. Georg Cristoph Lichtenberg disait avec raison : « Le premier Américain qui a découvert Colomb a fait plutôt une mauvaise découverte. »

Apodemia

Comme on l'a vu, la ligne de l'horizon promet au voyageur un bénéfice d'ordre cognitif. Mais ils sont nombreux ceux qui y voient une *solution* existentielle. On part vers un « mieux » supposé, on part pour réaliser un programme de vie que l'ambiance immédiate semble bloquer. Tel est le motif de toutes les émigrations. Leur généalogie recèle évidemment aussi une certaine dose de « curiosité » et – comme dans le cas de Robinson Crusoé – le réflexe d'une certaine allergie au milieu familier. Mais – pour l'émigrant – sont décisifs l'espoir, le crédit que l'on accorde au « vaste monde » et l'image de « l'étranger » en tant que *promesse*. À tout ceci s'ajoute un secret orgueil : celui de se réaliser sur une plus vaste échelle que celle que lui offre sa province natale. Le paradigme d'un semblable orgueil nous est présenté par Kierkegaard dans le commentaire d'un texte évangélique (Matthieu, 6, 24-34) : un lis « des champs » apprend par un oiseau perfide, de passage dans son district, qu'il existe d'autres contrées peuplées de lis royaux. Le lis rural est tout à coup saisi par l'impatience de

« voir le monde », de s'émanciper, de partager le sort de ses semblables « métropolitains ». L'histoire finit mal : l'oiseau satisfait le désir « apodémique » du lis : il l'arrache à sa racine et l'emporte sous son aile, vers le territoire rêvé. Mais en route le lis se dessèche et meurt [6]. Bon nombre des « projets » stimulés par l'utopie de l'étranger s'avèrent irréels. Mais l'inexistence de l'instinct apodémique, l'immobilisme régional, ne sont pas moins déformants. Phèdre avertit de cette « maladie » Socrate lui-même : « Il est évident qu'il ne t'arrive pas souvent de quitter la cité pour voyager au-delà de ses murs. » L'*apodémie* est le terme grec employé dans le texte pour désigner l'impulsion de franchir la frontière, de franchir l'arbitraire obstacle des murs « officiels ». Socrate, de même que plus tard Kant, est un sédentaire, un « épidémique » (pour avoir à nouveau recours à la terminologie grecque) ; il préfère à toute aventure le confort de ne pas changer de place, d'y demeurer avec ses dieux. Tandis que l'apodémique choisit les dieux de l'ubiquité. Son point de vue est que le « centre » est situé toujours ailleurs et que la patrie se trouve partout où le portent ses pas. Notre mentalité « cosmopolite » précède de loin les grandes découvertes géographiques. Mais ce n'est qu'à la Renaissance qu'elle est exprimée avec une verve unique, comme le fait par exemple Leon Battista Alberti : « Les gens disent : aime ta patrie et tes parents en leur faisant tout le bien qu'ils désirent. Mais ils disent aussi que le monde entier est la patrie de l'homme et que le sage bâtit sa maison n'importe où il se trouve. En agissant ainsi il ne fuit pas son pays, il en adopte un autre... » [8]

En Europe de l'Est, tout au long des quarante années durant lesquelles « l'internationalisme prolétaire » n'hésitait pas à contester à l'individu le droit d'avoir un passeport, l'apodémie est devenue une obsession. Le désir de fuir au-delà du « rideau de fer » – pour des raisons économiques, politiques et spirituelles – a modelé non seulement les destins des

only to scientific "greed" but also to the technical machinery of science. The *method* is nothing other than a means of covering in short stages the gap which separates the investigative mind from the subject of its research, as a horizon which must be reached. The European way of perceiving time, the means for measuring it as well as those which make it possible to navigate in space, are the epiphenomena of the voyage. Faust, surrounded by maps, fat books and mechanical instruments, and the navigator whose gaze roves far and wide under a star-studded sky filled with birds, are hypostases of one and the same person, a character peculiar to the European world. A character who is not always sympathetic. Curiosity can be diabolical, for discoveries often fuel the discoverers' euphoria at the expense of those "discovered". More than once the European was – on the territories he annexed – the bearer of a demented arrogance, ignoring the happy balance in a barbaric manner. Georg Christoph Lichtenberg rightly said: "The American who first discovered Columbus, made a bad discovery."

Apodemia

As we have seen, the horizon promises the traveller a benefit of a cognitive nature. But they are many who see it as an existential *solution*. People set off for something which is supposedly better, to achieve a life ambition that their immediate surroundings appear to impede. That is the motivation behind all emigrations. Their history conceals of course a certain amount of curiosity and – as in the case of Robinson Crusoe – the reflex of a certain allergy to their everyday surroundings. But – for the emigrant – the decisive factor is *hope*, the credit they give the big wide world and the vision of "overseas" as a promise. To all this must be added a secret pride: that of achieving greater things than would be possible in their native land. The paradigm of such a pride is presented by Kierkegaard in his commentary on one of the gospels (Matthew 6, 24-34): a lily of the fields learns from a perfidious bird flying through the area that there are other lands inhabited by royal lilies. The country lily is suddenly impatient to see the world, to free itself, to share the fate of its metropolitan fellows. The story ends in disaster: the bird fulfils the lily's apodemic desire: it uproots the flower and bears it away under its wing, towards the dream country. But on the way,

fuyards mais aussi les destins de ceux demeurés au pays, déchirés entre la peur du risque, la prudence vis-à-vis de l'inconnu et le rêve de pouvoir voyager librement au paradis des « pays civilisés ». Au bout du compte, l'apodémie de l'Est (ainsi que celle du « Tiers monde ») a également modifié le destin des « hôtes ». Les pays civilisés ont été confrontés à la présence – difficilement assimilable – de « l'étranger » et ont dû supporter la cohabitation avec la « différence ». Assumer « l'autre » est devenu le plus dramatique thème du siècle et le test du vrai libéralisme. Malheureusement, l'Européen ayant l'habitude, la doctrine et l'orgueil de se sentir *chez lui* partout dans le monde se heurte à d'inattendues difficultés quand il est question d'aménager son enclos en guise de « chez soi » pour les autres. Il semble qu'il lui est plus aisé de contempler ou de donner l'assaut à la ligne de l'horizon que de se trouver lui-même dans le rôle de « ligne d'horizon », d'espace convoité, de but. L'Europe souffre de ce que l'on pourrait appeler « le syndrome de l'apodémie unilatérale ». Elle vit simultanément l'euphorie de l'expansion et le complexe de se replier sur elle-même. Et la crise de cette dissymétrie ne fait que commencer.

*Acédia (Tædium cordis)
ou le voyage sans horizon*

Tous les voyages ne sont pas innocents. Ils peuvent avoir un visage nocturne, un côté démoniaque, propres à défigurer le voyageur. Il existe, pour tout dire, une pathologie du voyage dont l'Europe n'a pas été épargnée. Dans sa variante morbide le voyage relève de *l'égarement*. Il n'a pas pour motifs la fascination de la découverte, le mirage de l'horizon, mais bien le refus de la proximité, l'exaspération créée par l'ambiance immédiate, le dégoût de soi-même et de l'univers familier. On ne part pas sous l'attrait d'un but séduisant mais l'on part parce que l'on est excédé par le lieu où l'on se trouve. C'est la conséquence d'un « péché », expérimenté par la tradition européenne chrétienne et qu'elle a décrit sous le nom d'*acédie* [9]. Ceux qui en deviennent les victimes perdent le goût du bonheur et l'espoir du salut. Épuisés spirituellement, paralysés par le sentiment de l'échec, ennuyés et tristes, ils s'en prennent au lieu qui les abrite. Le moine est dégoûté de sa cellule, de sa communauté, tandis que le laïque ne supporte plus ni sa maison, ni sa ville, ni son pays. Dans ces circonstances,

the lily wilts and dies.[6] A good many plans inspired by the utopia of foreign lands prove unrealistic. But the non-existence of the apodemic instinct and parochial inertia are no less crippling. Phaedrus warned Socrates himself of this disease: "It is evident that you do not often leave the city to travel beyond its walls".[7] Apodemia is the Greek term used in the text to describe the impulse to cross frontiers, to surmount the arbitrary obstacle

of "official" walls. Socrates, and later Kant, was sedentary, an "epidemic" (to use the Greek term again): he preferred the comfort of staying put and remaining with his gods to any adventure. The apodemic on the other hand opts for the gods of ubiquity in the belief that the "centre" is always located elsewhere and that home is wherever his footsteps take him. Our cosmopolitan mentality long precedes the great geographical discoveries. But it was only during the Renaissance that it found expression with a unique vitality, as for example Leone Battista Alberti wrote: "People say: love your country and your parents and do them all the good they bid. But they also say that the world is man's country and that the wise man builds his house wherever he is. In acting thus, he does not flee his country, he adopts another..." [8]

In Eastern Europe, throughout the forty years during which "proletarian internationalism" had no hesitation in denying the individual's right to have a passport, apodemia became an obsession. The urge to flee beyond the Iron Curtain – for economic, political or spiritual reasons – shaped not only the destinies of the fugitives but also the fates of those who remained behind, torn between the fear of danger, caution in the face of the unknown and the dream of being able to travel freely to the paradise of "civilized countries". At the end of the day, the apodemia of Eastern Europe, (as well as that of the Third World) also modified the destiny of the

host countries. The developed countries were confronted with the presence – which was hard to assimilate – of the "stranger" and had to tolerate living side by side with "difference". Accepting "the other" has became the most dramatic theme of the twentieth century and the test of true liberalism. Unfortunately, Europeans were accustomed to the proud belief that they were *at home* anywhere in the world. They met with unexpected difficulties when it came to adapting their territory to be a "home" to others. It seems that it is easier for them to contemplate or attack the horizon than to find themselves being the horizon, a coveted space, a goal. Europe is suffering from what could be termed as the syndrome of unilateral apodemia. It is experiencing simultaneously the euphoria of expansion and the complex of turning in on itself. And that is only the beginning of this crisis of dissymmetry.

Acedia (Tædium cordis)
or the voyage with no horizon

Not all voyages are innocent. They can have a dark side, a diabolical aspect, capable of disfiguring the traveller. There is, to be honest, a pathology of travelling from which Europe has not been spared. In its morbid form, travelling is more akin to *straying*. It is not motivated by the fascination of discovery, the mirage of the horizon, but rather the refusal of what is near, exasperation created by the immediate environment, self-loathing and abhorrence of the familiar world. People do not set out because they are attracted by an appealing goal but because they are weary of the place where they happen to be. That is the result of a "sin", experienced by European Christian tradition which describes this sin as *acedia*.[9] Those who fall prey to it lose the taste for happiness and the hope of salvation. Exhausted spiritually, paralysed by a sense of failure, bored and sad, they blame it on the place they live in. The monk is weary of his cell, of his community, while the layman cannot stand either his house, or his town or his country. In these circumstances, the only solution seems to be to travel. They leave with the illusion of leaving their ills behind them, they leave with no fixed goal and no clear motivation. They leave in order to be cured. But the fact is, they only become the bearers of their ills: carrying them everywhere, and the original crisis is converted into chronic suffering.

la seule solution semble être le voyage. On part avec l'illusion de laisser le mal derrière soi, on part sans but précis et sans avoir de motif clair. On part pour guérir. Mais en réalité, on ne fait que devenir le porteur de son mal : on le porte partout avec soi et la crise initiale est transformée en souffrance chronique. L'acédie est le combustible incertain du voyage mélancolique. Le voyageur n'est point dans ce cas un chercheur mais bien un traqué. La ligne de l'horizon cesse d'être pour lui une tentation stimulatrice, une provocation tonique ; elle devient plutôt le diagramme d'une névrose, le tableau terrorisant d'une insomnie.

Il va de soi que dans sa forme suprême l'acédie, ainsi que le brûlant désir de tout quitter dont elle est habituellement accompagnée, n'est pas rencontrée fréquemment. Mais sous divers aspects atténués et différents types de dissimulation, elle constitue l'un des drames qui caractérisent l'homme européen. L'un des exemples d'acédie est, tout compte fait, la fièvre contemporaine du voyageur. Le personnage instable qui envahit les grands aéroports et les hôtels, l'infatigable commis-voyageur, l'homme d'affaires hyperactif, mobile jusqu'à sa dissolution, sont fréquemment autant de sortes d'évasion. Être constamment occupé, n'avoir pas de temps et pas de repos ne sont pas uniquement la preuve du dynamisme vital et d'une « carrière » offensive : ce sont également des modalités de se fuir soi-même, des symptômes du vide intérieur. Livrées à la « hâte » du siècle, les âmes perdent leur force ; la réflexion devient strictement fonctionnelle, le sens de la transcendance s'assoupit. Les loisirs finissent par être ennuyeux, les solitudes – insupportables. À son propre gouffre on préfère, par un réflexe défensif, « l'agenda surchargé », « les allées et venues », les « déplacements de service ». Il s'agit là d'un type « original » de voyage : *le voyage sans horizon*, le voyage qui n'entame pas de dialogue avec le lointain mais, au contraire, l'annule de manière bureaucratique, comme étant une métaphore superflue.

Y a-t-il un remède contre une telle dérive ? Les textes patristiques recommandent à ceux que l'acédie incite à quitter précipitamment leur cellule d'y opposer entre ses murs une résistance obstinée. *Ne pas partir* devient la meilleure manière d'éviter le voyage sans horizon. « Qu'il ne faut pas être prompt à changer de résidence ou à quitter sa demeure... » est le titre d'une collection d'anciennes sentences portant sur des thèmes ascétiques [10]. La « psychose de la réclusion »

Acedia is the doubtful fuel of the melancholic journey. In this case, the traveller is no longer the seeker but the hunted. The horizon ceases to be a stimulating attraction, a healthy provocation; it becomes rather the chart of a neurosis, the terrifying table of insomnia.

It goes without saying that in its supreme form, acedia, as well as the burning desire to quit everything which usually accompanies it, is not encountered frequently. But in various toned-down forms and guises, it constitutes one of the characteristic tragedies of the European. One example of acedia is today's travel mania. The insecure individual who invades international airports and hotels, the indefatigable commercial traveller, the hyperactive businessman, on the move until he collapses, are often just other means of escape. Being constantly busy, having no time and no rest are not only the proof of a vital dynamism and a successful "career": they are also means of self-escape, symptoms of an inner void. Subject to the "haste" of the times, souls lose their strength; thinking becomes purely functional, the sense of transcendence is dulled. Leisure ends up being boring and solitude – unbearable. As a defence mechanism against their own emptiness, people prefer the full diary, rushing about, business trips. This is an original form of travel: the *journey with no horizon*, the journey which does not enter into a dialogue with distant places but which, on the contrary, obliterates the horizon, in a bureaucratic manner, as being a superfluous metaphor.

Is there a remedy against this trend? Patristical writings advise those wishing to abandon their cells hastily, prompted by acedia, to put up a stubborn fight between those same walls. Not *to leave* becomes the best means of avoiding the journey with no horizon. "One should not be quick to change residence or to leave one's abode..." is the title of a collection of ancient maxims on ascetic themes.[10] "The psychosis of reclusion" can therefore be resisted by intensifying that reclusion to the point of paroxysm: the illusory horizon is replaced by the umbilical point around which the Brownian dispersion of the being can be rearranged.

Another solution would be to assume the ill in an absolute manner and to remedy the *aberration* by envisaging a pilgrimage. It is possible to wander without any external goal if, in doing so, one thus intends to symbolize the transient condition of all earthly attachments. One adopts a life of an outsider

peut donc être combattue en intensifiant jusqu'au paroxysme la réclusion : la ligne hallucinante de l'horizon est remplacée par le point ombilical autour duquel la dispersion brownienne de l'être peut se réorganiser.

Une autre solution serait d'assumer de manière absolue le mal, de récupérer *l'égarement* en envisageant le *pèlerinage*. On peut déambuler sans aucun but extérieur si, ce faisant, on entend de la sorte symboliser la condition provisoire de tout attachement terrestre. On adopte une « vie d'étranger » (*xéniteia*) afin de proclamer la transitivité de toute « installation », la relativité de toute demeure par rapport à la « patrie céleste ». L'égarement est un accident existentiel parmi d'autres. Mais le pèlerinage est coextensif à la nature humaine, il est la conséquence et l'emblème de la « chute dans le temps ». Ce n'est point par hasard qu'un célèbre document de la spiritualité russe commence ainsi : « Par la grâce de Dieu je suis homme et chrétien, par actions grand pécheur, par état pèlerin sans abri, de la plus basse condition, toujours errant de lieu en lieu. »[11]

Si nous réfléchissons aux circonstances actuelles, il en résulte que pour calmer les inquiétudes qui nous habitent, notre « ébranlement » sans trêve, pour corriger les tendances à la dissolution de l'agitation moderne, nous avons le choix entre deux solutions majeures : recouvrer *l'immobilité* contemplative ou expérimenter un *nouveau style* de voyage. La première des solutions consiste à redécouvrir les vertus du « chez soi ». Sans toutefois sombrer dans une suffisance paroissiale et une commodité inerte, nous devrons obtenir un dosage équitable (et hygiénique) entre la conscience planétaire et la saveur régionale. Il nous faudra redécouvrir les bons côtés de la vie sédentaire, les joies de la cohabitation au sein de *petites* communautés. Si l'on en est privé, les satisfactions que nous offrent de grandes communautés et *l'événement* du voyage au-delà de l'horizon familier glissent dans la rhétorique et la routine. La seconde solution est plus délicate et, pour le moment, moins plausible. Afin d'identifier un nouveau style du voyage, l'Europe doit avoir une nouvelle mythologie ou, en tout cas, une réévaluation de ses valeurs traditionnelles et de ses symboles constitutifs. On ne peut obtenir le pèlerinage dans un espace qui a perdu ses articulations.

Lorsque ni la solution du moine ni celle du pèlerin ne sont possibles, celui qui est parti en voyage sous l'empire de l'acédie a encore une dernière chance : *le retour*. Tout voyage finit convenablement s'il rejoint son point de départ. L'expansion européenne – salutaire

(*xeniteia*) in order to proclaim the transitivity of all sedentariness, the relativity of any abode compared with the "celestial home". Aberration is one existential accident among many. But the pilgrimage is coextensive to human nature, it is the consequence and the emblem of the "fall in time". It is no coincidence that a famous document on Russian spirituality begins as follows: "Through the grace of God,

I am a man and a Christian, through my actions, a great sinner, through my pilgrim state, homeless; of the lowest condition, always wandering from place to place."[11]

If we reflect on the present circumstances, the outcome is that to soothe the anxieties that beset us, our relentless state of shock, to compensate for the destructive tendencies of modern turmoil, we have a choice between two main solutions: to return to contemplative *sedentariness* or try out a new way of travelling. The first solution consists of rediscovering the virtues of staying at home. Without falling into a parochial smugness and comfortable inertia, we should obtain a balanced (and healthy) medium between planetary awareness and regional enjoyment. We need to rediscover the advantages of a sedentary existence, the joys of living together in *small* communities. If we are deprived of these, the satisfactions offered by large communities and the excitement of travelling beyond the familiar horizon become mere rhetoric and routine. The second solution is more delicate and, for the time being, less plausible. To identify a new form of travel, Europe must have a new mythology or, at least, re-assess its traditional values and symbols. It is not possible to achieve a pilgrimage in a space which has become dislocated.

When neither the monk's solution nor that of the pilgrim are possible, the person who sets off on a journey a prey to acedia has one last chance: the *return*. Any journey finishes satisfactorily if it ends up at the point of departure. European expansion – sometimes

salutary, at others devastating – stimulating but at the same time wasteful, generous but equally stifling or crippling – needs remedying by a movement in the opposite direction, centripetal. It is therefore up to Europe to make up her mind to choose later, but not too late, from all the possible options, the ones which lead to her own horizon:

Let sea-discoverers to new worlds have gone,
Let Maps to others, worlds on worlds have showne,
Let us possesse our world, each hath one, and is one.
(John Donne, *The Good-Morrow*)

Until now, with admirable vitality, we have all placed the emphasis on the rich odyssey of the European spirit. Perhaps the time has come to think about the Europeanness of Penelope.

Andrei Plesu

English translation: Ros Schwartz

Born in Bucharest in 1948, doctor in History, Andrei Plesu was exiled for political reasons in the north of Moldavia. Minister of Culture of Romania from December 1989 to October 1991, Andrei Plesu is at present professor at the University of Bucharest.

Picturesque and Melancholy. An analysis of the feeling for nature in European Culture *(Bucarest, 1980)*, Francesco Guardi *(Bucarest, 1981)*, Minima moralia. Elements for an ethics of the interval *(Bucarest, 1988. Traduction française :* L'Éthique de Robinson, L'Herne, 1990*)*, The language of birds. Essays on language and the philosophy of culture *(Bucarest, 1994)*...

---

1. Cf. Karl Kerényi, *Die Mythologie der Griechen*, Band I : *Die Götter-und Menschheitsgeschichte*, Deutscher Taschenbuch Verlag, München, 1984, p. 87.
2. Cf. Pauline Moffitt Watts, *Prophecy and Discovery : On the Spiritual Origins of Christopher Columbus' Enterprise of the Indies*, in *American Historical Review*, 90 (1985), pp. 73-102.
3. Cf. André Labhardt, *Curiositas. Notes sur l'histoire d'un mot et d'une notion*, in *Museum Helveticum*, t. 17, 1960, pp. 206-224.
4. Roland Mousnier, *Les XVIe et XVIIe siècles. Les progrès de la civilisation européenne et le déclin de l'Orient (1492-1715)*, Paris, 1954, p. 556.
5. A. Reichwein, *China and Europe. Intellectual and Artistic Contacts in the Eighteenth Century*, New York, 1925.
6. Soeren Kierkegaard, *Les Lis des champs et les oiseaux du ciel*, Paris, Alcan, 1935, pp. 49-53. Sören Kierkegaard, *The lilies of the field and the birds of the air*, The Lilies of the Field and the Birds of the Air and Three Discourses at the Communion of Fridays, Translated and introduced by Walter Lowrie, Oxford University Press, London, 1935, reprinted OUP New York, 1961.
7. Platon, *Phèdre*, 230 c-d. Un commentaire éclaircissant de Gabriel Liiceanu, *Incercare in polytropia omului si a culturii*, Bucuresti 1981, p. 153. Plato, *Phaedrus*, 230 c-d. An illuminating commentary by Gabriel Liiceanu, *Incercare in polytropia omului si a culturii*, Bucarest, 1981, p. 153.
8. Leone Battista Alberti, *Opere volgari*, Bari, 1966, t. II, p. 124.
9. Cf. Jean Starobinski, *Recettes éprouvées pour chasser la mélancolie*, in *Nouvelle revue de psychanalyse*, Paris, no. XXXII, 1985. Et aussi Yves Hersant, *Acedia*, in *Le Débat*, 29 mars 1984 pp. 44-48. Les observations « classiques » sur l'acédie se trouvent dans l'œuvre de Jean Cassian (Ve siècle ap. J.C.). Cf. Jean Starobinski, *Recettes éprouvées pour chasser la mélancolie*, in *Nouvelle Revue de Psychanalyse*, Paris no. XXXII, 1985. Also Yves Hersant, *Acedia*, in *Le Débat*, 29 (March 1984 pp. 44-48. The "classic" observations on acedia are to be found in the writings of Johannes Cassianus (5th century AD).
10. Paul Evargetinos, *Synagogé*, apud Irénée Hausherr, *Hésychasme et prière*, Roma, 1966, p. 197.
11. Cf. *Récits d'un pèlerin russe*, traduits et présentés par Jean Laloy, Éditions de la Baconnière - Éditions du Seuil, Paris, 1966, p. 19. Cf. *Récits d'un pèlerin russe*, translated into French and introduced by Jean Laloy, Editions de la Baconnière – Éditions du Seuil, Paris, 1966, p. 19.
12. Que les navigateurs cherchent de nouveaux mondes,
    Que les cartes du ciel en dévoilent à d'autres :
    Jouissons d'un monde unique : chacun l'a, chacun l'est.
John Donne, *Poésie*, traduction de Robert Ellrodt, Imprimerie nationale, 1993.

The seduction of extending one's horizon

*Oser affronter les océans ou simplement rêver de partir,
c'est toujours vouloir regarder au-delà,
vouloir franchir la ligne réelle ou mythique
de l'horizon devant soi ou en soi.*
1 - Vermeer
L'Astronome, 1668
Toile, 0,51 x 0,45
Musée du Louvre, Paris

*Whether you dare to sail the ocean or merely dream of travel,
it comes down to the same thing: a desire
to go further, to cross the real or mythical
boundary of any horizon.*
1 - Vermeer
The astronomer, 1668
Canvas, 0.51 x 0.45
Musée du Louvre, Paris

2

2 - Exékias
Dionysos en haute mer, vers 530 av. J.-C.
Peinture intérieure d'une coupe provenant de Vulei (Étrurie)
Diamètre 33 cm
Antiekensammlungen, Munich

Le manuscrit viking, miroir embelli à l'instar d'une prodigieuse épopée, appartient à ces récits qui sont à la fois éloge de l'audace et appel au voyage.
3 - *La Saga d'Éric le Rouge*
Manuscrit de la Hauksbók, feuillet 96, verso

2 - Exekias
Dionysus on the high sea, c. 530 BC
Painting inside a cup from Vulei (Etruria)
Diameter 33 cm
Antiekensammlungen, Munich

The Viking manuscript, a burnished mirror held up to an odyssey, like many of these epic stories, praises courage and urges travel.
3 - *The Saga of Eric the Red*
Hauksbók Manuscript, folio 96, verso

3

4 - *Le Pèlerin*
Le Livre des propriétés des choses
Barthélemy l'Anglais, XVe siècle
Manuscrits français, 9140 f 82
Bibliothèque nationale, Paris

4 - *The Pilgrim*
De Proprietatibus Rerum
Barthélemy l'Anglais, 15th century
French manuscripts, 9140 f 82
Bibliothèque nationale, Paris

5 - Coffret de voyage, XVe siècle
Estampe Ea 5 i res
Bibliothèque nationale, Paris

6 - Coffret de Coran, XVIe siècle
Institut du monde arabe, Paris

---

5 - Travel chest, 15th century
Print Ea 5 i res
Bibliothèque nationale, Paris

6 - Casket for the Koran, 16th century
Institut du monde arabe, Paris

5

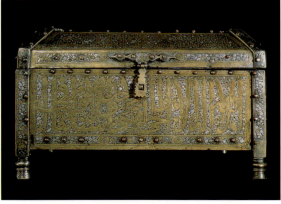

6

The seduction of extending one's horizon

Le port de Lisbonne a représenté un de ces lieux privilégiés pour que reculent au plus loin les limites de l'horizon connu.

7 - Braun et Hogenberg
Civitates orbis terrarum, 1572-1598
Le port de Lisbonne à la fin du XVI⁰ siècle
Gravure aquarellée
C.PL.GE.DD., 1605-1607, f.2
Bibliothèque nationale, Paris

8 - Jan Jansson
Miroir de la navigation, XVII⁰ siècle
Gravure aquarellée
Impr. V.2380, p.2 (frontispice)
Bibliothèque nationale, Paris

From the port of Lisbon, the limits of the known horizon seemed to recede far into the distance.

7 - Braun and Hogenberg
Civitates orbis terrarum, 1572-1598
The port of Lisbon at the end of the 16th century
Watercolour etching
C.PL.GE.DD., 1605-1607, f.2
Bibliothèque nationale, Paris

8 - Jan Jansson
Navigation Mirror, 17th century
Watercolour engraving
Impr. V.2380, p.2 (frontispiece)
Bibliothèque nationale, Paris

La séduction de voir au-delà de son propre horizon

*Le rêve de partance a conduit des milliers
d'amoureux à accomplir en Europe, par décor
interposé, un voyage immobile.*
9 - Anonyme
Le couple au paquebot, 1935
Photographie
Collection particulière, Paris

9

*The dream of sailing into the sunset has led
countless lovers to embark on a voyage through the
changing landscape of Europe.*
9 - Anonymous
Couple on a cruise ship, 1935
Photograph
Private collection, Paris

*L'artiste marque la trace de son passage
en recréant dans des lieux isolés des formes
symboliques. Et cet univers sans limite,
pour celui qui le contemple, peut alors devenir œuvre d'art.*
10 - Richard Long
A circle in Ireland, 1967
Courtesy Anthony d'Offay Gallery

10

*The artist makes his mark by recreating
symbolic forms in isolated places.
And this boundless world can become
a work of art for the viewer.*
10 - Richard Long
A circle in Ireland, 1967
Courtesy Anthony d'Offay Gallery

L'espace intérieur de l'artiste, conduit jusqu'à sa quête ultime, se construit sous nos yeux et nous ne reconnaissons pas toujours les limites de ce nouvel horizon. « J'ai vaincu la doublure du ciel coloré après l'avoir arrachée, j'ai mis les couleurs dans le sac ainsi formé et j'y ai fait un nœud. Voguez. » (Malevitch, Écrits II.)

11 - Malevitch
Carré blanc sur fond blanc, 1918
Toile, 0,787 x 0,787
Musée d'Art moderne, New York

11

We follow the artist's inner vision until his ultimate quest takes shape before our very eyes and then we don't always recognize the bounds of this new horizon. "I've conquered the lining of the coloured sky having ripped it out, I put the colours in the bag this formed and I tied a knot. Sail". (Malevich, Essays II.)

11 - Malevich
White Square on a White Background, 1918
Canvas, 0.787 x 0.787
Museum of Modern Art, New York

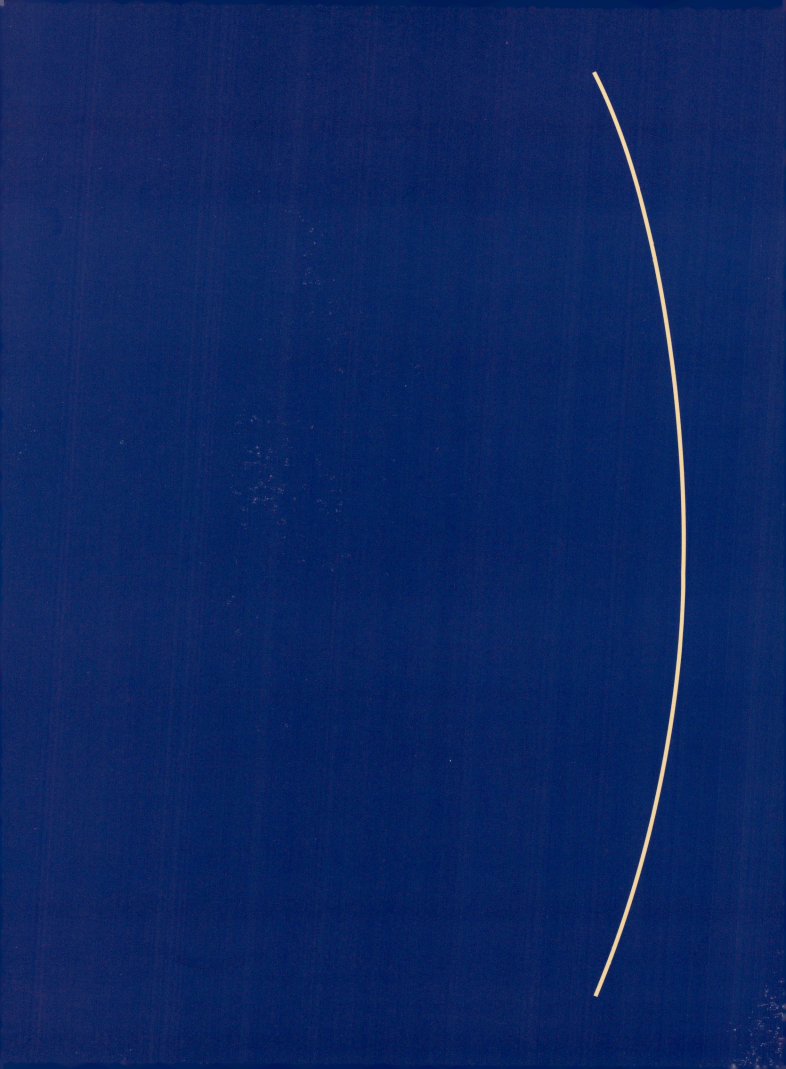

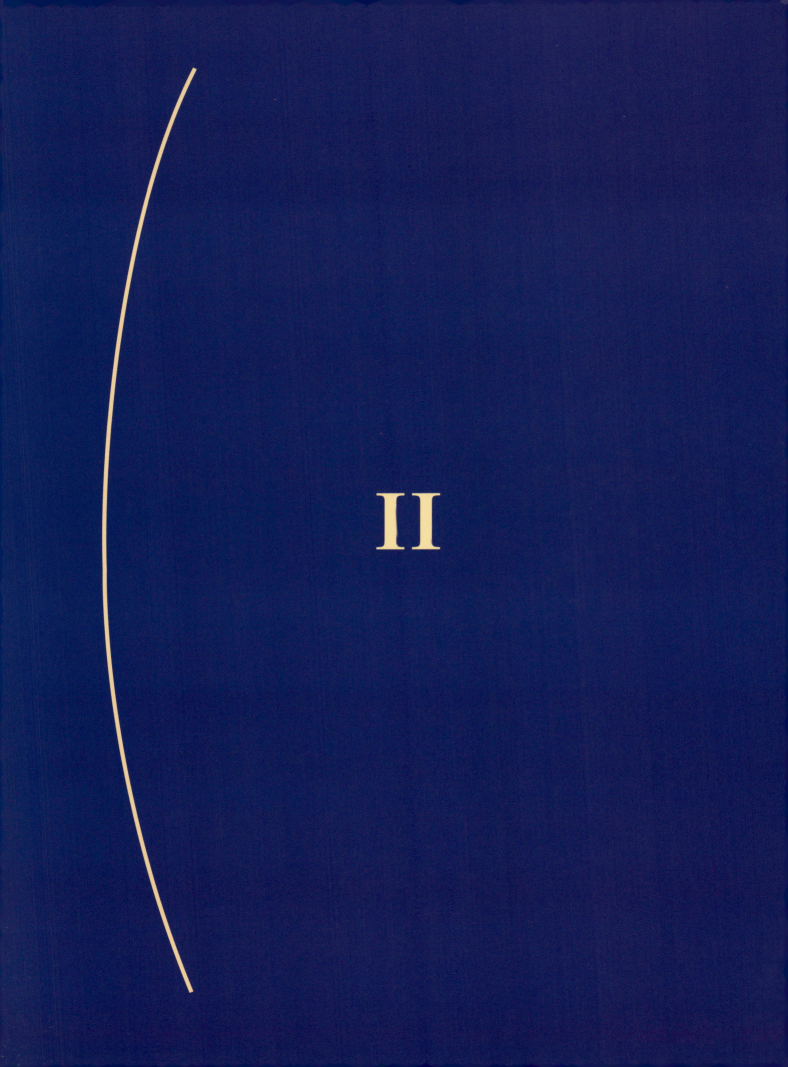

La séduction
de la modernité

The seduction
of modernity

III. Alberto Giacometti
Tête d'homme sur un béton
(détail), 1947
Plâtre, H : 59,7 cm
Fondation Alberto Giacometti
Kunstmuseum, Bâle

III. Alberto Giacometti
Man's head *(detail), 1947*
Plaster, H: 59.7 cm
Alberto Giacometti Foundation
Kunstmuseum, Basle

ALAIN
TOURAINE

If we employ traditional methods to define modernity, the systematic use of reason to transform the world – with, on the one hand, the help of science and technology, and on the other, law and economics – then the West cannot be identified with it. At the very most it can claim to have become very much more modern than other parts of the world; but this advantage is diminishing fast, as science and more particularly new technology continue to spread throughout the globe – while in the West, constructivism, the development of technology and the destruction of the environment through industrial activity, are the issues most often debated. The same methods of extracting oil are used in the USA as in Saudi Arabia, television and electricity are the same irrespective of whether the country is rich or poor. Two hundred years ago, people were able to live under the illusion that the West was a ray of light that shone in a world still plunged in darkness. This image, in the course of the last century, has only been maintained through the arbitrary annexing of Japan, Australia and Israel by the West. Today this has become meaningless, as Europe, east and west, struggles to cope with more or less serious crises, while many Asiatic and Latin American countries are experiencing a rate of growth which, if they continue, will transform them into 'developed' countries in very few years.

What has defined the West is much more the manner in which it was modernized rather than modernity itself. The first countries to embark on a modernization programme did so in a voluntarist if not militant manner – by presuming that everything set modernity against tradition and that, in all aspects of life, a radical choice had to be made between the world of reason and that of customs and beliefs. Western social philosophy has come up with a set of diametrically opposed pairs, all of which demonstrate a near spontaneous

Si on définit, de manière classique, la modernité par l'usage systématique de la raison pour transformer le monde, grâce à la science et à la technologie, d'un côté, au droit et à l'économie, de l'autre, l'Occident ne peut pas s'identifier à la modernité. Tout au plus peut-il dire qu'il est devenu plus massivement moderne que d'autres parties du monde ; mais son avantage ne cesse de se réduire puisque la science et surtout la technologie se répandent partout, tandis que c'est en Occident qu'on entend le plus souvent mettre en cause le productivisme, l'accumulation des techniques et la destruction des équilibres naturels par l'activité industrielle. Le pétrole est exploité par les mêmes techniques aux États-Unis et en Arabie Saoudite, et la télévision ou l'électricité sont les mêmes dans les pays pauvres que dans les pays riches. Il y a deux cents ans, certains pouvaient avoir l'illusion que l'Occident était une tache de lumière dans un monde encore plongé dans l'obscurité ; cette image n'a pu être maintenue depuis un siècle qu'en rattachant arbitrairement le Japon, l'Australie ou plus récemment Israël à l'Occident. Elle n'a décidément plus de sens aujourd'hui, alors que l'Europe, occidentale et orientale, se débat dans des crises plus ou moins graves, tandis que de nombreux pays d'Asie et aussi d'Amérique latine connaissent un taux de croissance qui doit faire d'eux, dans peu d'années, s'il se maintient, des pays « développés ».

Ce qui a défini l'Occident, c'est beaucoup plus un mode de modernisation que la modernité elle-même. Les pays les premiers entrés dans la modernité y ont pénétré de manière volontariste, militante, pourrait-on dire, en pensant que tout opposait la modernité à la tradition et que, dans tous les ordres de la vie, il fallait choisir de manière radicale entre le monde de la raison et celui des coutumes et des croyances. La pensée

sociale de l'Occident a élaboré un ensemble de couples d'opposition qui traduisent tous une conscience presque spontanée de l'opposition radicale entre la modernité et la tradition. Tönnies, en Allemagne, a opposé la communauté (*Gemeinschaft*) à la société (*Gesellschaft*) ; Durkheim, en France, la solidarité mécanique à la solidarité organique ; Linton, aux États-Unis, l'*ascription* à l'*achie-*

vement, Sumner Maine, les sociétés de statut aux sociétés de contrat, et Talcott Parsons a systématisé ces oppositions dans une série de *pattern variables*. Tout récemment, Louis Dumont a opposé l'*homo hierarchicus* des sociétés holistes à l'*homo æqualis* des sociétés individualistes. Politiquement, l'Occident a eu une conception révolutionnaire de la modernité. C'est par l'insurrection des Gueux que la Hollande rompit avec l'empire espagnol et ses traditions autocratiques ; il fallut deux révolutions à la Grande-Bretagne pour entrer, après 1688, dans la modernité politique ; les États-Unis se créèrent comme nation moderne en se libérant de la domination anglaise, et les Français s'identifièrent plus que toute autre nation, en 1789 et 1792, en 1830 et en 1848, à une notion de révolution qui revécut encore en 1870, en 1936, en 1945 et en 1968. Au contraire, les pays les plus tard entrés dans la modernité combinent modernité et tradition plus facilement qu'ils ne les opposent. Ce n'est pas une preuve de sagesse ou de modération, mais le remplacement d'un développement endogène par un développement exogène. La modernisation fut conçue par l'Occident comme l'œuvre de la modernité elle-même, donc de la raison. Au contraire, dans la plupart des pays, c'est un agent extérieur à la société qui y fit pénétrer, par la force, la modernité. Le plus important de ces agents fut l'État national : la France connut un développement partiellement endogène, partiellement exogène, mais l'Allemagne, l'Italie et le Japon furent modernisés par leur État,

awareness of the radical opposition that exists between modernity and tradition. In Germany Tönnies set community (*Gemeinschaft*) against society (*Gesellschaft*) in France Durkheim – mechanical harmony against organic harmony; in the States Lindon set ascription against achievement, Sumner Maine, constitutional societies against legislative societies, and Talcott Parsons organized these oppositions into a series of pattern variables. More recently, Louis Dumont contrasted the *homo hierarchicus* of holistic societies to the *homo aequalis* of individualistic societies. Politically speaking, the West has had a revolutionary view of modernity. It was the rebellion of the beggars that allowed Holland to break free of the Spanish Empire and its authoritarian legacy. It was not until after 1688 and two revolts that Great Britain moved towards political modernity and the States only became a modern nation when it had freed itself from English rule. More than any other nation the French became identified with the notion of revolution first in 1789 and 1792, then in 1830 and 1848 and again in 1870, 1936, 1945 and 1968. On the other hand the countries which espoused modernity at a later date, found it easier to combine modernity and tradition rather than have them in opposition to one another. To embrace modernity is no proof of wisdom or of moderation, but rather a move to replace an endogenous development by an exogenous one. Modernization was considered by the West to be the product of modernity itself – of reason therefore, whereas in the majority of countries, it was outside agents that foisted it upon them. The most significant of these agents was the Nation State: France underwent a progression that was part endogenous, part exogenous; but Germany, Italy and Japan were modernized by the State backed-up by a military aristocracy and bureaucratic discipline. More recently, Kemal Atatürk's Turkey, Brazil, Mexico and India have become important examples of wholly successful modernizations, since the State in these countries has achieved the creation of a 'civilized society'. The history of exogenous modernizations demonstrates however, that the task of enlightened despotism has become increasingly more difficult, and that more and more, the relationship between modernization and tradition is being reversed. So much so in fact, that the former will be reduced to supplying resources to a regime that wants to defend or revive traditional, national, ethnic or religious values. This is how the transition from a world dominated by

appuyé sur une aristocratie militaire et une bureaucratie disciplinée. Plus récemment, la Turquie de Mustafa Kemal Atatürk, puis le Brésil, le Mexique et l'Inde, donnèrent des exemples importants de modernisation au total réussie puisque dans ces pays l'État parvint à créer une « société civile ». L'histoire des modernisations exogènes montre pourtant que la tâche du despotisme éclairé est devenue de plus en plus difficile et que, de plus en plus, le rapport entre la modernisation et la tradition se renverse, jusqu'à ce que la première se réduise à fournir des ressources à un pouvoir qui veut défendre ou faire renaître des valeurs traditionnelles, nationales, ethniques ou religieuses. C'est ainsi que nous sommes passés d'un monde dominé par la modernisation des fins à un autre, dominé par la modernisation des moyens. Et les pays du premier type, qu'on appelle l'Occident pour des raisons historiques, après avoir été rattrapés par de nombreux pays, semblent se rapprocher du second type, à mesure que l'équilibre semble plus important que le progrès, le bien-être que l'économie et même l'éthique que la sécularisation.

À vrai dire, ce second type est plein de contradictions car la rationalité n'est jamais purement instrumentale et parce que l'appel aux techniques et au marché entre en conflit tôt ou tard avec le pouvoir traditionnel ou la religion d'État. Mais le modèle occidental n'a-t-il pas connu, lui aussi, des contradictions analogues puisque, s'il a conçu la modernité comme la destruction de la tradition, il a aussi établi des liaisons très fortes et très durables entre le pouvoir politique, la modernisation économique et une religion d'État, en particulier quand triompha, après les guerres de religion, le principe de la territorialité des croyances : *Cujus regio, hujus religio*. Mais cette comparaison ne peut pas être poussée plus loin, car la modernité occidentale a triomphé surtout là où la société civile s'émancipait, tandis qu'au XXe siècle, dans le Tiers monde, on voit de nombreux exemples, dont la Chine est le plus important, d'association entre une modernisation économique et le maintien d'un pouvoir autoritaire ou même d'une religion d'État. Maintien légitimé par la mobilisation nécessaire à la défense de l'indépendance nationale ou d'une identité culturelle contre une invasion économique, politique et culturelle de l'étranger.

Au contraire, la modernisation de l'Occident a été associée à des conflits sociaux et culturels internes, tandis que les conflits extérieurs

ends – to another, dominated by the modernization of means – has transpired. And the countries of the first category, that for historical reasons we shall call western, now that so many countries have caught up with them, seem to be moving towards the second; so much so that balance seems to have become more important than progress, wellbeing more important than the economy, and even ethics more important than secularization.

In fact, this second group is full of contradictions, since rationality is never purely instrumental; and because the appeal of technology and the marketplace, sooner or later comes into conflict with the powers of traditional or state religion. But has the western model not experienced similar contradictions, since, if it has seen modernity as the destroyer of tradition, it has nevertheless established strong and enduring ties with political power, economic modernization and state religion; particularly in the area where the principle of the territorial status of beliefs prevailed in the aftermath of the religious wars: *cujus regio, hujus religio*. But the comparison stops there, for western modernity's key success lay where civil societies were liberating themselves; whereas in the course of this century there are numerous examples in the third world – of which China is the prime exponent – of countries linking economic modernization to the perpetuation of an authoritarian regime or even state religion. A perpetuation legitimized by a need to defend national sovereignty or cultural identity against economic, political and cultural incursions from abroad.

But while the modernization of the West was seen as the result of internal social and cultural conflicts, external conflicts were governed by the Nation States – first of all with a limited mobilization, then, with two world wars, the enormous cost of a general mobilization that drained western Europe with the result that world leadership passed

étaient gérés par les États, d'abord dans le cadre d'une mobilisation limitée, puis, avec les deux guerres mondiales, au prix de mobilisations générales qui épuisèrent l'Europe occidentale et firent passer le leadership mondial dans les mains des superpuissances nucléaires qui avaient vaincu leurs ennemis de l'Axe, les États-Unis et l'Union soviétique. L'importance des mouvements sociaux a été aussi grande dans la modernisation occidentale que celle des révolutions et c'est l'association de ces deux formes de conflit, sociale et politique, qui a le mieux défini l'histoire sociale de l'Occident. On la nomme en général lutte des classes : l'expression est bonne quand elle souligne la dualité d'un processus social qui combine guerre civile et négociations collectives, assaut donné au pouvoir politique et démocratisation des relations de travail.

Mais ces conflits internes vont bien au-delà du domaine du travail. La rationalisation occidentale a été conduite par une catégorie d'agents qui s'identifièrent à la raison et qui se donnèrent à eux-mêmes le pouvoir et le devoir d'imposer les disciplines de la raison et de la modernisation aux catégories qui n'avaient pas la capacité de se conduire rationnellement, soit à cause de leur âge, ce qui est le cas des « mineurs » de moins de 21 ou même de 25 ans, soit à cause de leur sexe. L'opposition des hommes et des femmes, les uns dominant la vie publique, les autres installées dans la vie privée, a été accentuée par la modernisation occidentale, et ce n'est pas un hasard si la France, premier pays européen à instaurer le suffrage universel des hommes en 1848, fut aussi un de ceux où s'installa le plus long décalage entre cette mesure et l'octroi du droit de vote aux femmes en 1945. Enfin, au-delà des travailleurs surtout non qualifiés (qui ne reçurent le droit de vote en Grande-Bretagne qu'en 1884), c'est l'essentiel des catégories dominées et, en particulier, des peuples colonisés, qui furent considérées comme inférieures aux bourgeois conquérants et à leur nation et comme devant être gouvernées par eux. L'universalisme de la raison fut constamment associé en Occident à une grande dureté des rapports sociaux mais qui entraîna aussi la transformation relativement rapide, surtout en Grande-Bretagne et en Allemagne, de la démocratie politique en une démocratie économique et sociale que les Fabiens anglais appelèrent démocratie industrielle.

Cette guerre de la raison contre la nature et la tradition fut portée plus loin encore que le domaine des rapports sociaux, jusqu'à la

into the hands of the nuclear superpowers – the United States and the Soviet Union who had overthrown their Axis enemies. Social movement was as relevant to the modernization of the West as was that of revolutions. And it is the alliance of these two types of conflict – social and political – that most aptly defines the social history of the West. Generally referred to as the class struggle: it is an appropriate term for it underlines the duality of a social process that combines civil war and collective bargaining, it is an assault on political power and the democratization of labour relations. But these internal conflicts go beyond the world of work. Western rationalization was guided by a group of agents who identified themselves with reason and who saw themselves empowered and duty-bound to impose the disciplines of reason and modernization to social groupings who were not considered capable of rational behaviour because of age – such as in the case of 'minors' below the age of 21 or even 25 – or gender. The antagonism that existed between men and women, the former dominating public life, the latter ensconced in a life of domesticity, was aggravated by western modernization. And it is no coincidence that France – the first European country to ratify universal suffrage for men in 1848 – was also one of the countries where the interval between this ratification and the granting of the vote to women in 1945, was the longest. Finally, beyond the workers, particularly the unskilled ones (who in Great Britain were not given the vote until 1884), the main feature of the ruled classes, and more especially the inhabitants of the colonies, was that they were considered to be inferior to the conquering bourgeoisie and their nation, and had therefore to be governed by them. In the West, the universalism of reason was consistently identified with the excessive severity of social relations; but it did lead, particularly in Great Britain and Germany, to the relatively rapid transition from political democracy to an economic and social one, referred to by the Fabian Society in England as: industrial democracy.

This battle between reason on the one hand and nature and tradition on the other, spread beyond the realm of social relations, to the concept of the individual itself. And from there to the importance of education at school and at home, viewed – not as institutions contributing to the socialization process, teaching values and accepted standards of

conception de l'individu lui-même. De là l'importance de l'éducation familiale et scolaire, non pas comme des institutions de socialisation, d'apprentissage de valeurs et de normes, mais comme lieu de discipline, de soumission des passions et des réactions spontanées à la réflexion et à des principes d'une valeur universelle. Les Allemands ont appelé *Bildung* cet apprentissage de l'universel qui a reçu la même importance dans les lycées créés par les jésuites dans bien des pays et plus tard en France dans les lycées napoléoniens, puis républicains. Il s'agissait d'arracher les enfants, et surtout les fils, à l'héritage culturel que leur transmettaient leurs mères pour en faire des citoyens mais aussi des individus maîtres d'eux-mêmes, efficaces dans leur travail et soumis activement aux impératifs de la raison. C'est ici que la modernisation occidentale s'oppose le plus nettement à celle des autres parties du monde où l'éducation est avant tout socialisation, insertion dans un groupe social. La définition occidentale de l'éducation est l'apprentissage d'une action définie comme la création du monde moderne par le travail, la loi, la conscience nationale et éventuellement la guerre. Monde d'hommes qui repose sur un pessimisme moral aussi visible chez Hobbes au XVIIe siècle que chez Freud à la fin du XIXe. C'est parce que les désirs des individus sont illimités qu'ils ont besoin d'être soumis à l'impératif de la loi ; le principe de plaisir doit plier devant le principe de réalité. Ce qui entraîna des révoltes, individuelles autant que collectives, qu'on appela d'un terme général romantiques, mais qui furent au total moins importantes dans l'histoire culturelle que la domestication du désir par les bonnes manières dont la cour de Louis XIV fut, selon l'analyse classique de Norbert Elias, le lieu principal d'élaboration. La France sut faire sa place au désir et à une sexualité omniprésente dans le décor de la civilisation victorienne, comme l'a bien souligné Michel Foucault, tandis que la Grande-Bretagne, plus activement engagée dans la modernisation capitaliste, gardait un sens plus aigu et du monde refoulé de la poésie et des désirs destructeurs de l'enfance.

Les disciplines de la modernisation n'auraient pas été supportables si elles avaient été imposées à toute la population, mais l'élitisme de la bourgeoisie fit reposer surtout sur celle-ci - et parfois sur l'aristocratie - les contraintes de la production d'êtres raisonnables, coupés de toute appartenance sociale de type communautaire, individus

behaviour – but as seats of discipline, where aspirations and spontaneity were suppressed in favour of the philosophy and principles of a universal value. *Bildung* was what the Germans called this apprenticeship to the universal whose importance was acknowledged in schools founded by the Jesuits in so many countries and later in France, in those founded by Napoleon and the Republicans. It consisted of removing children, particularly boys, from the influence of the cultural heritage being passed to them by their mothers; in order to turn them into citizens, individuals in control of themselves, efficient at their work and active devotees of the laws of reason. It is in this sphere that western modernization is most clearly in conflict with that of other areas of the world, where education is first and foremost a socialization process, an introduction into society. In the West, education is seen as being the apprenticeship to a clearly defined act such as the creation of a modern world through work, the law, national awareness and eventually – war. A world of men relying on a moral pessimism as indisputable in Hobbes in the seventeenth century, as in Freud at the end of the nineteenth. It is

guidés à la fois par la recherche rationnelle de leurs intérêts et par l'idée de progrès et d'efficacité. La modernisation occidentale est toujours restée limitée, au moins jusqu'à ce que la Première Guerre mondiale puis la Seconde généralisent les contraintes d'une mobilisation effectuée par l'industrie autant que par l'armée et l'idéologie. Tous les pays d'Europe occidentale ont eu la tête dans l'universel et le corps dans la civilisation traditionnelle et dans des terroirs limités et traversés par peu de réseaux de communication à longue distance. Dans ces petits « pays », c'est la société traditionnelle qui contrôlait la population alors qu'aujourd'hui, dans les nouveaux pays industriels, les contrôles sociaux viennent du sommet, de l'État plus que de la famille ou du village. Le développement endogène fut donc réalisé par une modernisation intensive mais élitiste, descendant lentement du haut vers le bas de la société et laissant toujours subsister, en Grande-Bretagne surtout, une grande distance culturelle entre les *gentlemen* ou les bonnes familles et le peuple esclave de ses besoins et protégé de sa propre violence par les mécanismes traditionnels de socialisation.

Cette image de la modernisation occidentale, répétons-le, décrit un mode très particulier, on pourrait presque dire exceptionnel, d'entrée dans la modernité ; il ne s'est guère reproduit en dehors des pays de civilisation européenne, mais son importance a été exceptionnelle. Il a donné l'hégémonie continentale et mondiale aux pays qui adoptèrent ce modèle culturel, social et politique, de transformation endogène ; il a aussi dégagé,

plus que tout autre modèle de modernisation, l'image de la modernité comme alliance de la raison et de l'utilité, du volontarisme et de l'empirisme, de l'industrie et du marché. C'est dans les grandes métropoles d'Occident que la science, l'art, la pensée et aussi la puissance économique et militaire se sont libérés le plus complètement des limites et

because the desires of the individual are limitless that they must obey the dictates of the law; the principle of pleasure must yield before the principle of reality. And this led to rebellions – individual as well as collective ones – that were generally referred to as romantic, but which on the whole, were less significant in the context of cultural history than the mastering of desire through good manners; born, according to the classical study of Norbert Elias, in Louis XIV's court. As Michel Foucault has indicated, France found a way of accommodating desire and a ubiquitous sexuality within the framework of Victorian civilization, but Great Britain, more actively engaged in capitalist modernization, retained a more acute sense of the pent-up world of poetry and the destructive desires of childhood.

The constraints of modernization would not have been tolerated had they been imposed on society as a whole, but the elitism of the middle classes forced them to inflict on the latter – and at times on the aristocracy – the limitations of appearing to be reasonable, alienated from a community-type kinship with society, individuals driven as much by the rational pursuit of their interests as by the concept of progress and efficiency. Western modernization remained limited, at least until the first and then the second world war universalized the pressures of a mobilization brought about by industry as much as by the army and ideology. All western European countries have kept their heads in the universal and their bodies rooted in traditional civilization and the soil of their localities criss-crossed by insufficient long-distance communication networks. Traditional society used to regulate the population in all these small 'countries', whereas in the new industrialized nations of today, social control come from the top, from the State rather than from the family or village. Endogenous evolution was thus realized through an intensive but elitist modernization process, that made its way slowly from the top echelons of society to the lower ones, thus allowing – particularly in Great Britain – the existence of a vast cultural gulf to remain between gentlemen or good families and the exploited masses kept in ignorance of their own strengths by the traditional mechanisms of socialization.

This picture of western modernization, it must be said, depicts a very particular, one might even say exceptional, manner of progressing towards modernity; one which has

des contrôles que continuait à imposer ailleurs la tradition. C'est pourquoi les images les plus « littéraires » de cette modernité occidentale la présentent comme le triomphe du nouveau, de la mode, de l'avant-garde. Ce qui rejoint étrangement la célèbre définition, par Schumpeter, du capitalisme comme destruction créatrice.

Le modèle occidental de modernisation n'a presque pas fixé de limites aux ambitions de la raison. Il a certes évoqué avec inquiétude Faust ou l'apprenti-sorcier, mais il a tiré sa force principale de sa confiance dans un monde qui ne serait plus naturel mais créé par l'homme, inventé par la science et les techniques. C'est seulement aujourd'hui que monte la peur d'une société qui ne serait plus « naturelle », où la science permettrait de créer des êtres ou des situations sans exemple ou référence dans l'expérience naturelle, et l'opinion publique revient vite en arrière, s'enferme dans la méfiance quand elle sent que l'action technique ou médicale peut devenir irresponsable en outrepassant les limites que la nature lui a fixées. Mais l'importance rapidement croissante de ces peurs nous fait mieux comprendre aussi la confiance « révolutionnaire » qui porta tant de grands esprits et de mouvements politiques à proclamer : « du passé faisons table rase », ce qui fut constamment la devise de la modernisation occidentale.

L'image qui vient d'être donnée est si forte qu'on est tenté de ne rien voir d'autre qu'elle dans l'histoire de la modernisation occidentale. Tout est en effet si normatif, si volontaire dans ce modèle culturel que ce qui ne lui correspond pas apparaît soit comme un reste de la société traditionnelle qui est condamnée à disparaître, soit comme simple désordre. Et pourtant il existe une face cachée de cette modernisation occidentale, comme il en existe une dans le modèle le plus différent de celui-ci, celui de la mobilisation communautaire, nationale ou religieuse, qui a conquis une si grande importance au XXe siècle. Cette face cachée a longtemps pris des formes religieuses et c'est ainsi, en effet, qu'on la décrit d'abord le plus facilement. Max Weber, avec d'autres, a pensé que la vie religieuse avait deux aspects complémentaires mais opposés. Le premier, qu'il appelle « hiérocratique » et qu'on peut appeler plus simplement la pensée du sacré, insiste sur l'emprise d'un ordre métasocial sur les réalités humaines et, par conséquent aussi, sur le rôle des traditions qu'une Église et un clergé sont chargés de préserver. Le second,

not been duplicated outside the countries of European civilization, but the consequences of which have been phenomenal. It has given countries who adopted this cultural, social and political model of endogenous transformation – continental and world supremacy. Moreover, more than any other model of modernization, it has rescued modernity from seeming to be an alliance

between reason and utility, voluntarism and empiricism, industry and the market place. For it was in the great western cities that science, art, philosophy as well as economic and military power so successfully distanced themselves from the restrictions and controls that tradition continued to impose elsewhere. That is why the most 'literary' images of this western modernity parade it as being the triumph of the new, of fashion and of the *avant-garde*. Which brings to mind Schumpeter's famous definition of capitalism, that it is a creative destruction.

The western model of modernization has almost given the ambitions of reason free rein. Although somewhat reminiscent of Faust or the Sorcerer's Apprentice, it has given rise to some concern; but its main strength lies in its confidence in a world that is no longer natural but man-made, invented by science and technology. But today, society's concern – over the fact that it is no longer 'natural', that science is in a position to create beings or situations that have no precedence or reference in the natural order of things – is growing; and public opinion is recoiling fast, withdrawing behind its scepticism whenever it feels that technological or medical achievements irresponsibly overstep the boundaries laid down by nature. But the rapidly increasing magnitude of these fears is also directing us to an understanding of the 'revolutionary' confidence that led so many eminent minds and political movements to proclaim: 'let's wipe the slate clean of the past', a statement which has always been the motto of western modernization.

qu'il nomme « ascétique », se réfère à la transcendance, c'est-à-dire à la séparation d'un principe spirituel et d'un principe temporel. La modernité rationaliste de l'Occident tend à éliminer la composante hiérocratique de la pensée religieuse : pas de modernité sans sécularisation et sans séparation des Églises et de l'État. La modernité est laïque. En revanche, elle s'accommode très bien de la dimension ascétique, comme l'a démontré Max Weber lui-même, qui a parlé du passage de l'ascétisme hors du monde à l'ascétisme dans le monde, pour définir l'éthique protestante et son association avec l'esprit du capitalisme. C'est même la modernité qui, en rompant l'unité cosmologique d'un monde sacré, exige la séparation entre l'univers de la nature qui relève de l'analyse scientifique et celui du sujet qui prend d'abord – et qui peut-être garde toujours – une forme transcendante, mais qui s'est humanisé, sécularisé et a donné naissance à une morale humaniste que nous appelons plus volontiers éthique aujourd'hui et qui pose la liberté et la responsabilité du sujet personnel comme une fin dernière. De plus en plus, le rationalisme s'est transformé en force de domination de la nature et des

This all too-vivid picture might tempt one to be oblivious to other aspects of the history of western modernization. For this cultural model in fact appears to be so commonplace, so spontaneous that anything that does not conform to it will either be considered as a reject of traditional society and therefore condemned to disappear, or simple chaos. And yet this western modernization does have a hidden side in much the same way that the model which is the most unlike it does, that of the mobilization of communities, nations or religions, which has grown in importance in the course of the twentieth century. Over a long period, this hidden side has manifested itself in religious forms and it is in fact in these terms that it can best be described. Max Weber, amongst others, claimed that there are two complementary but opposed aspects to religious life. The first which he calls hierocratical but which we can simply call the philosophy of the sacred, focuses on the hold a metasocial order has over human realities and also, as a consequence of this, over the role of the conventions the church or clergy are entrusted to safeguard. The second, ascetical as he calls it, refers to transcendence, that is to say to the separation of the spiritual from the temporal. Western rationalist modernity aims to eliminate this hierocratical component from religious thinking: no modernity without secularization or without the separation of Church and State. Modernity is non-ecclesiastical. On the other hand it conforms very well to the ascetical dimension, as Max Weber himself demonstrated when he referred to the passing of asceticism out of this world to asceticism in this world, when defining the protestant ethic and its correlation with the spirit of capitalism. It is in fact modernity which, by shattering the cosmological unity of a sacred world, insists that the natural universe which is dependent on scientific analysis, be separated from the individual who initially takes on – and perhaps always retains – a humanized and secularized transcendant form, which has given birth to a humanistic morality, nowadays more usually referred to as ethical, which places liberty and responsibility as an ultimate goal of the private individual. Through being dominated by nature and man, rationalism has experienced a greater transformation thereby provoking a two-fold response: on the one hand, a return to a naturalistic vision, the sacrilization of nature even, as it

is perceived by the more extreme, more anti-humanistic movements of political economics; and on the other, the private individual's need to be free-expressed in increasingly explicit terms, that is to say defining liberty in clearly designated situations and social relationships: citizenship struggling against the allegiance of individuals to a monarch, the rights of workers against the power of employers, national independence against colonization or other forms of dependence, the liberation of women from the domination of men strengthened, as we have said, by the success of the rationalizing model.

This has resulted in modern society organizing itself more and more distinctly around the relationship between the rational and the subjective, the defense of the individual, in other words the individual's capacity to be a free agent. This gives a more open impression of contemporary society than that imposed by victorious rationalism. Western modernization, which treated the relationship between modernity and tradition, reason and emotion, so brutally; with the imposition of enormous psychological and social discipline and repression – will be able to find its finest accomplishment here, for it is in countries where endogenous modernization has been linked to victorious rationalization, that the individual and his desire for freedom also assert themselves the most strongly, and that a democratic policy therefore develops to control the relationship between efficiency and freedom, science and rights.

Exogenous modernizations have often allowed populations the possibility to participate in the process of their own social transformation within the context of their more traditional filiations but they have had difficulty separating asceticism from hierocratical power and have even frequently confused a religion with a neo-communal regime that has nourished many a totalitarian dream. It is a fact that the western model has been constantly tempted to believe in the demise of the individual. It was already the position of many French and English philosophers in the eighteenth century; it is also that of the positivists and scientists who wielded so much influence in the nineteenth century. Furthermore, our own century has experienced, particularly since 1960, the strong upsurge of a structuralist philosophy heralding man's extinction, just as, a century earlier, Nietzsche had announced the demise of God. But this creation is not so

une tendance culturelle générale que l'idéologie d'intellectuels qui s'identifient à la raison pour combattre toutes les formes de pouvoir social. Ce qui marque au contraire la fin de ce siècle est la montée des préoccupations éthiques à mesure que la science intervient plus directement sur les êtres humains et pas seulement sur des phénomènes naturels. C'est des progrès de la médecine qu'est né le débat bio-éthique, comme c'est des techniques de contraception qu'était né le mouvement féministe moderne qui s'affirma d'abord dans ses luttes contre le recours libre à la contraception et à l'avortement. Dans tous les domaines, des soins médicaux à l'éducation ou à la grande presse, la déontologie impose des principes moraux à des activités techniques. Et souvent, je l'ai indiqué, le sujet menacé cherche appui, pour se défendre, sur des religions et ce n'est pas un hasard si ce sont celles qui font le plus appel à la morale et en particulier les religions sans Dieu venues d'Asie qui se répandent et exercent la plus grande influence.

Nous sommes aujourd'hui au plus loin de l'image trop classique d'une rationalité éclairant le monde. À l'idée d'un principe central de progrès et donc de modernité, nous avons substitué une image plus complexe, celle des rapports nécessaires et jamais résolus entre trois orientations principales de l'action : d'abord l'appel à la raison qui a une valeur surtout critique, car le propre de la science est de remettre en cause toutes les affirmations ; en deuxième lieu, la défense de la liberté et de la responsabilité personnelles ; enfin, le respect des identités personnelles et collectives, des cultures et des mémoires. Et ce que nous appelons la modernité n'est pas la réduction de la liberté au triomphe de la raison sur les traditions, mais au contraire le dialogue, la communication entre la raison, la liberté et les identités. Dialogue qui doit être institutionnalisé et qui constitue la définition moderne de la démocratie.

Si j'ai parlé de la fin de la modernisation occidentale, c'est non pas parce que ce modèle de changement historique tendrait à disparaître et pas davantage parce qu'il aurait remporté une victoire absolue avec la chute du modèle soviétique et la globalisation de l'économie, mais parce que le monde entier se trouve confronté avec la nécessité de combiner les mêmes éléments et aussi parce que toutes les régions du monde sont menacées par leur dissociation, c'est-à-dire par la juxtaposition agressive d'une rationalité purement instrumentale, d'identités de

much a general cultural trend as an intellectual ideology become equated with reason, for the purpose of combatting all forms of social power. On the other hand what distinguishes the end of this century is the rise of ethical preoccupations, as science interferes more directly with human beings and not just with natural phenomena. Advances in medical science provoked the bio-ethical debate just as contraception launched the modern feminist movement which initially declared itself opposed to free recourse to contraception and abortion. In all areas from medical care to education or the mass media, medical ethics dictates the moral principles of technological experimentation. And often, as I have pointed out, an individual who feels threatened will turn to religion and it is no coincidence that it is they who call upon morality the most, particularly the God-less religions of Asia, that are spreading and exercizing the greatest influence.

Today we find ourselves further away than ever from the too-classical image of a world-enlightening rationality. In place of the notion of a central principle of progress and thus modernity, we have substituted a more complex image, that of the relationships, that are necessary but never resolved, between the three main areas of activity: first, reason which has a particularly critical value – for the purpose of science is to question all assertions: secondly, the defense of personal liberty and responsibility; lastly, the respect of personal and collective identities, cultures and memories. And what we call modernity is not the reduction of liberty to the victory of reason over traditions, but quite the opposite: the dialogue, communication between reason, freedom and identities. A dialogue that must be institutionalized and which constitutes the modern definition of democracy.

If I have spoken of the end of western modernization, it is not because this historic model of change is in danger of disappearing, nor moreover because it will have resulted in unequivocal victory with the collapse of the soviet model and the globalization of the economy, but because the whole world is in a situation whereby it is confronted by the need to combine the same elements while at the same time, all the regions of the world are being threatened by their disintegration, that is to say by the aggressive juxtaposition of a purely instrumental rationality, identities that are becoming increasingly self-contained

plus en plus fermées sur elles-mêmes et d'une liberté réduite à celle du consommateur. Le modèle occidental, endogène, de modernisation, est celui qui a reconnu le plus fortement le rôle de la raison scientifique et technique ; il est aussi, malgré les attaques des rationalismes despotiques, celui qui a proclamé avec le plus de force les droits du sujet et la nécessité de la démocratie ; mais il a atteint ces deux buts en détruisant des identités, en effaçant des mémoires, en imposant au monde entier des modèles de conduite et d'organisation standardisés. Le modèle occidental, pas plus qu'aucun autre, ne peut aujourd'hui résoudre les problèmes posés au monde dans le cadre de sa seule spécificité. Ici aussi nous avons besoin de globalisation ou plutôt de communication et de dialogue entre des orientations culturelles dont aucune ne parvient à associer complètement les trois orientations de l'action moderne : rationalité, liberté et identité.

and a liberty brought down to the level of that of a consumer. The endogenous western model of modernization, is that which has clearly understood the role of scientific and technological logic; it is also, despite attacks from despotic rationalism, the one that has proclaimed the most forcefully the rights of the individual and the need for democracy. Unfortunately, these two goals have been attained through the destruction of identities, the erasure of memories, the imposition of standardized models of behaviour and organization on the whole world. Today the western model is incapable, as is any other model, of resolving within the bounds of its own specificity the problems confronting the world. Here too we see a need for globalization or rather for communication and dialogue between the different cultures, none of which is able to achieve the total unity of the three areas of modern activity: rationality, liberty and identity.

Alain Touraine
(Le modèle occidental de modernisation - Modernization, western style)

English translation: Anne-Marie Glasheen

Né à Hermanville-sur-Mer (Calvados) en 1925, ancien élève de l'École normale supérieure, Alain Touraine est directeur d'études à l'École des Hautes Études en Sciences sociales à Paris. Il a notamment développé les bases d'une sociologie industrielle axée sur la praxis *en étudiant les rapports de travail dans l'ensemble des rapports sociaux.*

Born in Hermanville-sur-Mer (France) in 1925, former pupil of the École normale supérieure, Alain Touraine is director of studies at the École des Hautes Études in Social Sciences in Paris. He has notably formulated the basis of an industrial sociology centred on the praxis, *studiing the working relationships in the overall of the social relationships.*

Sociologie de l'action *(1965)*, La Conscience ouvrière *(1966)*, La Société post-industrielle *(1969)*, La Voix et le regard *(1978)*, Solidarité *(1982)*, Critique de la modernité *(1992)*, Qu'est-ce que la démocratie ? *(1994)*...

La figure de la Mélancolie, environnée de tous les instruments du savoir, pose avec gravité, depuis près de cinq siècles, à l'homme européen la question de la finalité liée à toute entreprise humaine.
12 - Albrecht Dürer
Mélancolie 1, 1514
Burin
Bibliothèque nationale, Paris

What is the point of all this human endeavour? For nearly five centuries, the grave figure of Melancholy, surrounded by all the instruments of knowledge, has asked Europeans this question.
12 - Albrecht Dürer
Melancholy 1, 1514
Engraving
Bibliothèque nationale, Paris

12

The seduction of modernity

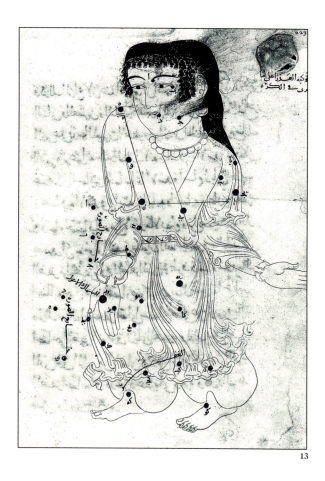

La modernité en terre d'Islam a influencé l'Occident. Cette représentation fait autant référence au signe zodiacal qu'aux dernières théories astronomiques de l'époque.
13 - École de Bagdad
Traité sur les Étoiles fixes
(Kitâb Souwar al-kawâkib ath thâbita)
La Vierge, 1009 (400 de l'hégire)
Marsh 144, p. 223, 0,223 x 0,147
Oxford, Bodleian Library

Le regard attentif, l'observation minutieuse au service d'un art où l'homme devient sujet.
14 - Léonard de Vinci, *Traité de la peinture*
Dessin
W.12604r, Royal Library, Windsor

Islam's "modernity" influenced the West. This picture refers both to the signs of the zodiac and to the most advanced astronomic theories of the day.
13 - (Baghdad school)
Treatise on fixed stars
(Qutab Suwar al-kawakib ath thabita)
Virgo, 1009 (400 of the Hegira)
Marsh 144, p. 223, 0.223 x 0.147
Oxford, Bodleian Library

Close scrutiny and detailed observation are part of the stock in trade of an artist who takes people as his subject.
14 - Leonardo de Vinci, *Treatise on painting*
Drawing
W.12604r, Royal Library, Windsor

La séduction de la modernité

L'Église a aussi participé à la culture humaniste. Cette vision de saint Augustin installé dans sa bibliothèque nous montre le philosophe chrétien entouré des instruments du savoir qu'il semble, à la différence de la Mélancolie, pouvoir maîtriser.
15 - Carpaccio (1460-1527)
La vision de saint Augustin
Le cycle de San Giorgio Degli Schiavoni
Toile, 1,41 x 2,10
Scuola di San Giorgio, Venise

The Church has also played a part in humanist culture. This vision of St Augustine sitting in his library shows the Christian philosopher surrounded by the instruments of knowledge which, unlike Melancholy, he seems to know how to use.
15 - Carpaccio (1460-1527)
The Vision of Saint Augustine
San Giorgio Degli Schiavoni cycle
Canvas, 1.41 x 2.10
Scuola di San Giorgio, Venice

À la fin du XVIe siècle, le géocentrisme : terre maîtresse du monde et située au centre de l'univers, est une représentation couramment admise. La modernité progressivement changera la nature de notre rapport à l'univers, y incluant la notion de décentrement et d'infini.

16 - Bartolomeo Velho, *Cosmographie*, 1568
Manuscrit enluminé sur parchemin
C. Pl. Rés. Ge EE 266, F 9 10
Bibliothèque nationale, Paris

17 - Prévost, d'après Cochin
Frontispice de l'Encyclopédie, 1772
Gravure
Bibliothèque nationale, Paris
Page de titre de l'*Encyclopédie*, 1751
Bibliothèque nationale, Paris

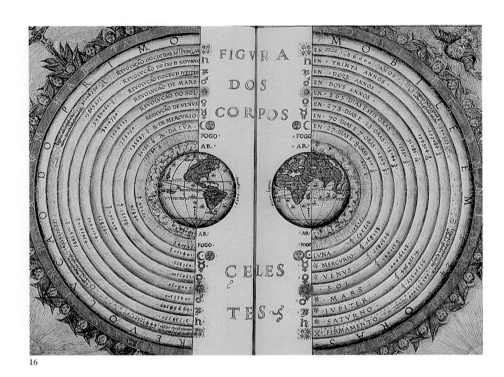

16

At the end of the 16th century, geocentrism – the earth as mistress of the world, located at the centre of the universe – was a commonly accepted world view. Modernity progressively changed the nature of our relationship to the universe, including the concepts of decentring and infinity.

16 - Bartolomeo Velho, *Cosmography*, 1568
Illuminated manuscript on parchment
C. Pl. Rés. Ge EE 266, F 9 10
Bibliothèque nationale, Paris

17 - Prévost, in the manner of Cochin
Frontispiece from the Encyclopédie, 1772
Engraving
Bibliothèque nationale, Paris
Title page of the *Encyclopédie*, 1751
Bibliothèque nationale, Paris

17

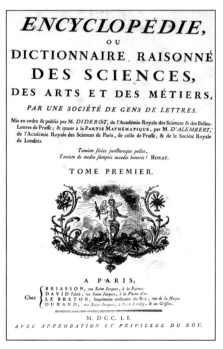

18 - Leonel Walden
Les Docks de Cardiff, 1894
Huile sur toile, 1,27 x 1,93
Musée d'Orsay, Paris

19 - Exposition universelle
de Vienne, 1873
Vue générale
Historisches Museum, Vienne

18 - Leonel Walden
The Docks of Cardiff, 1894
Oil on canvas, 1.27 x 1.93
Musée d'Orsay, Paris

19 - Vienna, Universal
Exhibition, 1873
General view
Historisches Museum, Vienna

La séduction de la modernité

*L'*Olympia *de Manet ressurgit comme une image mythique de la modernité. Cette image à plat, « sans éloquence », constitue un des emblèmes de la pensée moderne.*
20 - Édouard Manet
Olympia, 1863
Huile, 1,305 x 1,90
Musée d'Orsay, Paris

20

Manet's Olympia *re-emerges as a mythical image of modernity. This flat, enigmatic image is one of the symbols of modern thinking.*
20 - Édouard Manet
Olympia, 1863
Oil, 1.305 x 1.90
Musée d'Orsay, Paris

21

L'enthousiasme qui éclate chez Dufy est bien la marque de cette croyance éperdue dans un progrès technique infini qui devait assurer un mieux être pour l'homme universel.
21 - Raoul Dufy
La Fée Électricité, 1937, détail
Fresque
Musée d'Art moderne de la Ville de Paris

22 - Filippo Tommaso Marinetti
Manifeste du Futurisme (1909), extrait

"Nous chanterons les grandes foules agitées par le travail, le plaisir ou la révolte ; les ressacs multicolores et polyphoniques des révolutions dans les capitales modernes ; la vibration nocturne des arsenaux et des chantiers sous leurs violentes lunes électriques ; les gares gloutonnes avaleuses de serpents qui fument ; les usines suspendues aux nuages par les ficelles de leurs fumées ; les ponts aux bonds de gymnastes lancés sur la coutellerie diabolique des fleuves ensoleillés ; les paquebots aventureux flairant l'horizon ; les locomotives au grand poitrail qui piaffent sur les rails, tels d'énormes chevaux d'acier bridés de long tuyaux, et le vol glissant des aéroplanes, dont l'hélice a des claquements de drapeau et des applaudissements de foule enthousiaste."

"We will sing of great crowds excited by work, by pleasure, and by riot; we will sing of the multicolored, polyphonic tides of revolution in the modern capitals; we will sing of the vibrant nightly fervor of arsenals and shipyards blazing with violent electric moons; greedy railway stations that devour smoke-plumed serpents; factories hung on clouds by the crooked lines of their smoke; bridges that stride the rivers like giant gymnasts, flashing in the sun with a glitter of knives; adventurous steamers that sniff the horizon; deep-chested locomotives whose wheels paw the tracks like the hooves of enormous steel horses bridled by tubing; and the sleek flight of planes whose propellers chatter in the wind like banners and seem to cheer like an enthusiastic crowd."

22

Dufy's enthusiasm is a hallmark of this blind faith in infinite technical progress which would ensure a better life for all of humanity.
21 - Raoul Dufy
The Electric Fairy, 1937, detail
Fresco
Musée d'Art moderne de la Ville de Paris

22 - Filippo Tommaso Marinetti
Initial manifesto of futurism (1909), excerpt

Si le textile a accompagné les gestes quotidiens de la vie ordinaire, il a été aussi symbole de richesse et de raffinement. Aujourd'hui, il est l'objet de recherches technologiques sophistiquées. Nouvelles fibres susceptibles d'habiller aussi bien l'homme de la rue que le fuselage de l'avion.

23 - Nouvelles technologies, fibre textile
Bobines de fil polyester multibrins
pour emplois textile-habillement
Production usine Rhône-Poulenc
Valence, France

24 - Textile aux bouquets d'œillets et de feuilles « saz »
Turquie, fin XVIᵉ-début XVIIᵉ siècles
Soie et fils d'or ; lampas, 0,580 x 0,325
Inv. 29113
Musée historique des Tissus, Lyon

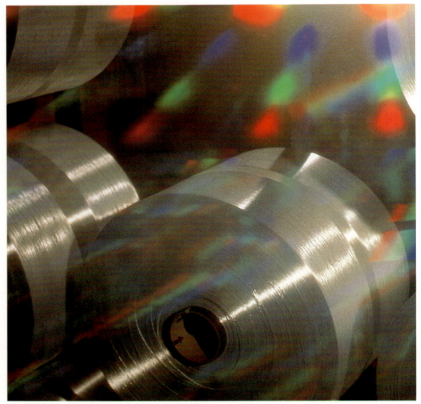
23

Although textiles always played a crucial part in everyday life, they were regarded as a symbol of wealth and refinement. Today, they are the product of sophisticated technological research. New fibres used for ordinary clothing as well as in aircraft production.

23 - New technology, textile fibre
Reels of multi-stranded polyester fibre
for use in the textile-clothing industry
Manufactured at the Rhône-Poulenc factory
Valence, France

24 - Textile with bunches of carnations and "saz" leaves
Turkey, 2nd half of the 16th century-early 17th century
Silk and gold thread; lampas, 0.580 x 0.325
Inv. 29113
Musée historique des Tissus, Lyon, France

24

The seduction of modernity

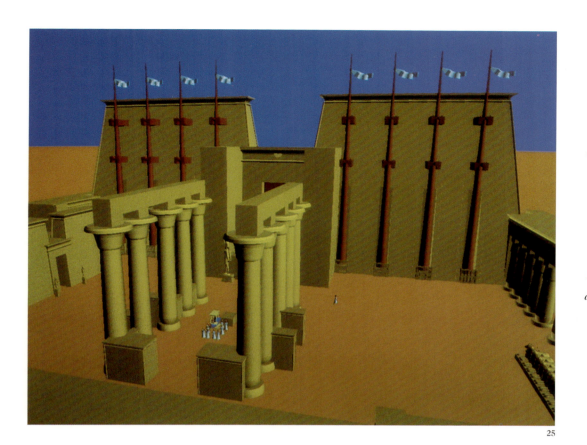

Cette technologie contemporaine, expression de la post-modernité, joue sur les perceptions et les représentations. Elle introduit un trouble dont on ne mesure pas encore les effets sur notre rapport au temps et à l'imaginaire.
25-26 - Image virtuelle-image réelle (Karnak, Égypte) Travail CAO effectué dans le cadre d'une action de mécénat technologique et scientifique d'Électricité de France. Extrait du livre *Karnak, le temple d'Amon restitué par l'ordinateur* édité par M.A. Éditions

This modern technology, the expression of postmodernism, plays on perceptions and representations. It interferes with our relationship to time and the imagination, although we are not yet able to measure to what extent.
25-26 - Virtual image-real image (Karnak, Egypt) CAO image produced as part of a technology and science sponsoring initiative by Électricité de France. From the book *Karnak, le temple d'Amon restitué par l'ordinateur* (Karnak, a computer reconstruction of the temple of Amon) published by M.A. Éditions

85

La séduction de la modernité

27 - Charlie Chaplin, *Les Temps modernes*, 1935

Le ballet avec la machine

Photographie

Collection de la Cinémathèque de Toulouse

27

27 - Charlie Chaplin, *Modern Times*, 1935

Dance with the machine

Photograph

Cinémathèque de Toulouse, Photo library, France

*Une part de modernité se réfugie dans l'image d'un lieu trop lisse,
parfaitement indéchiffrable et qui ne parvient pas à faire sens.*
28 - Schuiten, Peeters, *L'Écho des cités*, 1993
Bande dessinée, Casterman

28

*One aspect of modernity hides in the image of a place which is too polished,
completely indecipherable and which simply does not make sense.*
28 - Schuiten, Peeters, *L'Écho des cités*, 1993
Comic strip, Casterman

En multipliant la Joconde, *Andy Warhol se situe dans l'« ère de la reproductibilité » et pose ainsi le statut de l'idole et de l'icône dans la société contemporaine.*
29 - Andy Warhol, *La Joconde*, 1963
Sérigraphie et acrylique sur toile, 3,19 x 2,08
Blum Helman Gallery, New York

By reproducing the Mona Lisa, *Andy Warhol places himself in the "era of mass production" and raises the question of the place of the idol and the icon in contemporary society.*
29 - Andy Warhol, *Mona Lisa*, 1963
Silk screen and acrylic on canvas, 3,19 x 2,08
Blum Helman Gallery, New York

29

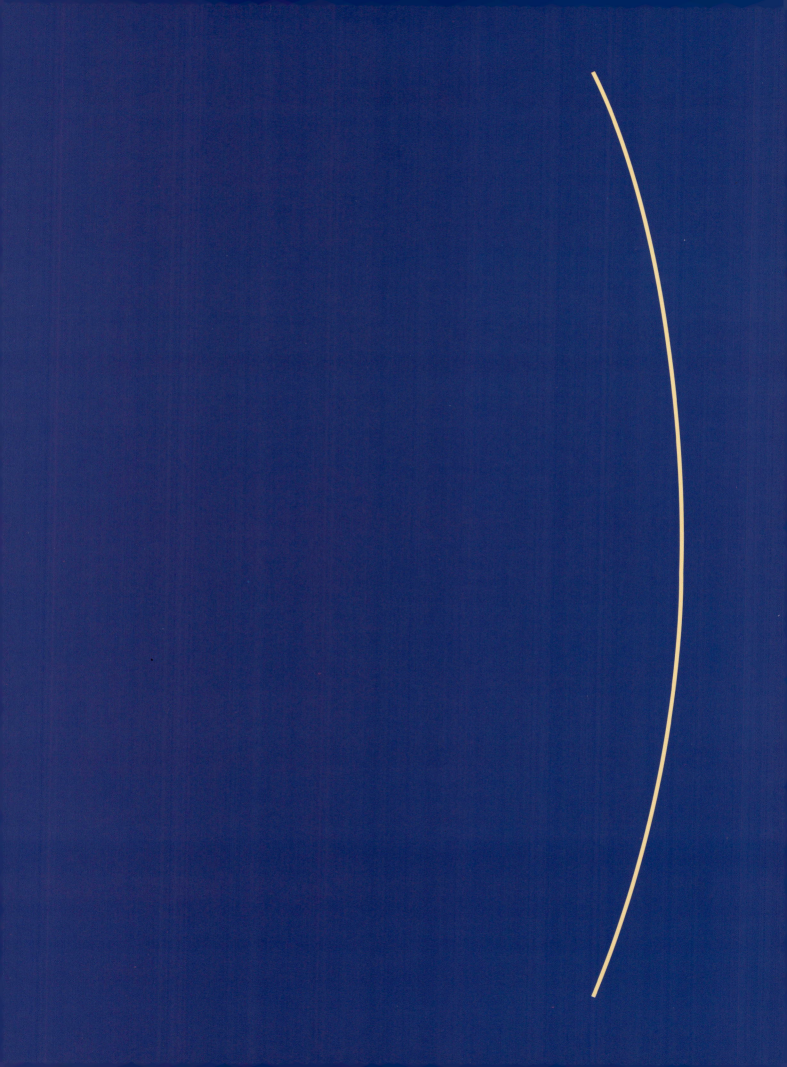

III

La séduction
du paysage

The seduction
of the landscape

IV. La grande allée de la villa
Gamberaia, Florence, Italie
Collection Lady Jellicoe
The Landscape Institute, Londres

IV. The long walk at the villa
Gamberaia, Florence, Italy
The Lady Jellicoe collection
The Landscape Institute, London

GEOFFREY
JELLICOE

Dans *Europe*, publié en 1992 par le British Landscape Design Trust, j'écrivais : « Le terme de Marché commun semble désigner un paysage ordinaire ou, en d'autres termes, un style international comparable à celui que nous connaissons en matière d'architecture, et qui n'est pas toujours pour nous plaire. Mais l'art du paysage est si étroitement lié à la géographie, et par conséquent au caractère ethnique, qu'aucune puissance terrestre – fût-elle commerciale, militaire ou religieuse – ne saurait l'uniformiser. » Il y a quelque hardiesse à proférer une telle affirmation en un temps dominé par la logique et qui pourrait, avec la meilleure volonté du monde, traiter l'ensemble des habitants de la planète comme une entité unique, indistincte et satisfaite. Mais il n'en sera jamais ainsi ; et les arts, en tant qu'expression véritable de l'inconscient individuel et collectif, sont les bastions qui nous en préserveront. Tranquille parmi ceux-ci, l'art du paysage est, à mon avis, appelé à devenir l'un des plus grands protecteurs de l'esprit humain.

Alors que les ethnies européennes étaient sujettes à de constantes variations, la géographie et le climat, aussi loin que l'histoire nous les décrit, sont toujours restés à peu près les mêmes, contribuant à leur manière à façonner la civilisation. La masse terrestre européenne s'offre, comme nul autre continent, à la pénétration des fleuves et des mers navigables. Les grandes plaines, au-dessus desquelles se dressent des montagnes d'une hauteur impressionnante, sont agréablement fertiles. Le climat, comme chacun sait, est plutôt chaud au sud, et très froid au nord.

L'attitude profonde de l'homme vis-à-vis de la nature est enfouie dans son subconscient et, qu'il soit bon ou qu'il soit mauvais, elle se révèle au fil du temps à travers son amour des jardins, des parcs et des paysages. Ce passage du subconscient au conscient confère à ces paysages un caractère aussi bien spirituel que

In *Europe* published in 1992 by the British Landscape Design Trust, I wrote: "The term Common Market might suggest a common landscape, or, in other words, an international style such as we have experienced in architecture, not always to our liking. But landscape design is so closely related to geography and consequently to the ethnic character of people, that no power on earth – commercial, military or religious – could standardise our art". This is a bold statement to make in a world dominated by logic that with the greatest goodwill could computerise the peoples of this earth into a uniform unit, contented and unremarkable. This shall not be; and the arts as the true expression of the collective and individual subconcious are the bastions against such a happening. Lying quietly among these arts today is that of landscape design, destined in my opinion to become among the greatest protectors of the human spirit.

While ethnics in Europe have been in continous variation, geography and climate in recorded history have been relatively stable each in its own way helping to mould civilisation. The land mass of Europe is interpenetrated with navigable seas and rivers more than any other continent. That flat plains, interspersed with awe inspiring mountains, are agreeably fertile. The climate, as we all know, is warm in the south and very cold in the north.

Man's true attitude to nature lies embedded in the subconscious, revealed throughout the ages by good and evil persons alike in their love of gardens, parks and landscapes.

Emerging from the subconscious and by passing the conscious, therefore these landscapes are spiritual as well as temporal. The spirit emanates from the artist designer, and is timeless. It is towards such thoughts that this study is directed. It is in three parts: Roots, The Flowering, The Gardeners.

temporel. L'esprit émane de l'artiste jardinier ou paysagiste, et il est éternel. Telles sont les pensées qui orientent cette étude. Elle se divise en trois parties : Racines, La floraison, Les jardiniers.

Racines

C'est à l'ère paléolithique (600 000-7000 avant J.-C.) que l'homme, animal né de la forêt, semble avoir acquis l'instinct humain qui lui disait que d'invisibles forces existaient derrière toute vie dans le monde invisible. De cet instinct ont découlé les religions polythéistes complexes qui allaient dominer l'esprit humain, conscient aussi bien que subconscient, avant d'être battues en brèche par le judaïsme et les Grecs. Avec l'avènement de la religion monothéiste, l'homme grec applique une pensée rationnelle à un sujet mystique, pour aboutir à ce qu'on a pu décrire comme une divinité intellectuelle. Si les Grecs ne créèrent pas de jardins d'agrément, ce n'était pas seulement pour des raisons matérielles, mais parce que tout le paysage, y compris la montagne et les fleurs sauvages, avait à leurs yeux un caractère divin. Un jardin ordonnancé eût été un anachronisme.

Bien qu'elle ait légué à l'Europe les fondements de la loi, de l'ordre et de la langue, le sentiment national, le goût de la belle architecture, de l'urbanisme et des jardins bien ordonnés, voire les poètes de l'ère augustinienne inspirateurs des paysagistes anglais du XVIIIe siècle, nous n'avons pas un penchant particulier pour la Rome impériale. Contrairement aux Grecs dont elle avait hérité la culture, elle était matérialiste, brutale et tournée vers l'efficacité. Sa réussite même est un défi à la démocratie. Après s'être rendue maîtresse des rives civilisées de la Méditerranée, elle se tourna vers le nord pour conquérir la Gaule et la plus grande partie des îles britanniques, négligeant, sur son flanc est, la Germanie et ses hordes barbares. De grandes voies rectilignes s'inscrirent dans le paysage, ignorant les villages tribaux isolés les uns des autres. La construction de l'Europe moderne était commencée, avec des prouesses techniques – et poétiques – comme le Pont du Gard, proche de Nîmes.

La chute de l'Empire romain ouvre une période de bouleversements pour l'Europe. C'est l'émergence de la Chrétienté. Après avoir chassé les Romains de Gaule, les Francs venus de Germanie sous la conduite de Charlemagne tentent d'unifier le Saint-empire romain (VIIIe siècle). Celui-ci se

Roots

It was in the Paleolithic age (600,000 - 7000 B.C.) that man the animal created by the forests seems first to have acquired a human instinct that told him that invisible forces lay behind all life in the invisible world. From this instinct there evolved the complex polytheistic religions that dominated both the conscious and subconscious mind until challenged by Judaism and the Greeks. With the advent of monotheistic religion, the Greek applied rational thought to a mystical subject, evolving what has been described as an intellectual Deity. It was not for physical reasons only that they did not make pleasure gardens but because they considered the whole landscape from mountain to wild flower to be divine. An ordered garden would have been an anachronism.
Even though Rome bequeathed to Europe the foundations of law and order and language, of deep national thought, of fine architecture and planning and formal gardens, and indeed the Augustian poets who inspired the eighteenth century English landscape – yet Imperial Rome is not of our persuasion. Unlike the Greeks from whom it inherited its culture, it

désintègre à son tour, la Germanie éclate en une série de petits États, la France et l'Angleterre se constituent en monarchies rivales. Le pape, de Rome, règne sur les esprits, sauf sur ceux des musulmans d'Espagne (expulsés en 1492). Henry VIII d'Angleterre rompt avec l'Église catholique (1534) et l'insularité naturelle du pays s'affirme.
De Prague à Lisbonne et d'Avignon à Édimbourg le monde médiéval avec ses flèches de cathédrales dressées vers le ciel et désignant le paradis, ses sonneries de cloches appelant les fidèles à la prière, ses dames recluses dans les jolis jardins clos de leurs châteaux, a vécu. L'homme s'éveille à la conscience individuelle et à la beauté du monde. Pétrarque (1307-1374) passe pour avoir, le premier, escaladé une montagne pour jouir de la vision du paysage.

La floraison

La Renaissance fut à la fois, dans l'Italie du XVe siècle, la renaissance des valeurs classiques de Rome et la naissance, à Florence, de l'homme en tant qu'individu. À Rome, les dynasties papales procèdent à des fouilles et font des découvertes pour enrichir l'Église en approfondissant son érudition, mais plus encore pour rehausser leur propre grandeur. Sous leur direction, les architectes, inspirés par les lois de la perspective récemment révélées, dessinent des jardins dont certains seront les plus beaux qu'on ait jamais conçus. Le fait que ces œuvres d'art se situent sans honte en dehors de la doctrine chrétienne signifie-t-il qu'elles sont matérialistes ? On dira qu'elles relèvent à la fois du temporel et du spirituel. C'est certainement ce qu'en pensait Vignola (1507-1573), qu'on peut considérer comme le plus grand architecte paysagiste de tous les temps. Pour la Villa Lante, à Bagnaia, il conçut une forme classique qui allait plus loin que l'Islam amenant le paradis sur terre dans le carré symbolique, car il l'y enracinait. À l'enseignement chrétien de l'amour de l'homme pour l'homme peut désormais s'ajouter l'enseignement séculier de l'amour de l'homme pour la nature.
Même si les premiers signes de la Renaissance semblent apparaître spontanément, tels de jeunes pousses, dans les cités-états qui se sont développées au sud des Alpes, c'est Florence qui sera véritablement pionnière en matière de jardins domestiques. Les premiers obéissent à la règle de l'orthodoxie classique qui fait du jardin une extension

was materialistic, efficient and ruthless. Its very success is a challenge to democracy. Having mastered the civilised shores of the Mediterranean, Rome turned northwards to conquer Gaul and most of Britain, but not the barbarians of Germania on the east. Straight roads from A to B marked the landscape, passing scattered tribal villages. The fabric of modern Europe had begun, bringing with it wonders of poetic engineering such as the breath-taking Pont-du-Gard at Nîmes.
The Roman Empire collapses and turmoil reigns in Europe. Christianity emerges. After finally ejecting the Romans from Gaul, the Franks from Germany under Charlemagne try to unify Europe under the Holy Roman Empire (eighth century). This again disintegrates, Germany breaks up into small states, and France and England emerge as rival monarchies. The Pope in Rome dominates men's minds, except for those of Islam in Spain (ejected 1492). Henry VIII of England rejects the Catholic Church (1534) and the natural insularity of the island is affirmed. The mediaeval scene, from Prague to Lisbon and Avignon to Edinburgh, of spires pricking the sky and pointing to heaven, of church bells summoning the faithful to prayer, of ladies imprisoned in their exquisite castle gardens, is over. The awakening of the individual and his awareness of the beauty of the world, has begun. Petrach (1307-1374) is recorded as the first man to climb a mountain for its vision of landscape.

The Flowering

The Renaissance in fifteenth century Italy was both the rebirth of Roman classical

values and the birth in Florence of individual man. In Rome the excavations and discoveries were fostered by the Papal dynasties partly to enrich the Church through scholarship, but more so to enhance their personal grandeur. Under their instructions, architects, inspired by the revealed rules of proportion,

architecturale – le podium – de la villa. Puis, au milieu du XVIᵉ siècle, le déclin du pouvoir de l'Église ouvre une période de troubles religieux marquée par un art auquel on donnera le nom de maniérisme, et le jardin accède à la liberté d'une œuvre d'art à part entière. Métaphoriquement, on a l'impression que la villa exprime la force

virile, et le jardin la force féminine désormais libérée. Les jardins fleuris, secrets, parfumés de la Villa Capponi, à Arcetri, furent très certainement inspirés par une femme ; et les jardins de la Villa Gamberaia, à Settignano, l'une des plus profondes réalisations de l'esprit humain en ce domaine, sont probablement dus à l'inspiration conjointe d'un homme et d'une femme.

Puis l'Église, avec les jésuites, allait retrouver toute son emprise sur l'esprit des hommes, et l'époque baroque rejeter ces pensées et ces visions profanes pour asseoir l'image d'une Église triomphante. Les grands jardins collectifs sont les chefs-d'œuvre d'une nouvelle conception de l'espace.

Comme une plante qui n'en finit pas de s'étendre, l'esprit de la Renaissance, porté par la guerre et par le négoce, franchit les Alpes pour s'infiltrer jusqu'aux confins de l'Europe. Les premiers tentacules explorent et embrassent la société médiévale moderne pour créer des édifices et des jardins aussi enchanteurs que les châteaux de la Loire en France et, en Angleterre, les demeures de style Tudor et élisabéthain. La deuxième phase apporte la connaissance et la signification de la proportion classique. Elle culmine avec Versailles et les autres grands jardins de Le Nôtre autour de la capitale. Ces exercices spectaculaires de géométrie classique viennent en droite ligne du classicisme romain, et apparaissent plus imposants que les châteaux qu'ils enchâssent et reflètent. Les rayons du Roi-Soleil s'étendent au nord des Alpes sur presque toute l'Europe, dictant une mode

designed some of the finest domestic gardens ever made. Because these works of art unashamedly bypassed Christian tenets does this mean that they are necessarily materialistic ? The argument is that they are both temporal and spiritual. Certainly Vignola (1507-73), arguably the greatest landscape architect of all time, must have felt they were. In the Villa Lante, Bagnaia, he evolved a classical form that went further than Islam in bringing heaven to earth in the symbolic square, for he anchored it there. To Christianity's teaching of the love of man for man can now be added the secular teaching of love of man for nature.

Although the green shoots of the Renaissance were appearing as if spontaneously in all the spawning city states south of the Alps, it was Florence that was the true pioneer of the domestic garden. The first were laid out according to the orthodox classic rule that the garden was an architectural extension or podium to the villa. Then in the mid-sixteenth century the Church collapsed and during the period of religious disturbance, whose art was known as Mannerism, the garden became free as a work of art in its own right. Metaphorically it was as though the villa were the male force and the garden the now liberated female force. Consider the Villa Capponi Arcetri, whose secret perfumed flower gardens seem unquestionably to have been inspired by a woman; or the Villa Gamberaia, Settignano, the deepest of all garden understandings of the human mind, seemingly the joint inspiration of both man and woman.

Thereafter the Church through the Jesuits recaptured men's minds and the Baroque age came into being to stamp out such profane thoughts and instal instead the vision of a Church Triumphant. The great collective gardens are masterpieces of a new conception of space.

Like some extraordinary plant growth, the spirit of the Renaissance, carried by war and trade, passed over the Alps to percolate to the limits of Europe. The early exploratory tentacles embraced modern medievalism and created enchantingly seductive buildings and gardens such as the chateaux of the Loire in France and the Tudor-Elisabethan mansions of England. The second phase brought the knowledge and meaning of classical proportion. The climax came in Versailles and the other great gardens of Le Nôtre scattered around the capital. These spectacular essays in landscape geometry derive directly from classical Rome, seemingly more imposing

aussi impérative qu'insurpassable : les grandes monarchies de Russie, d'Autriche, d'Espagne et les potentats de moindre importance qui se divisent l'Allemagne vont tous s'y essayer. Demandez à n'importe quel démocrate qui visite ces jardins aujourd'hui s'il y perçoit une élévation de l'esprit en dépit de leurs origines discutables, et il vous fera, à n'en pas douter, une réponse affirmative.

L'Angleterre se tiendra à l'écart de ce courant majestueux. Une histoire turbulente l'a conduite, à l'orée du XVIIIe siècle, vers une monarchie parlementaire plutôt que vers les régimes de monarchie absolue qui prévalent sur le continent. L'aristocratie terrienne, qui avait suivi jusqu'alors la mode des jardins à la française, s'en détourne brusquement. Élevés à la campagne plus souvent que dans les villes, ses membres se révoltent contre cette géométrie étrangère qui rompt les douces ondulations de leur cher paysage, enrégimente leurs arbres et, ce qui est pire, sans doute, emprisonne le regard dans une géométrie finie au lieu de laisser l'imagination voguer vers l'infini comme elle en avait l'habitude. Les demeures sont palladiennes, sises dans des paysages de pelouses et de prairies qui semblent filer vers le ciel d'un mouvement continu. Cet art romantique du paysage n'était pas entièrement nouveau : Rome, à l'époque classique, le pratiquait à l'occasion. Il s'accompagnait, à travers tout le continent, d'échappées sur un art idéaliste du paysage à la chinoise dans les périodes où les milieux chics cédaient aux assauts d'une « chinoiserie » aimable et dépourvue de sens. Ces deux arts, l'un venu de l'Ouest, l'autre de l'Est, s'inspiraient de la nature plutôt que des mathématiques, et se sont confondus, depuis, pour fonder l'art paysagiste moderne.

La Révolution française – Napoléon, guerre et ordre – Trafalgar, qui assoit la suprématie navale de l'Angleterre, les aimables poètes et artistes de l'Angleterre des lacs et des rivières, Waterloo, tout cela va faire de l'Empire britannique la puissance dominante de l'Europe et même du monde. La réforme de 1832 (Reform Bill), qui déplace le pouvoir des campagnes vers les villes, annonce les valeurs matérielles qui sous-tendent aujourd'hui encore la civilisation occidentale. L'industrialisation, le chemin de fer, une foule d'inventions nouvelles vont changer la surface de la terre. Les riches deviennent plus riches et, du fond de leurs parcs et de leurs propriétés superbement boisés, ferment les yeux pour ne pas voir se dégrader les sources de leur fortune. On voit émerger, entre les riches et les pauvres, une

than the *chateaux* they reflected. The rays of the Sun King penetrated over most of Europe north of the Alps, decreeing what was fashionable yet impossible to excel. The mainland monarchies of Russia, Austria, Spain and the lesser potentates of Germany all tried. Ask any democrat visiting these gardens today if he felt an uplift of spirit despite their questionable origins, and the answer will assuredly be that he does.

Britain opted out of this majectic scene. After a turbulent history the off-shore island of Britain had by the eighteenth century settled for a parliamentary monarch rather than the absolute monarchies of the mainland. The landed aristocracy who had looked to France for fashion in gardens, now suddenly changed course. Country bred rather than town bred, the members rebelled against foreign geometry that interfered with the soft undulations of their beloved landscape, regimented its trees, and perhaps above all restricted the eye to finite geometry instead of allowing the imagination to roam to infinity as it had been accustomed. The mansions were Palladian and set in idyllic landscapes whose lawns swept to the heavens without apparent boundaries. This romantic landscape art was not entirely new; classical Rome had toyed with it. It was paralleled all

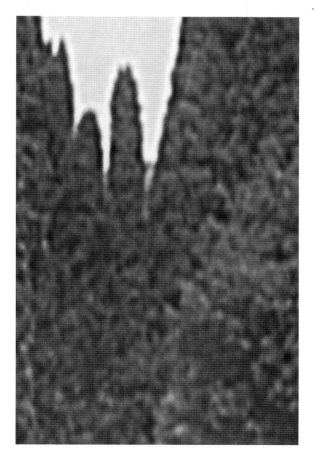

classe moyenne passionnément éprise de fleurs et de jardins. C'est, pour l'essentiel, au sein de cette classe que surgissent les écrivains et les philanthropes qui seront les guides de la société dans un monde nouveau. En 1835, Robert Owen, un industriel, déclare que « l'environnement forme le caractère » ; le premier jardin public (la campagne à la ville) est créé en 1843 ; le premier parc destiné aux employés d'une entreprise, en 1898. La voie de la démocratie est ouverte pour le siècle suivant.

Les jardiniers

Inspirés par leur amour traditionnel de la nature et du style de vie casanier qui en découle, les Britanniques ont été les tout premiers à expérimenter le concept de cité-jardin : une famille, une maison, un jardin et si possible un arbre. Sur le continent, après avoir assisté au remodelage de grandes cités comme Paris, Vienne et de la plupart des capitales par des plans d'urbanisme classiques et ambitieux, et encaissé le premier choc de l'Allemagne unifiée, on constate soudain, au tournant du siècle, un changement significatif de l'attitude de l'homme face à son environnement. Les arts sont les antennes de

over the continent by glimpses of an idealistic landscape art from China, taking the fashionable world by storm under the guise of the delectable but meaningless "*Chinoiserie*". These two arts of east and west derived their inspiration from nature rather than mathematics and have since coalesced to be a basis of modern landscape design.

The French revolution – Napoléon, war and order – Trafalgar, that cleared the seas for Britain – the gentle English lakeland poets and artists – Waterloo – all led up to Britain becoming dominant in Europe and indeed the world. The Reform Bill of 1832 shifted power from country and town and with it could be foreseen those material values that inform western civilisation to this day. Industrialism, railways, new inventions of all kinds, changed the surface of the land. The rich became richer and, in well-wooded estates and parks, closed their eyes to the degradations of their sources of wealth. Between rich and poor there emerged the middle classes with a passion for gardens and flowers. From this class mainly sprang the writers and philanthropists who were to guide society into a new world. In 1835 Robert Owen, an industrialist, declared "environment makes character"; the first public parks (the country estate brought to town) was laid out in 1843; the first garden city for a firm's employees in 1898. The way to democracy in the new century was clear.

The Gardeners

Because of this traditional love of country and consequent domesticity the British pioneered the Garden City concept of one family, one house, one garden, and if possible one tree. The continent, which had seen majestic classical planning in Paris, Vienna and most capitals, and had experienced the first impact of a united Germany, gave sudden notice at the turn of the century of a significant change in man's attitude to his environment. The arts are the feelers of civilisation and across Europe from Russia to Spain there swept the vision of a brave new world, vaguely comprehensible to continental man but not at all to the British. As though lit by some invisible torch the movement sprang spontaneously and independently from all facets of culture. Four influences with their leaders that especially set twentieth century landscape on its course, were science (Einstein), philosophy (Jung), art (Picasso) and architecture (Le Corbusier). Together they opened a window upon a cosmos hitherto unimagined. Therein lies the rub.

la civilisation, et ils vont répandre à travers l'Europe, de la Russie à l'Espagne, la vision d'un monde nouveau marqué par le progrès, plus ou moins compréhensible pour un esprit continental, mais pas du tout pour les Britanniques. Ce mouvement, comme propagé par quelque invisible porteur de torche, embrase simultanément et indépendamment les unes des autres toutes les facettes de la culture. Les quatre domaines où se dessine, sous l'influence de leurs leaders respectifs, le paysage du XXe siècle, sont la science (Einstein), la philosophie (Jung), l'art (Picasso) et l'architecture (Le Corbusier). À eux quatre, ils ouvrent une fenêtre sur un cosmos que l'homme, jusqu'alors, n'imaginait pas, ils transforment radicalement sa vision de l'univers.

Ce mouvement, qu'on appelle aujourd'hui « modernisme » fut d'abord connu – et mal connu – sous le nom de « constructivisme ». Ses tenants se réclament d'une conception de l'art entièrement nouvelle : l'esprit moderne ne se satisfait plus de l'apparence, il cherche la vérité à l'intérieur des choses. Ainsi, les artistes abstraits se retrouvent-ils autour de l'idée que la représentation et la beauté telles que l'homme les conçoit se fondent sur l'union du visible et de l'invisible. En architecture, la découverte de nouvelles techniques de construction permet de mettre cette théorie en pratique. Une structure de Le Corbusier semble plutôt tombée du ciel que surgie du sol. Bien que le machinisme soit (et demeure) opposé aux instincts primitifs du foyer, de la maison, le constructionalisme avait produit, jusqu'à la fin du XIXe siècle, une architecture publique aussi grande et imaginative que celle de Rome dans sa période classique. Mais que devient le paysage dans ce monde livré à la machine ? Quelle est la place du spirituel ?

La manière dont Le Corbusier appréhende un art du paysage encore en devenir laisse toutefois apparaître son importance et sa signification. Le Corbusier ne construisait pas pour l'éternité, mais pour une inscription passagère dans un espace-temps précisément déterminé. Comme dissociée de la terre elle-même, la structure reposait sur des pilotis au-dessous desquels le paysage prenait l'aspect d'un parc anglais du XVIIIe siècle. Cette conception fait de l'architecte un mathématicien et du paysagiste un biologiste, et pose le problème moderne de l'alliance de l'instinct et de l'intelligence dans l'environnement. L'histoire ignore ces problèmes. Aujourd'hui, le changement invisible qui s'est produit dans notre relation aux cieux et au divin est si grand qu'il nous faut

Today called "Modernism", the movement was initially and clumsily known as "Constructionalism". The artists claimed a conception of art unknown to history: that the modern mind was no longer satisfied with appearance, but sought the truth within. Thus the abstract was united with the figurative and beauty as conceived by man lay in the unity of the invisible and the visible. In architecture new constructive inventions enabled the theory to be put into practice. A structure by Le Corbusier was like something dropped from the skies rather than risen from the ground. Although the new mechanisms were (and still are) antagonistic to the primitive instincts of the home, Constructionalism by the end of the century had inspired a public architecture as great and as imaginative as any of classical Rome. But whither landscape in this mechanistic whirlwind? and whither the spiritual?

A vision of the stature and significance of landscape design yet to come lies in Le Corbusier's own attitude towards it. He built not for eternity but for a passing lift of space-time. As if disassociated with the earth itself, the structure stood on pilotis and underneath the landscape flowed with the movements of an eighteenth century English park. The concept establishes the architect as the mathematician and the landscape designer as the biologist, and pin-points the modern problem of the interweaving of mind and instinct in the environment. History had no such problems. Today the invisible change in our relations to the heavens is so great that we must

digress to explore philosophically the effect upon the arts generally and the new profession of landscape, that it has called into being. For more than two thousand years the divine geometry of Plato, distilled from the eternal mathematics of the heavens as then conceived, has informed western architecture and

faire une digression pour en explorer philosophiquement les effets sur les arts en général, et en particulier sur l'art et la profession de paysagiste tels qu'il les a fait naître.

Pendant plus de deux mille ans, la divine géométrie de Platon, issue des éternelles mathématiques des cieux comme on les concevait alors, a sous-tendu l'architecture occidentale et l'art du paysage qui l'accompagnait. Puis notre siècle vint, marqué par la désillusion des hommes de science, la révolution de l'art, l'indépendance de l'art paysagiste et, dans l'esprit des artistes, une grande confusion quant au but et à l'avenir de leur démarche. L'architecture connaît des difficultés, mais non l'art du paysage, qui semble s'être trouvé un père spirituel dans l'irascible pré-platonicien Héraclite (500 avant J.-C.) déjà considéré comme le père de la métaphysique moderne. Ce philosophe grec expliquait que « tout est mouvement » et, plus profondément, que le subconscient harmonise le conscient, une vérité ignorée jusqu'à Jung par la pensée classique. Il explora l'esprit humain en profondeur, et nous suggère aujourd'hui que l'art du paysage est fondamentalement, comme la musique, un art du mouvement. Les époques classique et romantique débouchent sur une ère nouvelle qu'on qualifiera peut-être un jour de cosmique, un *new age* riche d'infinies, d'inimaginables possibilités.

Le jardin domestique constitue le cœur du paysage. Il y a quelques années, j'écrivais : « Seul le petit jardin privé demeure fidèle à son objectif instinctif et permanent qui est d'exprimer, de protéger et de consoler l'individu. » C'est le monde dans lequel il se trouve qui change, de plus en plus vite. Pour répondre à une exigence telle que le monde n'en avait jamais connu au cours de son histoire, les paysagistes sont partis de rien, en ce XXe siècle, pour se constituer en un corps professionnel dont le statut est reconnu, pratiquement, dans tous les pays d'Europe. Faisons en sorte que des échanges viennent, à travers le continent, fertiliser cet art, mais prenons garde qu'il n'étouffe, chemin faisant, les instincts locaux qui ont fait l'identité de son passé si riche et si varié.

À travers une infinité de variations, la tradition européenne du paysage se partage, en gros, entre classicisme et romantisme. L'Angleterre, romantique et insulaire, compte une bonne moitié du nombre total des professionnels du paysage, car sur le continent, cette activité est assimilée à la décoration et reste du ressort de l'architecte. Le romantisme, dans un art moderne incarné par le sculpteur Henry Moore, s'intéresse au passé,

its attendant garden design. Then comes the present century with disillusion by the scientists, revolution in art, the independence of landscape design, and confusion in the minds of artists as to where they are heading. Architecture is in difficulties, but not landscape design which seems to have found a father figure in the irritable pre-Platonic

Heraclitus (C. 500 B.C.) already accepted as the father of modern metaphysics. This Greek philosopher declared that "all things are in flux" and more profoundly the subconscious harmonises the conscious, a truth unrecognised by the classical world until Jung. He explored deeply into the human mind and today suggests that landscape design is basically, like music, an art of movement. The classical and romantic ages are merging into a new age that may become known as cosmic, with unimaginable possibilities.

The domestic garden is the core of landscape. Some years ago I wrote: "Only the small private garden remains true to its instinctive unchanged purpose of expressing, protecting and consoling the individual". It is the world in which it is set that is changing, faster and faster. In response to a demand unknown in history, the twentieth century landscape profession has sprung from nothing to a body of recognised status in virtually every country in Europe. Let there be a cross-fertilisation of the landscape art throughout the continent, but in the process let it not submerge the indigenous instincts which give identity to so rich and varied a past.

While there are countless variations, in broad principle the European instinct for landscape is divided between the classical and romantic. The romantic, the off-shore island of Britain, accounts for about one-half of all qualified landscape professionals, for mainland landscape is basically formal and the province of the architect. Romanticism, a modern art

aux origines. Le classicisme, représenté par Picasso, se préoccupe de l'avenir. Puissent les deux rives du Channel s'enrichir du profond sentiment de sécurité généré par celui-ci, et de l'élan aventureux qui pousse celui-là vers le cosmos.

Dans les siècles à venir, notre monde sera divisé en trois parties : les mers, les réserves naturelles, et les terres habitées par les hommes jusqu'aux limites de leur capacité. Préparons cet avenir avec prévoyance et discernement. Réfléchissons sur l'importance prise par la profession de paysagiste depuis le début du siècle, et demandons-nous si cet essor ne fut pas spirituel autant que matériel. Le complexe d'Hampstead Heath et le parc idéalisé de Kenwood, à Londres – les terrasses, les jardins et, couronnant le tout, la ravissante galerie de peinture – sont la manifestation, libre de tout dogme, du concept grec du corps, de l'âme et de l'intelligence. Je le sais, puisque j'habite tout près.

symbolised by the sculptor Henry Moore, is concerned with origins. Classicism, symbolised by Picasso, is concerned with the future. May be that both sides of the channel would be enriched by the profound sense of security of the one and the adventurousness into the cosmos of the other.

In the centuries to come our world will be divided into three parts: seas, nature reserves, and humanised land crammed to capacity. Let us guide the present into the future with vision and judgement. Let us ponder on the rise of landscape profession since the beginning of the century, and pause and wonder if the rise were not spiritual as well as material. The London complex of primaeval Hampstead Heath and Kenwood's idealised park; its terraces and gardens, its mansion, and its climax in the lovely picture gallery, are together the manifestation without dogma of the Greek concept of body, mind and spirit. I know, because I live hard by.

Sir Geoffrey Jellicoe

Traduction française : Pierre Girard

Né à Londres en 1900, architecte, urbaniste et paysagiste, membre fondateur du British Institute of Landscape Architects (1929), fondateur et président honoraire de l'International Federation of Landscape Architects (1949). Anobli en 1979, il a été élu à l'Académie royale des Arts en 1991.

Born in London in 1900, architect, town planner and landscape architect, founder member of the British Institute of Landscape Architects (1929), founder and Honorary president at the International Federation of Landscape Architects (1949). Knighted in 1979 he was elected to the Royal Academy of Art in 1991.

Italian Gardens of the Renaissance *(1925)*, The Landscape of men *(1975)*...

La séduction du paysage

Jusqu'à la fin du Moyen Âge, l'artiste ne traite pas le « paysage » pour lui-même. Sa présence n'a lieu d'être qu'en tant que figure décorative au service de la composition d'une œuvre peinte, sculptée ou tissée.

30 - Maître du Rhin-Moyen, *Le Jardin du paradis*, vers 1420

Bois, 0,26 x 0,33

Institut Staedel, Francfort-sur-le-Main

30

Until the end of the middle ages, the artist did not depict landscape for its own sake. It served merely as a backdrop for a painting, sculpture or tapestry.

30 - Master of the Middle Rhine, *The Garden of Eden* (c. 1420)

Wood, 0.26 x 0.33

Frankfurt-on-the-Main, Staedel Institute

31 - Divertissement dans un paysage, Turquie, fin XVIe siècle
Gouache sur papier, miniature, 0,300 x 0,195
Section islamique, inv.7101. Legs G. Marteau, 1916
Musée du Louvre, Paris

« *Cet immense paysage, aux limites d'un horizon démesuré, n'est pas le monde du rêve ni des rites [...] c'est l'espace de la sagesse terrestre et politique, de l'efficacité du travail.* »
(Georges Duby, Fondements d'un nouvel humanisme, 1280-1440.*)*

32 - Ambrogio Lorenzetti, *Les Effets du Bon Gouvernement*, 1337-1339
Fresque. Palais public, Sienne

31

---

31 - Entertainment in a landscape, Turkey, late 16th century
Gouache on paper, miniature, 0.300 x 0.195
Islamic department, inv. 7101. G. Marteau bequest, 1916
Musée du Louvre, Paris

"*This vast landscape, at the confines of a vast horizon, is not the world of dreams or of ritual [...] it is the domain of earthly and political wisdom, of the efficacy of work.*" *(Georges Duby,* Fondements d'un nouvel humanisme, 1280-1440.*)*

32 - Ambrogio Lorenzetti, *Allegory of Good and Bad Government*, 1337-1339
Fresco. Palazzo Publico, Siena

32

33 - Albrecht Dürer, *Vue du Val d'Arco*, 1498

Plume, encre brune, aquarelle et rehauts de gouache, reprises à l'encre noire

0,223 x 0,222

Musée du Louvre, Paris

33

33 - Albrecht Dürer, *View of Val d'Arco*, 1498

Pen, brown ink, watercolour embellished with gouache, picked out in black ink

0.223 x 0.222

Musée du Louvre, Paris

The seduction of the landscape

En insérant dans un paysage d'orage tourmenté la rigueur d'un dessin d'architecture minutieux, Le Greco allie la science du topographe à l'imaginaire du poète.

34 - Le Greco, *Vue de Tolède*, 1498
Toile, 1,21 x 1,09
Metropolitan Museum, New York

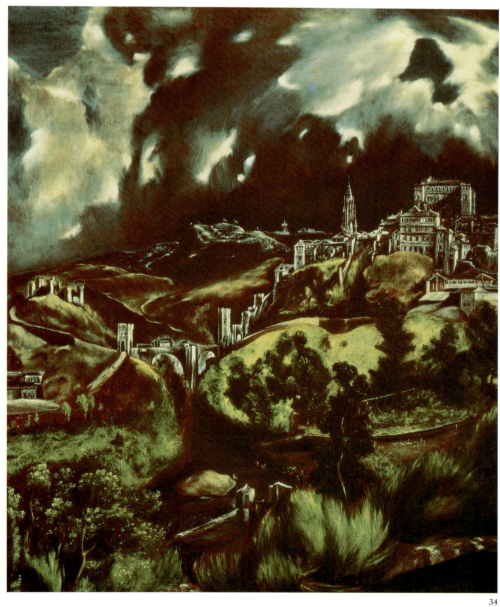

34

By introducing the precision of a detailed architectural drawing into a stormy landscape, El Greco combines topography with poetic vision.

34 - El Greco, *View of Toledo*, 1498
Canvas, 1.21 x 1.09
Metropolitan Museum, New York

La séduction du paysage

35 - Adam Elsheimer, *La Fuite en Égypte*, 1609
Toile, 0,31 x 0,41
Alte Pinakothek, Munich

35 - Adam Elsheimer, *The Flight into Egypt*, 1609
Canvas, 0.31 x 0.41
Alte Pinakothek, Munich

36 - Nicolas Poussin (1591-1665), *Le Printemps* ou *Le Paradis terrestre*

Toile, 1,18 x 1,60

Musée du Louvre, Paris

36

36 - Nicolas Poussin (1591-1665), *Spring* or *Earthly Paradise*

Canvas, 1.18 x 1.60

Musée du Louvre, Paris

La séduction de la fausse ruine romantique exprime le désir de ne pas réduire la ruine à l'expression d'une simple dégradation physique, mais de la reconnaître comme un lieu porteur d'une intense émotion.

37 - Ruines antiques de fantaisie
dans le parc de Kew à Richmond
près de Londres, 1763
Gravure

38 - John Constable (1776-1837)
Branch Hill Pond, Hampstead
Huile sur toile
Victoria and Albert Museum, Londres

37

The charm of the imitation romantic ruin conveys the desire not to reduce the ruin to the expression of a simple physical disintegration, but to recognize it as a vehicle of intense emotion.

37 - Ancient imaginary ruins
in Kew Gardens at Richmond
near London, 1763
Engraving

38 - John Constable (1776-1837)
Branch Hill Pond, Hampstead
Oil on canvas
Victoria and Albert Museum, London

38

The seduction of the landscape

39 - Paul Cézanne, *Le Pont de Maincy*, 1879-1880
Huile sur toile, 0,585 x 0,75
Musée d'Orsay, Paris

39

39 - Paul Cézanne, *Le Pont de Maincy*, 1879-1880
Oil on canvas, 0.585 x 0.75
Musée d'Orsay, Paris

La séduction du paysage

Le pouvoir de l'enfant, et de lui seul, est de se rendre maître du paysage. Il peut le parcourir, muni de bottes imaginaires, et la forêt devient crinière.

40 - Janusz Stanni
Illustration du conte de Jerzi Brodzki, *Lwi*
édité par Hanna Januszewska, Pologne, 1974

41 - Jiri Kolar
Arc de Triomphe
Assemblage de cartes postales
Musée de la Poste, Paris.

40

The power of the child, and of the child alone, is to become king of the landscape. He can cross his kingdom, wearing imaginary boots, on the back of an imaginary horse.

40 - Illustration from a Polish fairy tale
Lwi by Hanna Januszewska
Illustration by Janusz Skanni
published in Warsaw in 1977

41 - Jiri Kolar
Arc de Triomphe
Assemblage of postcards
Musée de la Poste, Paris

41

La destruction progressive du paysage européen, façonné et entretenu depuis des siècles, rend évidente aux générations urbaines la fragilité, le risque de disparition de notre espace ordinaire.
42 - Bruno Barbey, *Trevejo, Espagne*
Photographie

42

The gradual destruction of the European countryside, shaped and tended for centuries, shows city-dwellers that our fragile environment is under threat.
42 - Bruno Barbey, *Trevejo, Spain*
Photograph

43 - Jean Messagier, *La Grande Fracture des matins*, 1993

Acrylique sur toile, 2,80 x 2

Galerie Michel Luneau

43

43 - Jean Messagier, *La Grande Fracture des matins*, 1993

Acrylic on canvas, 2.80 x 2

Galerie Michel Luneau

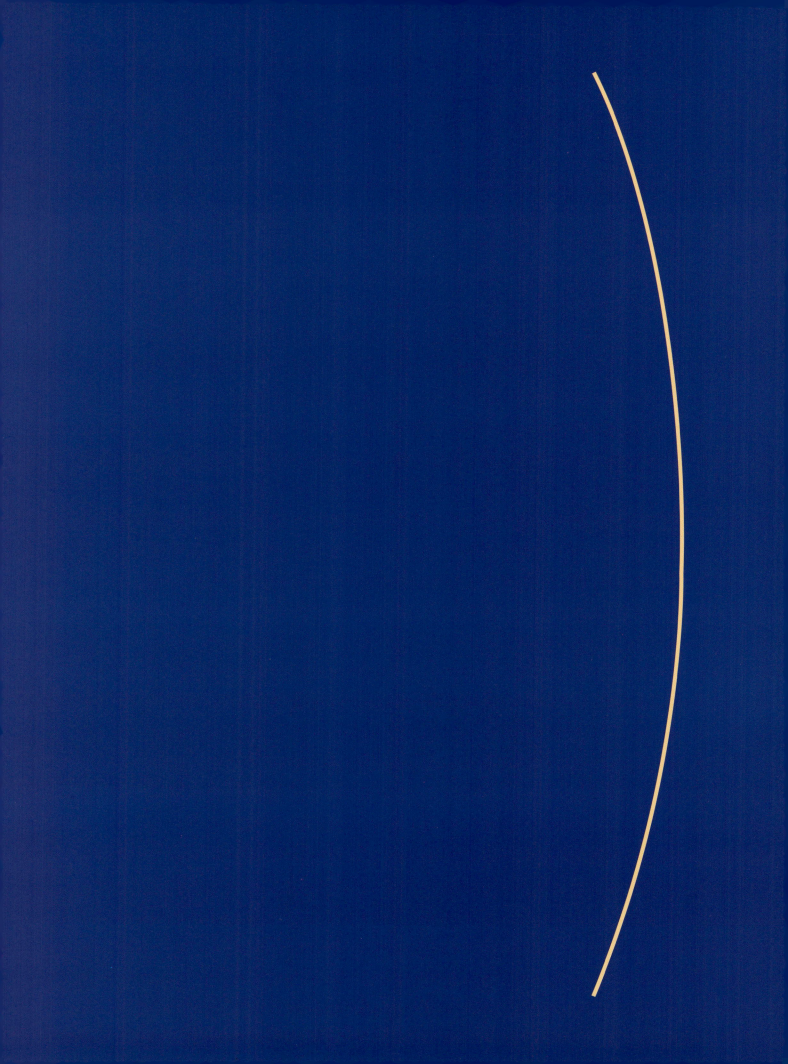

IV

La séduction
des frontières

The seduction
of frontiers

*V. Pierre runique de Morby
Construction d'une chaussée pour
l'âme de la défunte, Gillaug
Suède, XIe siècle*

---

*V. Runic stone at Morby
Construction of a road for the soul
of the departed, Gillaug
Sweden, 11th century*

CLAUDIO
MAGRIS

Dans un bref mémoire écrit en 1968 pour le cinquentenaire de la Première Guerre mondiale et du rattachement de Trieste à l'Italie, Biagio Marin – le poète de Grado – raconte une journée d'échauffourées à l'Université de Vienne, au printemps 1915, peu de temps après l'entrée en guerre de l'Italie. Comme nombre d'Irrédentistes triestins – la ville appartenait alors à l'empire des Habsbourg – Marin suivait des études tantôt à Florence, tantôt à Vienne, et son tempérament impétueux avait fait de lui, dans la capitale autrichienne, l'un des chefs de bande des étudiants italiens partisans, fût-ce au prix d'une guerre, du rattachement du Trentin-Haut-Adige et de Trieste à l'Italie.

À un certain moment, raconte Marin, le recteur de Vienne le fait appeler, lui, le chef des manifestants. Et comme il entre dans son bureau, celui-ci, s'étant levé de son siège, l'interpelle en allemand : « Junger Mann, was wollen Sie ? » (« Jeune homme, que voulez-vous ? ») Marin lui répond en allemand, avec la fougue de la jeunesse, qu'il veut la guerre avec l'Autriche et le rattachement de Trieste à l'Italie. Le recteur l'invite à s'asseoir et lui dit, dans un italien irréprochable, qu'il a lui-même fait ses études en Italie, qu'il connaît fort bien ce pays et qu'il l'apprécie, mais qu'il n'existe que depuis dix ans à peine en tant qu'État unifié, et qu'une guerre, même victorieuse, pourrait se révéler dangereuse pour ses structures socio-politiques.

Marin reste un instant interdit, comme si ces mots lui faisaient entrevoir le sort qui attend l'Italie et l'Europe après la Première Guerre mondiale. Puis, sa jeune arrogance – qu'il sait si bien décrire quelque cinquante ans plus tard – reprenant brusquement le dessus, il se lève et lance, cette fois en allemand : « Magnifizenz, wir werden Osterreich schlagen ! » (« Magnifique, nous battrons les Autrichiens ! ») Sur quoi le recteur se lève à son tour et, revenant à l'allemand, dit en lui

In a short memoir written in 1968 for the fiftieth anniversary of the First World War and the incorporation of Trieste into Italy, the poet Biagio Marin, who was born in Grado (near Trieste), recalled a day of student unrest at the University of Vienna in spring 1915, shortly before Italy entered the war. Trieste was still part of the Habsburg Empire, and Marin, like many of his fellow irredentists, was pursuing his studies in both Florence and Vienna. In the Austrian capital, being of a naturally flamboyant temperament, he had become one of the ringleaders of a group of Italian students determined to see Trieste reunited with Italy even if it meant a war.

Marin tells us that, as one of the leaders of the demonstration, he was summoned during the day by the Rector of the University. When he entered the room the Rector, who was standing, asked him, in German: "Junger Mann, was wollen Sie?" (Young man, what do you want?) Marin, with youthful impetuosity, replied that he wanted war with Austria and the union of Trieste with Italy. The Rector offered him a chair and then, speaking in excellent Italian, told him that he had studied in Italy, that he knew and admired the country but that it had only been in existence, as a unified state, for a few decades and that a war, even if successful, could well endanger it both politically and socially.

For a second Marin was taken aback, almost as if the Rector's words had conjured up a vision of the events that would occur in Italy and the rest of Europe after the First World War. But the youthful arrogance, so vividly depicted fifty years later, immediately gained the upper hand. Rising, he said: "Magnifizenz, wir werden Österreich schlagen" (Sir, we shall defeat Austria). Then the Rector stood up too and said – reverting to German – as he showed him to the door: "Junger Mann, ich wünsche Ihnen und Ihrem Land Alles

désignant la porte : « Junger Mann, ich wünsche Ihnen und Ihrem Land Alles gute ! » (« Jeune homme, je forme des vœux pour vous et pour votre pays ! »).

Quelques semaines plus tard, Marin franchit illégalement la frontière et s'engage comme volontaire dans l'armée italienne ; dans l'intervalle, l'Italie est entrée à son tour dans le conflit qui, depuis un an déjà, ravage l'Europe. Lors d'un exercice d'entraînement, un officier apostrophe grossièrement les alliés. Marin sort du rang et lui dit : « Mon capitaine, vous êtes une canaille. Nous autres Autrichiens, sommes habitués à d'autres façons. »

J'ai déjà, et trop souvent, rapporté cette histoire, car, depuis le jour où Marin me la raconta lui-même, peu de temps avant de l'écrire, elle m'a révélé, d'une certaine manière, ma propre identité, mon propre univers, tout ce que m'avait apporté, sans que j'en sois clairement conscient, mon éducation triestine. Marin, Italien et patriote, se sent Italien à Vienne et Autrichien en Italie ; la frontière, sur laquelle il vit, est toujours pour lui de l'autre côté, et lui donne le sentiment d'être autre que lui-même, mais sur un mode ouvert, créatif. La frontière lui apprend à nier toute identité définie, à contester, de temps à autre, le pouvoir qui prétend représenter l'identité. Un tel comportement vous libère de toute idolâtrie fétichiste, de toute obsession de pureté ethnique. Ce récit de Marin nous montre à quel point le fait de naître et de grandir en territoire frontalier peut être vivifiant et libérateur.

À Vienne, au-delà du Rennweg, la grande artère qui traverse la capitale autrichienne, commencent les Balkans, disait le prince de Metternich – et ce terme évoquait pour lui quelque chose de confus et d'indistinct, il prenait, dans sa bouche, un caractère péjoratif. Aujourd'hui, à Ulm, à de nombreux kilomètres à l'ouest de Vienne, on dit qu'à Neu-Ulm, au-delà du Danube qui traverse la ville, commencent les Balkans – et ce n'est pas, non plus, un compliment.

La frontière est double, ambiguë ; c'est tantôt un pont pour rejoindre l'autre, tantôt une barrière pour le repousser. C'est souvent une malédiction, l'obsession de situer quelqu'un ou quelque chose de l'autre côté ; il arrive qu'elle pousse au dialogue, mais plus souvent, qu'elle l'étouffe. Elle génère en nous des sentiments d'incertitude, d'inappartenance et d'extranéité, et nous incite à d'incessantes mises en scène de notre propre identité par lesquelles nous ne cherchons qu'à nous

gute" (Young man, you and your country have my very best wishes). A few weeks later, Marin slipped illegally across the frontier and enrolled in the Italian army. In the meantime, Italy had entered the war that had been devastating Europe for the previous twelve months. During one of the first training exercises, an officer addressing the cadets used foul language, bullied and deliberately insulted them. Marin stepped one pace forward from the ranks and said: "Captain, sir, you are a boor. We Austrians are used to different ways".

I have quoted this story many, perhaps too many times because, even when Marin told it to me himself, shortly before committing it to paper, it shed a kind of light on my own identity, the world in which I lived, a host of things that I had absorbed during my childhood and adolescence in Trieste, but of which I had been unaware. Marin, an Italian and a patriot, felt as an Italian in Vienna and as an Austrian in Italy. The frontier on which he lived always put him on the other side, made him feel a stranger to himself, but in an open and creative way. The frontier taught him to disavow all definite identities, to challenge, from time to time, the power that claimed to represent identity. Such an attitude liberates its possessor from any kind of fetishist idolatry, from any obsession with ethnic purity. Marin's anecdote shows how being born and brought up in a border area can have a positive and liberating effect.

Metternich used to say that the Balkans began on the other side of the Rennweg (the great highway that runs through the centre of Vienna). By "Balkans" he was implying something chaotic and amorphous: his use of the term was certainly disparaging. Today, the citizens of Ulm, many kilometres west of Vienna, say that the Balkans start at Neu-Ulm, on the other side of the Danube that flows through the city, and here again the term is certainly not complimentary.

All frontiers are invested with ambiguity, they have a dual nature; sometimes forming a bridge, sometimes a barrier between people. It is often a curse, the obsession to place something or someone on the other side; it can prove a stimulus to dialogue, but its effect is more often to suffocate dialogue. It produces feelings of uncertainty, of alienation, of strangeness, and continually provokes people into elaborate displays of identity in the hysterical attempt to

confirmer à nous-mêmes, sur un mode hystérique, ce dont nous doutons en secret, ce que nous redoutons de ne pas avoir. La frontière devient idole quand elle est vécue en tant que barrière, pour repousser l'autre. L'obsession de notre identité, qui tend d'autant plus à se barricader de frontières qu'elle vise à une impossible et régressive pureté, même à la violence – cette violence dont la guerre atroce et imbécile qui déchire aujourd'hui même la Yougoslavie est un exemple extrême, mais non unique en Europe. Comme toute idole, la frontière exige souvent son tribut de sang et on voit comment, ces derniers temps, la réapparition des disputes sur l'établissement des frontières, le déchaînement de particularismes furibonds et viscéraux, chacun se refermant sur lui-même dans le culte idolâtre de sa propre particularité et rejetant tout contact avec l'autre, font éclater des luttes féroces. La diversité, une fois redécouvertes et légitimement appréciées ces variantes de l'universel humain, en devient la négation et la destruction dès l'instant où l'on prétend les ériger en valeurs absolues. Cette destruction est aussi une autodestruction ; celui qui vise à la pureté ethnique, comme c'est souvent le cas dans les territoires frontaliers, voudra arracher de lui-même, éradiquer les éléments divers qui le constituent et qui l'enrichissent, et finira par s'amputer d'une partie de lui-même.

Ce n'est pas par hasard que ces deux anecdotes, et surtout celle de Metternich, se réfèrent, d'une certaine façon, à une frontière avec l'Est. Ce qui est à l'Est paraît toujours obscur, inquiétant, mêlé, sans dignité ; il existe une tendance à faire de l'Est le négatif. À l'Est commence (commençait, en tout cas, jusqu'à ces dernières années, et commence toujours dans l'imaginaire collectif, malgré la chute du Rideau de fer) « l'autre » Europe – certes, cet adjectif « autre » venait avant tout de l'appartenance à l'univers soviétique, mais il indiquait aussi une ignorance de la part des Occidentaux. Et cette ignorance diffuse se teintait souvent de mépris, d'un mépris qui pouvait être délibéré, ou inconscient. Moi-même, enfant, je croyais que Prague se trouvait à l'est de Vienne, et je fus quelque peu surpris le jour où je découvris qu'il n'en était rien en feuilletant mon manuel de géographie.

La littérature est, entre autres choses, un voyage destiné à réduire le mythe de l'autre côté, à comprendre que chacun se trouve tantôt ici et tantôt ailleurs, que Chacun, comme dans un mystère médiéval, est l'Autre. Ce que nous révèle Marin, je l'avais déjà appris, sans en avoir une conscience critique, au

prove to themselves something they secretly doubt, that which they fear they do not possess. Seen as a barrier to repel outsiders, the frontier becomes an idol. The obsession with personal identity, with its twin corollaries of a girdling frontier and the pursuit of an impossible and retrogressive racial purity, leads inevitably to violence, of which the atrocious and moronic war in the former Yugoslavia is a current extreme example, though not unique in Europe. Like all idols, the border frequently exacts blood-sacrifice, and the recent upsurge of border-fixation, unleashing a frenzied nationalism that is wholly inward-looking, idolising what is peculiar to itself and rejecting every contact with the outside, has sparked off a terrifying struggle. Differences that are recognized and seen as welcome variations within the human race, become its negation and destruction if pushed to extremes. Such destruction is also self-destruction: those who pursue ethnic purity, a common stance in border areas, must also purge themselves of those different qualities which enrich them as human beings, and by so doing, they amputate or mutilate a part of themselves.

It is no coincidence that Marin's and Metternich's anecdotes both make reference, in some way, to an eastern border. The East has frequently been regarded as obscure, disturbing, haphazard, lacking in dignity; there is a tendancy to identify it with negative qualities. To the East is where we find (or where we used to find until a few years ago, and indeed in the collective imagination continue to find, despite the disappearance of the Iron Curtain) the start of the "other" Europe. To begin with, the adjective "other" stemmed, of course, from the fact that the states so referred to were part of the Soviet empire, but its use also signals a certain ignorance on the part of western Europeans. This widespread ignorance was and often still is tinged with contempt, conscious or unconscious. As a boy I too believed that Prague was further east than Vienna and was amazed when the school atlas proved the opposite to be the case.

Literature is, among other things, a journey of exploration that enables us to explode the myth of otherness, to realize that everyone can find themselves sometimes on one side and sometimes on the other – that Everyman, as in a mediaeval mystery, is the Other. I was familiar with – and not without a critical awareness of – Marin's teachings throughout

cours de mon enfance et de mon adolescence à Trieste. La frontière triestine est, et surtout était, une frontière avec l'Est ; celle que j'apercevais distinctement devant moi, quand j'allais jouer sur le *Corso* avec mes amis, était le Rideau de fer, la frontière qui coupait alors le monde en deux, et qui passait à quelques kilomètres, à peine, de ma maison. Au-delà, commençait cet univers immense, inconnu et menaçant : l'empire de Staline, un univers difficilement accessible, en tout cas jusqu'au début des années cinquante. Et pourtant, les territoires qui s'étendaient au-delà de la frontière, qui appartenaient désormais à « l'autre » Europe, étaient encore italiens quelques années auparavant ; ils l'avaient été jusqu'à la fin de la guerre, avant leur occupation, puis leur annexion par la Yougoslavie ; je les avais visités et je les avais bien connus dans mon enfance, ils étaient partie intégrante de l'univers triestin, de ma réalité.

Au-delà de la frontière, c'était donc, tout à la fois, le connu et l'inconnu ; un inconnu qu'il fallait redécouvrir, ramener au connu. Tout enfant, je comprenais déjà, ne serait-ce que vaguement, que, pour grandir, pour me constituer une identité qui ne soit pas scindée, il me faudrait franchir cette frontière, et pas seulement au sens physique du terme, grâce à un visa sur un passeport, mais surtout intérieurement, en redécouvrant l'univers qui s'étendait au-delà et en l'intégrant à ma réalité. Les lignes de frontière sont aussi des lignes qui traversent et divisent un corps, qui le marquent comme des cicatrices ou comme des rides, qui vous coupent non seulement de votre voisin, mais aussi de vous-même.

Ainsi de Trieste dans mon enfance : elle n'était pas seulement une ville frontalière, mais semblait être elle-même une frontière, le point de rencontre d'une multitude de lignes de partage si serrées qu'elles s'entrecroisaient jusqu'au cœur de la cité, de ses habitants, de la vie de chacun d'entre eux. Jusque vers le milieu des années cinquante, au moins, le Rideau de fer tout proche coupait la ville de son arrière-pays et donc d'elle-même, et divisait notre existence. D'où la double sensation qu'on éprouvait alors de vivre sur une frontière et, en même temps, d'être soi-même une frontière. Notre incertitude de l'avenir en était plus intense, nous nous sentions à la périphérie de la vie. Certaines villes sont *à la* frontière, et d'autres *ont* en elles cette frontière, elles en sont faites, et en même temps coupées, meurtries, balafrées comme par une blessure. C'est dans ces cités que se vit avec une intensité toute particulière l'ambivalence

my childhood and adolescence in Trieste. The Trieste frontier is, first and foremost, a border with the East; what I saw before me when I went to play with my friends on the Carso, was the physical reality of the Iron Curtain, the frontier that, in those days, divided the world and ran within a few kilometres of my home. Beyond it lay the vast, unknown and menacing world of Stalin's empire, a world that was all but inaccessible at least until the early Fifties. But, at the same time, the lands on the other side of the border, that belonged to that "other" Europe, had been part of Italy until a few years previously, until the end of the war, when they had been first occupied and then annexed by Yugoslavia; I had been familiar with them since early childhood, they were and still are an integral part of the territory of Trieste, of my own world.

So beyond the border lay, at one and the same time, the known and the unknown; the unknown that had to be rediscovered, to become once more the known. Since I was a child I had understood, if vaguely, that in order to grow up and develop an identity that was not split down the middle, I should have to cross that border – and not only physically, provided with a visa, but above all inwardly, rediscovering that world beyond the frontier and integrating it with my own reality. The lines that define a frontier also cross the body, marking it like scars or wrinkles, dividing a person not only from his neighbour but also from himself.

When I was a boy, Trieste was not only a frontier town but seemed to be a frontier in itself, to be built of boundary lines that intersected each other within it, crossing over

each other sometimes in the people, sometimes in the life of its inhabitants. At least until the mid-Fifties, the Iron Curtain was so close that it divided the city from its hinterland and therefore from itself. It divided our existence. We felt that not only were we living on a frontier, but that we ourselves were the frontier. The future was regarded with a particular intensity of doubt, we felt

de la frontière, avec ses aspects positifs et ses aspects négatifs ; lignes de partage ouvertes et fermées, rigides et flexibles, anachroniques et mouvantes, protectrices et destructrices.

À Trieste, les frontières du temps elles-mêmes paraissaient différentes ; elles se déplaçaient, avançaient et reculaient. Lorsque je faisais mes études à Turin et revenais de temps en temps à Trieste, j'avais parfois l'impression de rentrer dans un autre système temporel. Le temps se raccourcissait, s'allongeait, se contractait, se figeait en grumeaux si épais qu'ils en paraissaient palpables, se défaisait comme les bancs de nuages qui se dissolvent dans l'éther. Le temps semblait courir sur des rails tantôt parallèles, tantôt divergents, qui ne se croisaient que pour repartir dans des directions opposées, et se retrouver à nouveau. En 1948, lors de la campagne électorale qui vit s'affronter en un combat décisif le communisme et l'anticommunisme, 1918 – l'année où Trieste fut intégrée au territoire italien – apparaissait comme une époque lointaine, un souvenir historique, un chapitre clos de notre histoire, qui ne provoquerait plus jamais ni débats ni affrontements passionnés. Mais quelques années plus tard, ce passé était, soudain, redevenu actuel, il s'imbriquait dans le présent et, d'une certaine façon, faisait à nouveau partie du présent, il se mêlait à la politique et à la réalité du moment. Nous devons aussi aux frontières l'expérience de ces intrications temporelles, une expérience qui comporte un désenchantement précoce, une désillusion, un scepticisme face à toute forme de croyance en un progrès linéaire de l'histoire, une expérience par laquelle nous nous habituons à assister à des retours, des naufrages, des rechutes, des répétitions, des refoulements et des éruptions.

La frontière, lieu d'exil, d'exode, de fuite. Ses lignes sont sujettes à des déplacements, à des disparitions et à des réapparitions soudaines : nous parlons de patrie, mais derrière ce mot se cache un concept mouvant. La ville et les individus se retrouvent souvent à être des « ex », et cette expérience du dépaysement, de la perte de son univers, ne touche pas seulement la géographie, mais la vie en général. Mon éducation sentimentale a été marquée par de nombreuses expériences de frontière perdue ou cherchée, reconstruite dans la réalité du cœur. Souvenons-nous de ces trois cent mille Italiens qui, à la fin de la Seconde Guerre mondiale, abandonnèrent l'Istrie après que celle-ci eût été annexée à la Yougoslavie ; les Slaves avaient subi au

as if we were on the outskirts of life. There are cities that happen *to be near* a border and others that *have the border within themselves*, are formed by them, and mutilated by them. And in these cities the two-fold nature of the frontier, its positive and negative aspects, borders open or closed, rigid or flexible, anachronistic or overturned, protective or destructive, are experienced in a particularly intense way.

Even the existing frontiers were in some ways different in Trieste: they were shifting, sometimes forward, sometimes backward. When I was studying in Turin and returned every now and then to Trieste, each time I had the impression of returning to a different time warp. Time contracted or expanded, curdled into clots that seemed almost tangible or dissolved like banks of mist into thin air. It was as if time were running on different rails that sometimes crossed and then separated again to run in different and even opposite directions. In 1948, at the time of the fateful electoral campaign in which communism and anticommunism resolutely confronted each other, 1918, the year in which the First World War ended and Trieste became a part of Italy seemed very long ago, to be almost a folk memory, a chapter of history already over and done with that could no longer provoke argument or rouse passion. A few years later that past suddenly became the present, interweaving itself with the here and now, mingling with the politics and the events of the moment. Frontiers also provide experience of such temporal dislocation, an experience that means early disenchantment and a sceptical disillusionment with regard to all faith in the linear progress of history, and they inure the heart to homecomings, shipwrecks, relapses, repetitions, displacements and eruptions.

The frontier is a place of exile, exodus, flight. Borders shift, disappearing and reappearing unexpectedly, and as they change so also does the concept of what we call our homeland.

cours des années précédentes l'oppression fasciste et la négation de leurs droits par des Italiens qui n'étaient pas explicitement fascistes, mais nationalistes ; la reconquête yougoslave, menée par un régime totalitaire, fut violente et indifférenciée.

Dans ces années marquées par la peur, par l'intimidation et la persécution, nombre d'Italiens abandonnèrent, à différents moments, leurs terres et leurs maisons pour errer à travers le monde ou vivre, souvent pendant des années, dans des camps de réfugiés. L'indifférence et l'incompréhension dont se sentaient victimes ces gens qui avaient tout perdu les amenèrent souvent à s'enfermer à leur tour dans d'autres frontières, des frontières qu'ils élevaient dans leur propre cœur : les frontières de l'amertume et du ressentiment. Et ces frontières nouvelles n'isolaient pas seulement ces exclus de leur terre perdue, mais aussi, souvent, de la terre sur laquelle ils étaient venus vivre et s'intégrer et qui les ignorait ou leur donnait le sentiment d'être plus ou moins des étrangers.

D'autres frontières, encore plus complexes, s'élevaient autour de ceux qui, tout en pâtissant du drame de l'exil et de l'incompréhension de l'Italie officielle, et tout en refusant la violence slave qui les chassait de chez eux, n'en refusaient pas moins de faire chorus contre les Slaves avec les nationalistes italiens et continuaient à voir dans le dialogue entre Slaves et Italiens leur identité la plus authentique. Ils continuaient leur univers, l'univers istrien et adriatique, comme un ensemble mixte et composite, non pas exclusivement italien, ni exclusivement slave, mais bel et bien italien et slave, et se voyaient ainsi haïs des nationalistes slaves comme des nationalistes italiens, ce qui les repoussait vers un territoire spécifique n'appartenant à personne et entouré par d'autres frontières.

Les exodes se croisent, la frontière est leur lieu de transit. En 1947, au moment même où les réfugiés italiens abandonnaient l'Istrie et les autres territoires devenus yougoslaves pour se rendre en Italie, quelque deux mille ouvriers italiens de Monfalcone, petite ville voisine de Trieste, suivaient le chemin inverse en se transportant, pour des raisons politiques et idéologiques, en Yougoslavie : communistes convaincus, ils voulaient vivre dans un pays communiste et contribuer à l'édification du communisme. Nombre d'entre eux avaient connu les prisons fascistes, voire les camps de l'Allemagne nazie, et eux aussi partaient en abandonnant tout derrière eux.

Quand, peu de temps après, Tito rompit avec

Not infrequently, towns and individuals suddenly find the word "former" applied to them, and this experience of statelessness, of loss of one's familiar world, is not only geographical but applies to life in general. My own emotional development was coloured by many experiences relating to the loss of, or search for, a frontier that had to be reconstructed both in the physical world and in the mind. One instance was the exodus of three hundred thousand Italians who, at the end of the Second World War, abandoned Istria when it was annexed to Yugoslavia; previously, the Slavs had been the victims of fascist oppression, and had suffered a restriction of their rights by Italian nationalists and fascists; the Yugoslav revolt, under the banner of totalitarianism, was both violent and indiscriminate.

In those years when fear, intimidation and persecution were rife, many Italians, at different times, left their lands and houses to roam the world and to live, in some cases for a number of years, in refugee camps. Having lost everything, these people then found themselves faced with incomprehension and indifference to their plight. Their response was to shelter behind the frontiers they could build in their hearts, frontiers of bitterness and resentment that isolated these exiles not only from their lost lands but also from those in which they now lived and where they were being ignored or treated as aliens to a greater or lesser extent.

There were other, more complex barriers that materialized around these refugees. Despite the trauma of exile and the lack of understanding on the part of Italian officialdom, and despite their opposition to the violent Slav nationalism that had driven them from their homes, they refused to subscribe to the anti-Slav stance of Italian nationalists and continued to regard themselves as only having a true identity within a Slav-Italian partnership. Clinging to the idea of their world, the Istrian and Adriatic world, as mixed and composite, neither wholly Italian nor wholly Slav but Italian and Slav, they came to be hated by the nationalists on both sides and found themselves in a kind of spiritual nomansland, surrounded by other frontiers.

The paths of migration cross, the frontier is their point of transit. In 1947, at the very time when the Italian refugees were leaving Istria and the other territories that had passed to Yugoslavia and were settling in Italy, about two thousand Italian workers from Monfalcone, a town near Trieste, were moving in the opposite direction, migrating to Yugoslavia

Staline, par un geste politique dont l'histoire du monde devra à jamais lui être reconnaissante, ils protestèrent ouvertement contre le régime yougoslave qui, à leurs yeux, trahissait non seulement Staline mais aussi la révolution mondiale, et furent déportés par Tito, qui redoutait des tentatives de coup d'État, dans de petites îles du Haut-Adriatique, Goli Otok, Isola Nuda (Île Nue), Sveti Grgur, San Gergorio (Saint-Grégoire). Là, le régime titiste avait créé des goulags analogues au goulag stalinien pour y bannir les stalinistes. Dans ces îles, les « monfalconiens », ainsi qu'on les nommait, furent soumis à toutes sortes de sévices et de persécutions, et leur calvaire resta ignoré de tous : la Yougoslavie, naturellement, n'en disait mot, et l'Union soviétique, tout en calomniant autant qu'elle le pouvait l'hérésie titiste, se gardait bien de parler des goulags car elle n'en avait que trop elle-même ; quant à l'Italie, comme toujours, elle ne s'apercevait de rien et les Alliés, enfin, se gardaient de toute critique susceptible d'affaiblir Tito dans son combat contre Staline.

Dans cet enfer, les monfalconiens résistèrent – comme ils avaient résisté aux autres persécutions – au nom de Staline, lequel, s'il l'avait pu, aurait fait du monde entier un goulag exactement semblable à celui dans lequel ils étaient enfermés. Quand, après des années, ils furent libérés et retournèrent en Italie, certains d'entre eux y trouvèrent leurs maisons occupées par des réfugiés italiens qui avaient eux-mêmes tout perdu en Istrie – amer symbole d'un exil double et croisé, d'une frontière deux fois franchie et deux fois perdue. Mais ils furent surtout persécutés par la police italienne, en tant que communistes, et repoussés par le parti communiste pour lequel ils avaient sacrifié leur vie, parce que ce parti ne voulait pas trop entendre parler d'eux, de ces témoins d'une politique anti-titiste et stalinienne que les communistes italiens cherchaient à faire oublier. Ils se retrouvèrent une fois de plus dans l'autre camp, de l'autre côté, du mauvais côté au mauvais moment, cernés par des frontières encore plus dures et encore plus féroces.

La frontière est aussi éducation au côté grotesque de l'histoire, qui n'est souvent qu'une violente abolition de frontière. Pour moi, l'expérience originelle des malentendus de l'histoire s'identifie à un grotesque et douloureux déplacement de frontières dont j'ai été, par hasard, témoin dans mon enfance. Pendant l'hiver 1944-45, alors âgé de 4 à 5 ans, je me trouvais avec ma mère à Udine, où mon père était hospitalisé. La ville était occupée

for political and ideological motives because, as convinced communists, they wanted to live in a communist country and contribute to the furtherance of communism. Many of them had experienced prison under the fascists or in German labour camps and they too were leaving everything behind.

When, shortly afterwards, Tito broke with Stalin in a gesture for which the world must be for ever grateful, they protested openly to the Yugoslav regime who they saw as betraying Stalin and, to their way of thinking, the world revolution, and were deported by Tito, who feared a political *coup*, to two small islands in the Adriatic, Goli Otok (Naked Island) and Sveti Grgur (St. Gregory). Here Tito had installed two Gulags similar to Stalin's, expressly for the Stalinists. In those two islands the "*Monfalconesi*" as they came to be called, were subjected to persecution and to tortures of all kinds, unknown to the world at large. Yugoslavia naturally kept silent as to their fate, the Soviet Union maligned the Titoist heresy in every way but said nothing about the Gulags because they had so many similar ones themselves, Italy, as usual, noticed nothing at all and the Allies preferred not to do anything that could weaken Tito in his fight against Stalin.

For the sake of the Russian tyrant who, had he won, would have transformed the entire world into a Gulag like the one in which they were imprisoned, the Monfalconesi bore their appalling suffering as stoically as they had borne earlier persecutions. When, years later, they were liberated and returned to Italy, some of them found that their homes had been appropriated by Italian refugees who, like themselves, had lost everything in Istria – so here we have a singularly harsh example of a double, two-way exile, of a border crossed and lost. But as well as being persecuted by the Italian police as communists, they were regarded as enemies and largely shunned by the Communist party itself in whose name they had sacrificed their lives but to whom they were now an uncomfortable reminder of the anti-Titoist and pro-Stalinist policies of which the Italian communists were trying to expunge the memory. So they found themselves, yet again, on the other side, on the wrong side at the wrong time, surrounded by barriers of the hardest and cruellest kind.

Frontiers can also provide some bizzarre history lessons, since history itself is so often made by the violent shifting of frontiers. My own awareness of the equivocations of history was probably sparked off by a grotesque

par les Allemands et par les Cosaques de Krasnov, avec leurs uniformes bizarres tout rapiécés, avec leurs chevaux, leurs familles et leurs campements ; une petite migration de population. Les nazis, après les avoir acculés à l'exil ou la prison, leur avaient promis une patrie, un *Kosakenland* qui, à l'origine, aurait dû être situé en Russie mais qui, au fur et à mesure que les vicissitudes de la guerre obligeaient les forces du IIIe Reich à battre en retraite, avait été constamment déplacé vers l'ouest, jusqu'à se retrouver à Carnia, dans le Frioul, à quelques kilomètres de Trieste.

Les Cosaques avaient amené leurs tentes, leurs racines et leur frontière dans cette région dont, jusque-là, ils ignoraient l'existence ; les villages du Frioul s'étaient vus rebaptisés du jour au lendemain et portaient désormais des noms aux consonances étranges, ils étaient devenus des villages du Don, du Donetz et du Kouban. À voir cette armée, si différente de toutes les autres, on commençait à comprendre que toute invasion est aussi une fuite et que celui qui trahit est aussi, fréquemment, celui qui est trahi. Dans ce cas, il s'agissait de Cosaques qui, persuadés de combattre pour la liberté, s'étaient mis au service de la tyrannie la plus féroce. Au nom de la patrie qu'ils étaient partis chercher, et dans leur désir de trouver un point d'ancrage, une frontière stable et tranquille qui leur appartienne, ils privaient d'autres gens de leur propre patrie, de leurs propres frontières. Née de la violence, cette patrie mythique qu'ils recherchaient avec une passion sincère était artificielle et grotesque. L'aventure devait s'achever pour eux, quelques mois plus tard, sur les gibets

de l'Union soviétique et dans les eaux de la Drave où ils furent nombreux à se jeter avec leurs montures quand les Anglais, auxquels ils s'étaient rendus, prétendirent les livrer aux Russes. Ainsi furent effacées à leur tour, comme tant d'autres, les frontières de ce fantomatique État cosaque.

Outre les frontières nationales, existent aussi des lignes de partage culturelles, linguistiques,

and tragic border-shift of which, as a child, I happened to be a witness. In the winter of 1944-45, when I was five to six years old, my mother took me to Udine where my father was in hospital. The city was occupied by the Germans and by the Cossacks of Krasnov with their strange, decorated uniforms, their horses, their families and all their household chattels; it was a small migration. The Nazis, having plucked them from prison or exile, had promised them a homeland, a Kosakenland, that was originally to have been in Russia but that, as the progress of the war forced the armies of the Third Reich to retreat, was continually being re-drawn on the maps, further and further towards the west, until it was set up finally in Carnia, in the district of Friuli, a few kilometres from Trieste.

The Cossacks had transferred their tents, their roots and their frontier to that region, a region of whose existence they had, until a short while previously, been totally unaware; all of a sudden the villages of Friuli had assumed strange foreign names, becoming villages of the Don, the Donez and the Kuban. As I looked at that army, so very different from any other I had seen, I began to understand that every invasion is also a flight, and that the traitor is often also the betrayed. In this particular instance the Cossacks, convinced they were fighting for freedom, had ended up serving the cruellest of tyrannies. For the sake of the homeland they sought, a tranquil territory to call their own, they were depriving another people of its homeland, its territory. But the homeland they had found here, at the end of their genuinely passionate search, was the product of violence, artificial and bizzarre. After only a few months their adventure ended on the scaffolds of the Soviet Union or in the Drava, into which many of them threw themselves and their horses when the English, to whom they had surrendered, were about to hand them over to the Russians. Even the borders of that phantom Cossack state were, like so many others, wiped out.

National borders are not the only ones that exist. There are also cultural, linguistic, psychological borders too; as well as borders in the physical world there are also those within the mind of an individual, frontiers dividing the hidden, dark areas of the personality, and these, too, have to be crossed in order to explore and then accept the disturbing and problematic areas that, like the islands of an archipelago, form one's own identity.

psychologiques ; elles existent dans la réalité extérieure, mais également à l'intérieur de l'individu ; ce sont elles qui séparent les zones cachées et obscures de la personnalité, elles qu'il nous faut franchir, aussi, si nous voulons connaître et accepter les éléments les plus inquiétants et les plus difficiles de l'archipel qui compose notre propre identité.

Toute frontière apporte avec elle l'insécurité et le besoin de sécurité. La frontière est une nécessité, car sans elle, c'est-à-dire en l'absence de distinction, il n'y a pas de forme, pas d'individualité, et il n'y a même plus d'existence réelle, puisque celle-ci se défait dans l'informe et dans l'indistinct. La frontière constitue une réalité, elle donne des lignes et des contours ; elle constitue l'individualité personnelle et collective, existentielle et culturelle. La frontière est forme et, par conséquent, art. La culture dionysiaque qui prône la dissolution du moi dans un magma pulsionnel vague et désordonné, pour libératoire qu'elle se présente, est en réalité totalitaire en ce qu'elle prive le sujet de toute capacité de résistance et d'ironie, l'expose à la violence et à l'anéantissement, mène à la désagrégation de toute unité porteuse de valeurs en une sorte d'éparpillement gélatineux et sauvage. Un monde sans frontières, sans distinction, ne serait autre que le monde cauchemardesque du « tout permis » imaginé avec horreur par Dostoïevski, monde de toutes les brimades et de toutes les violences.

Ainsi, on ne cesse de se battre contre des frontières, mais pour en instaurer de nouvelles. Le moi, comme le baron de Münchhausen, doit se dégager des sables mouvants de l'indistinct en s'élevant par sa seule force et se définir, se distinguer. Il ne peut compter que sur cette force et sur cette position difficile et contradictoire, mais cette condition pleine d'ironie est aussi sa force : l'ironie dissout les frontières rigides et contraignantes, et élève des frontières humaines, flexibles et tenaces. Même la plume qui, jour après jour, noircit du papier, comme le dit Svevo, trace, déplace, dissout et reconstruit des frontières ; telle la lance d'Achille, elle blesse et guérit tout à la fois. La littérature est en soi une frontière et une expédition à la recherche de nouvelles frontières, leur déplacement et leur définition.

Nous avons besoin d'une identité ironique, capable de se libérer de l'obsession de s'affirmer, et de l'obsession de se nier. L'écrivain frontalier se retrouve souvent entre le marteau et l'enclume, entre la rhétorique d'une

Every border has something to do with insecurity and with the need for security. Frontiers are necessary, because without them, or without their distinguishing role, there can be no form, no individuality, not even a real existence, for all will be sucked down into an inchoate morass. The frontier is a reality, providing outlines and features; it builds individuality, personal and collective, existential and cultural. Frontiers imply

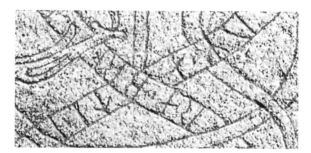

form and therfore art as well. A Dionysiac cult that, because it advocates the dissolving of the self in a turbid, pulsating magma, should be liberating, is in fact totalitarian, because it obviates any capacity for resistance and self-criticism and leaves the adherent open to violence and the disintegration of personality while dissolving all sense of values in a gelatinous, incoherent mass. A world without frontiers, without boundaries, would be the horrible world of "anything goes" imagined, with horror, by Dostoyevsky, a world capable of any and every act of violence and oppression.

In a sense one is forever fighting against barriers, but in order to raise new ones. The self is like Baron Münchhausen: it must pull itself out of the quicksands of formlessness by its own pigtail and define itself, make itself visible. It can depend only upon that pigtail and that difficult and contradictory posture, but this ironic condition is its strength: irony dissolves the rigid barriers imposed from the outside and replaces them with barriers that are human, flexible and enduring. Even the pen that scrawls daily can, as Svevo says, draw, move, pull down and rebuild barriers; it is like the spear of Achilles, that can both wound and heal. Literature is a frontier in itself, and a voyage of exploration in search of new frontiers to be shifted and defined.

We need an ironic identity, capable of freeing us from the obsession of calling attention to ourselves and from that of disavowing ourselves. Very often the border writer finds himself between Scylla and Carybdis, caught

identité compacte et celle d'une identité qui se dérobe. Les auteurs qui s'érigent en gardiens ombrageux de la frontière – celle de l'italianité, de la slavité, de la germanité – se font du même coup complices de la barbarie. Mais il arrive aussi, et fréquemment, que ceux qui les combattent sur des positions infiniment plus nobles tombent dans une autre rhétorique de la frontière, celle qui prétend nier à tout prix toute frontière, se placer toujours de l'autre côté, endosser trop facilement – comme on l'a vu à Trieste – le rôle de l'Italien parmi les Slovènes, et du Slovène parmi les Italiens – ou encore, comme on l'a vu au Tyrol, jouer les Allemands face aux *carabinieri* et les Italiens face aux *Schützen*.

Une telle position est souvent méritoire d'un point de vue politique dans un contexte d'âpres conflits ethniques, mais elle risque d'aboutir à une formule stéréotypée, à un commode alibi littéraire, et de tomber, à son tour, dans le pathos frontalier qu'elle prétend nier, dans une interrogation obsessionnelle sur l'identité exprimée à travers le refus complaisant de se reconnaître dans quelque identité que ce soit. De même, une littérature frontalière passionnée, hantée par la proclamation de sa propre inappartenance, peut sombrer dans l'aigreur d'un ressassage de lieux communs – comme ces dictionnaires de rimes de naguère, qui savaient si bien donner la rime utile. La critique acharnée du pays natal, pour préférable qu'elle soit à une louange inconditionnelle, se transforme facilement en une logorrhée fatiguée : les écrivains triestins qui se moquaient de Trieste, les Praguois qui s'en prenaient à Prague, les Viennois qui prétendaient ridiculiser Vienne, et ces Piémontais qu'on vit si anxieux de se « dépiémontiser » étaient souvent en équilibre instable entre une authentique libération et une haine aussi viscérale que conventionnelle. Le meilleur moyen de se libérer de l'obsession identitaire est d'accepter sa propre identité dans tout ce qu'elle a de précaire et d'approximatif et de la vivre spontanément, voire de l'oublier, car on ne vit pas en pensant sans cesse à son propre sexe, à son propre état civil, à sa propre famille ; on vit mieux si l'on ne pense pas sans cesse à la vie. Dans la mesure où on a conscience de leur relativité, mieux vaut accepter ses propres frontières, comme on accepte les cloisons de sa maison.

Dans une histoire juive, un Hébreu, habitant d'une petite ville d'Europe de l'Est, rencontre sur le chemin de la gare un autre Hébreu chargé de valises, et lui demande où il va.

between the opposing rhetorics of over-defined and undefined identity. Those writers who set themselves up as sullen border guards, protecting Italian-ness, Slav-ness, German-ness or what you will, are the accomplices of ignorance. But even the others, who fight them from positions of much greater nobility, are often the victims of another kind of border rhetoric, that of denying at all costs the existence of any border at all, of always putting themselves on the other side, of playing, with too great a facility, the role of an Italian with the Slovenians, a Slovenian with the Italians, or – in the Tyrol – a German with the policemen and an Italian with the hunters.

Such an attitude can be, and frequently is, praiseworthy in a climate of ethnic conflict, but it runs the risk of becoming a stereotyped formula, a convenient literary alibi, and of yielding, in its turn, to that border attitude it would deny, to that obsessive questioning of identity that expresses itself in complacent declarations of no precise allegiance. Even an impassioned and deeply concerned border literature, continually mulling over its sense of not belonging, can become a stale repertory of commonplaces, like a rhyming dictionary always ready to proffer the apt word. Savage criticism of one's native environment, although preferable to sugary celebration of it, can easily become threadbare. The writers native to Trieste who satirize the city, the writers native to Prague who give vent to their exasperation with their city, the Viennese who scoff at Vienna and the Piedmontese anxious to dissassociate themselves with Piedmont very often tread a thin line between authentic freedom and conventional bile.

The best way of freeing oneself from the obsession of identity is either to accept it with all its vagueness and inevitable approximation and to live with it, or to forget it, to treat it as we do our gender, our civil status, our family, without for ever thinking about it. Indeed, it is best to live without thinking too much about life. As long as we are aware of the approximate nature of our own borderlines, we are well advised to accept them as we accept the walls of our own home.

There is a story about a Jew, living in a small town of Eastern Europe, meeting another Jew who is on his way to the station laden with suitcases, and asking him where he is going. « South America », replies the other. "Ah," exclaims the first, "what a long

« En Amérique du Sud », répond l'autre. « Ah ! » s'exclame le premier, « Si loin ! » Ce à quoi l'autre, l'air interloqué, lui dit : « Loin d'où ? » Dans cette histoire, l'Hébreu oriental n'a pas de patrie, aucun point de référence pour distinguer ce qui est loin de ce qui est proche, si bien qu'il est lui-même loin de tout et de tous – sans patrie au sens historique et politique du terme – il est aussi sans frontières. Mais il porte en lui sa patrie, avec la loi et la tradition dans lesquelles il est enraciné et qui sont enracinées en lui ; ainsi, il n'est jamais loin de chez lui, il est toujours à l'intérieur de sa propre frontière, vécue non pas comme une barrière destinée à repousser l'autre, mais plutôt comme un pont, une passerelle ouverte sur le monde.

Dans le sentiment du « loin d'où », la duplicité de la frontière, et de la vie, redevient unité – l'unité tout à la fois flexible et indissociable de la personne.

way away!" At which his friend, looking at him with amazement, asks "A long way away from where?" The Jew in this story has no homeland, no point of reference in respect of which he can consider himself near or far, so he is far from everyone and everything, he has no historic or political homeland and therefore no frontiers. At the same time, however, he carries his homeland within, in the law and tradition in which he has his roots and which are rooted in him, so he can never be far away from his home but is always within his own frontier, which he regards not as a barrier for keeping others out, but as a bridge open to all the world.

In the sentiment implied by "A long way away from where" the two-fold nature of the frontier and of life itself come together in a unity, the strong, flexible unity of a human being.

Claudio Magris
(De Trieste à une mosaïque européenne - Trieste: tesserae in a European Mosaic)

Traduction française : Pierre Girard - English translation: Avril Bardoni

Né à Trieste en 1939, Claudio Magris est professeur de littérature germanique à l'Université, spécialiste de l'époque des Habsbourg et de la culture autrichienne fin de siècle. Il a consacré de nombreuses études à des écrivains tels que Hofmannsthal, Rilke, Musil, Marin ou Borges. Il a également traduit Ibsen, Kleist, Schnitzler et Büchner.

Born in Trieste in 1939, Claudio Magris is professor of Germanic Litterature at University, specialist of the Habsburg's period and of Austrian culture end of century. He has devoted numerous studies to writers such as Hofmannsthal, Rilke, Musil, Marin or Borges. He has also translated Ibsen, Kleist, Schnitzler and Büchner.

Itaca e oltre *(Milano, 1982)*, Il mito absburgico nelle letteratura austriaca moderna *(Torino, 1963)*, avec Angelo Ara : Trieste. Un identita di frontiera *(Torino, 1982)*, L'anello di Clarisse *(Torino, 1984)*, Danubio *(Milano, 1986)*, Un altro mare *(Milano, 1991)*...

Qu'elles soient naturelles, artificielles ou symboliques, les frontières font l'objet de multiples représentations. Dans cette ancienne gravure, sans souci de précision géographique interne, c'est le corps allégorique de l'Europe que l'artiste a privilégié.
44 - Sebastian Münster
Allégorie de l'Europe
Gravure sur bois
Cosmographia universalis, 1544

La réalisation des cartes marines eut une importance capitale pour les grandes découvertes.
45 - *Carte pisane*, fin XIIIe siècle
Manuscrit sur parchemin
C. PL. Rés. CE. B. 1118
Bibliothèque nationale, Paris

Whether natural, artificial or symbolic, boundaries are the subject of countless works of art. In this antique print, irrespective of geographical precision, the artist has elected to depict the allegorical body of Europe.
44 - Sebastian Münster
Allegory of Europe
Woodcut
Cosmographia universalis, 1544

Ocean maps were of crucial importance for the great voyages of discovery.
45 - *Pisan map*, late 13th century
Manuscript on parchment
C. PL.Rés. CE.B. 1118
Bibliothèque nationale, Paris

44

45

The seduction of frontiers

46 - *La Saga des Vikings*
Broderie de la reine Mathilde, XIe siècle
(fragment)
Centre Guillaume le Conquérant, Bayeux
(Avec autorisation spéciale de la Ville de Bayeux)

La Romanité, l'Islam. Tout l'Occident et tout l'Orient. Les croisades eurent pour conséquence la prise de Constantinople, symbole d'un partage qui matérialisera deux espaces, deux histoires différentes.

47 - *Le siège de Constantinople par les croisés*
Manuscrit grec, XIIIe siècle
Bibliothèque nationale, Madrid

46 - *The Saga of the Vikings*
Tapestry of the Queen Matilda
11th century (fragment)
Centre Guillaume le Conquérant, Bayeux
(With special permission from the City of Bayeux, France)

The Roman civilization, Islam. West and East. The crusades ended in the capture of Constantinople, the symbol of a division which created two zones, two different histories.

47 - *The siege of Constantinople by the Crusaders*
Greek manuscript, 13th century
Biblioteca Nacional, Madrid

129

La séduction des frontières

« *La formidable bataille de Lépante (1571) a souvent été jugée comme une victoire inutile de l'Occident. De fait, elle n'a pas eu de conséquences territoriales ; sinon qu'elle fixait l'aire d'expansion de l'Islam et de la Chrétienté.* » (*Fernand Braudel*, La Méditerranée.)

48 - Granado y Castello
La Bataille de Lépante (détail)
Peinture, Monastère de l'Escurial (Espagne)

48

"The formidable battle of Lepanto (1571) has often been judged as a useless victory of the West. In fact, there were no land gains; it merely determined the limits of Islam and Christian expansion". (*Fernand Braudel*, La Méditerranée.)

48 - Granado y Castello
The Battle of Lepanto (detail)
Painting, Escurial monastery (Spain)

49

50

Amsterdam : cité-monde nettement délimitée où les richesses maritimes convergent du monde entier. Il s'agit aussi d'une carte de la cité des plus grands cartographes du XVIIe siècle.

49 - Braun et Hogenburg
Vue d'Amsterdam
Gravure aquarellée
Civitates orbis terrarum, 1572-1598
Dépôt des cartes et plans
Ge.DD 1605-1607, pl. 21
Bibliothèque nationale, Paris

50 - Ville de Trieste
Photographie
in Quillet, *Géographie universelle illustrée*, 1923

Amsterdam: a city-world which drew maritime wealth from all over the world. This is also a map of the home of the great 17th century cartographers.

49 - Braun and Hogenburg
Vue of Amsterdam
Watercolour etching
Civitates orbis terrarum, 1572-1598
Map room, Ge.DD 1605-1607, pl. 21
Bibliothèque nationale, Paris

50 - City of Trieste
Photograph
in Quillet, *Géographie Universelle Illustrée*, 1923

Les accidents de l'écorce terrestre, contemplés à de telles distances, prennent des allures de tableaux abstraits ; et pourtant ce sont bien des frontières naturelles. Cette géographie est aussi celle de lieux sensibles, chargés d'une histoire tumultueuse, de luttes incessantes…
51 - Le détroit du Bosphore, image satellite

51

Seen from a distance, undulations in the earth's crust resemble abstract paintings; and yet these are natural frontiers. This area is also steeped in tumultuous history and unending battles…
51 - The strait of the Bosphorus, satellite photo

The seduction of frontiers

Les frontières renvoient directement à la notion de franchissement et de limites. Peuples en deçà, peuples au-delà. Au fil des histoires politiques, économiques et sociales des États, ils ont souvent été ballottés d'un côté à l'autre de lignes devenues militaires.

52 - Expulsion de mineurs polonais en 1935 dans le Pas-de-Calais
Photographie

53 - Anthony Suau
Réfugiés géorgiens dans les montagnes du Caucase, septembre 1993
Photographie

Frontiers directly imply the concept of crossing boundaries. Peoples on this side, peoples on that side. Throughout the political, economic and social histories of States, people have often been shunted from one side to another of what have become military lines.

52 - Expulsion of Polish miners in 1935 in the Pas-de-Calais region
Photograph

53 - Anthony Suau
Georgian refugees in the mountains of the Caucasus, September 1993
Photograph

La séduction des frontières

54 - Berlin, le Pont de l'Unité
Photographie
Landesbildstelle, Berlin

La libre circulation autorise en Europe le voyage que l'on dit touristique. Si ces foules se croisent sans toujours se rencontrer, si elles franchissent des frontières presque sans le savoir, les regards ainsi portés conduisent peut-être au respect de la différence.

55 - Yves Manciet
Prague, le Pont Charles
Voyage touristique à Prague
Photographie

54

54 - Berlin, The Bridge of Unity
Photograph
Landesbildstelle, Berlin

Free movement in Europe makes so-called tourist trips possible. Even if these crowds pass each other without always meeting, even if they cross frontiers almost without knowing it, these new sights will perhaps lead to respect for others.

55 - Yves Manciet
Prague, Charles Bridge
Tourist trip to Prague
Photograph

55

Ce que l'on nomme « le mur de la honte » est devenu un de ces lieux emblématiques de la commémoration où chacun se souvient encore du risque majeur qu'encourait le « passeur de frontières ».

56. Anthony Suau
Le Mur de Berlin, 1990
Photographie

56

The so-called wall of shame has become one of those symbolic places which still bear witness to the huge risks run by those who crossed the frontier.

56 - Anthony Suau
The Berlin Wall, 1990
Photograph

57 - Max Ernst
Aux Antipodes du paysage, 1927
Huile sur toile, 0,67 x 0,81
Collection particulière, Paris

57

57 - Max Ernst
Aux Antipodes du paysage, 1927
Oil on canvas, 0.67 x 0.81
Private collection, Paris

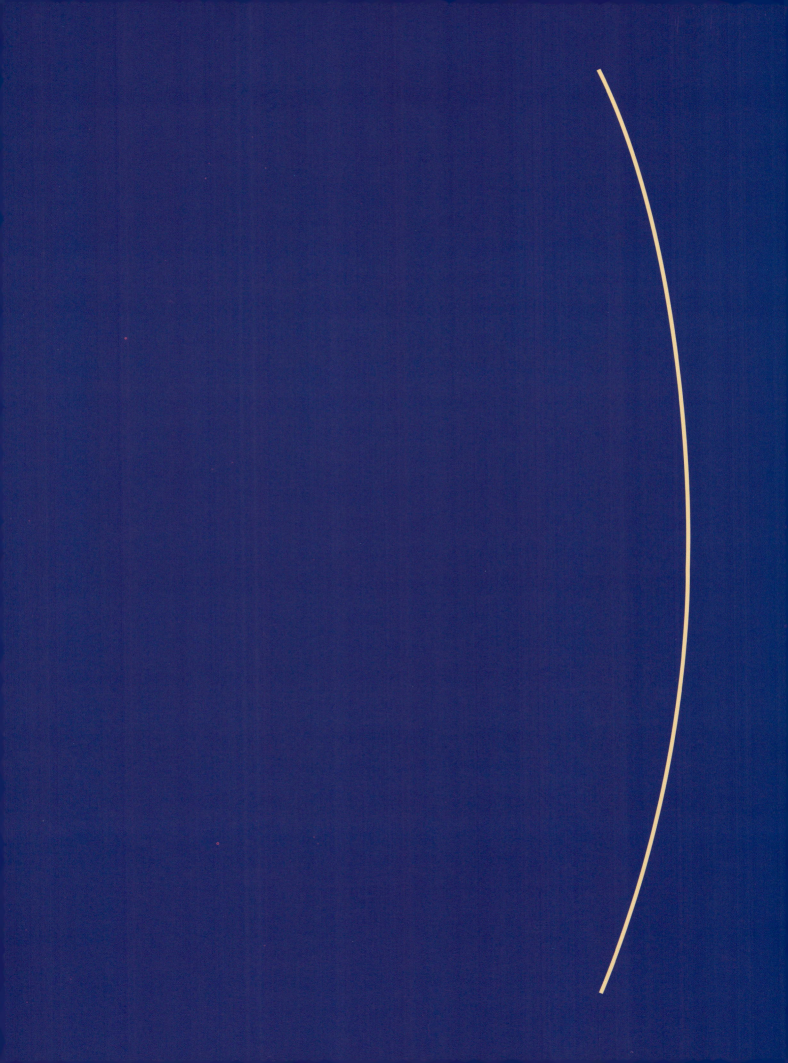

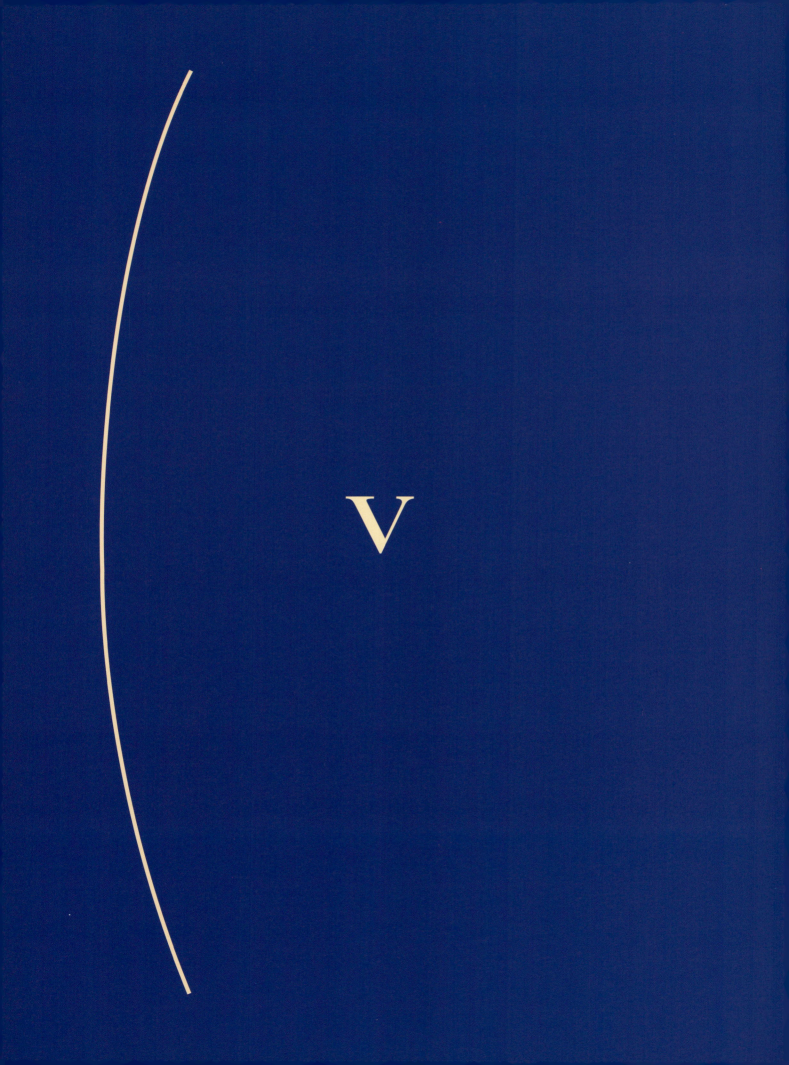

La séduction
d'urbaniser

The seduction
of town planning

*VI. Andreas Trier Mörch
Place Amagertorv à Copenhague
avec un pavement de marbre
réalisé par Bjorn Norgaard's
en 1993 : un exemple
de réhabilitation
Photographie*

---

*VI. Andreas Trier Mörch
Amagertorv square in Copenhagen
with Bjorn Norgaard's marble
paving from 1993: an exemple
of rehabilitation
Photograph*

STEEN ESTVAD
PETERSEN

Les villes européennes racontent l'histoire de l'homme et des bâtiments. Elles témoignent d'une profusion d'idées qui ne se connaît pas de limites. Les plus belles constructions de toutes les époques seront toujours reprises à travers le continent, qu'elles soient ou non adaptées au climat local ou à la topographie.
Et en même temps, c'est le dialogue ininterrompu entre la ville et la campagne qui a façonné l'Europe que nous connaissons aujourd'hui. Depuis les contours strictement définis de la cité fortifiée médiévale et de son environnement immédiat jusqu'aux grandes migrations ouvrières massives vers nos cités modernes, chaque urbanisation, aux différentes époques de l'histoire européenne, naît de conditions culturelles particulières. Quand ces conditions sont réunies, un organisme émerge, se développe, atteint sa maturité, s'épanouit en une floraison luxuriante avant de connaître une tranquille stagnation tandis que se modifient les conditions qui l'avaient suscité.
Chaque cité, ainsi, abrite en son sein des reliques de l'histoire de la culture européenne sous forme de ruines, de châteaux, de fortifications et de bâtiments industriels. Nos lois protègent certaines de ces reliques, car elles font partie d'un héritage historique collectif.
Mais cette idée de sauvegarde est relativement récente. Elle indique une surabondance dans notre environnement, une condition qui nous amène à souhaiter le maintien de quelque chose d'ancien qui contribue à notre identité historique.
Dans leur très grande majorité, les villes européennes sont marquées par notre combat pour le pain quotidien, un combat plein d'énergie, riche d'antagonismes. Toutes ces villes peuvent raconter des histoires passionnantes sur l'entreprise humaine. Sur la culture. Et la culture est quelque chose que nous cultivons. Tout comme les légumes. Plus le degré de raffinement s'élève, plus importante est la contribution, plus belle notre culture.

European cities are a tale of people and buildings. They embrace a variety of ideas that know no bounds. The most beautiful buildings of any age will always have successors across the whole continent, no matter whether or not they are suited to the locale's climate or topography.
At the same time, it is the constant dialogue between city and countryside that has shaped the Europe we know today. From the Middle Ages' sharply defined line between the fortified city and the surrounding landscape to our own day's mass immigration of labor to the cities. Each urbanization has been created by special cultural conditions at different periods in European history. When the right conditions are present, an organism emerges, grows to maturity, culminates in luxuriant flowerage, only to stagnate slowly as conditions change.
Each city consequently encompasses relicts from the history of European culture in the form of ruins, castles, churches, fortifications, and industrial buildings. We protect some of them by law because they are part of a collective historic heritage.
But the idea of protection is relatively new. It signifies an overabundance in our surroundings, a condition that makes us want to maintain something old since it helps give us an historic identity.
By far the majority of Europe's cities are marked by our struggle to earn our daily bread, a struggle filled with dynamics and drama. All these cities can tell exciting stories about human enterprise. About culture. And culture is something that we cultivate. Just like vegetables. The higher the level of refinement, the greater the contribution, the more beautiful our culture.
Let us take a trip around Europe. But so that we can get a better understanding of the continent's pulse, I would like to outline the development of urban construction by pointing out a few characteristics:

Faisons un tour de l'Europe. Mais afin de mieux comprendre la vibration profonde de ce continent, j'aimerais retracer l'évolution de la construction urbaine à travers quelques-unes de ses caractéristiques.

Les cités de l'Empire romain étaient toutes construites selon le même plan, avec un réseau de rues à angle droit. On en retrouve les vestiges au sud du Danube et à l'ouest du Rhin, jusqu'en Angleterre. Dans le reste de l'Europe, l'urbanisme restait primitif.

Au cours du Moyen Âge, peu à peu, ce schéma va se brouiller. Les villes semblent moins ordonnées, l'implantation des bâtiments se fait sur un mode aléatoire, spontané. À la rectitude romaine succède une occupation de l'espace beaucoup plus anarchique. Les maisons sont en bois – les charpentiers deviennent les vrais « architectes » – et les villes offrent une telle densité de constructions que le moindre incendie a des effets catastrophiques.

Cette phase « organique » va durer jusqu'au XIVe siècle, qui voit les guerres et les grandes épidémies de peste décimer les populations et détruire les fondements même de l'existence de la plupart des villes. Leur déclin se poursuivra jusque vers la fin du XVIe siècle. Seuls les membres de l'aristocratie terrienne et les représentants de la nouvelle classe des marchands prospères se construisent des habitations en pierre différentes de celles du Moyen Âge. Puis la Renaissance, partie des cités-états de l'Italie du Nord, va amener des transformations importantes dans toutes les villes européennes. Elle a l'Antiquité pour idéal, et ce sont ses architectes qui forgent les règles de la construction urbaine, avec pour base l'espace urbain classique délimité par des bâtiments des trois ordres familiers. À l'origine, ces espaces urbains étaient surtout bordés par des églises et des palais privés. Puis des idées nouvelles se font jour dans la société, on ne se contente plus de construire des maisons individuelles mais on les incorpore, ainsi que les rues et les jardins publics, dans un schéma d'ensemble conçu par un architecte et décrété par un prince.

Les idées individuelles devaient s'accorder au plan et à l'esthétique générale de la ville. Chaque construction privée et chaque institution devait exprimer une vision commune de la cité, du prince, de l'État. D'où la mise en œuvre, à cet effet, d'un concept architectural entièrement nouveau : la perspective. Avec l'utilisation de la perspective apparaît une architecture à deux dimensions inspirée des techniques de construction des décors de théâtre, avec des édifices somptueux, des places et des parvis dont la magnificence surpasse tout ce qui s'était fait dans les cités antiques. Avec leurs fortifications,

The cities of the Roman Empire were all planned according to the same schematic concept, with a network of streets laid out at right angles. They were found south of the Danube and west of the Rhine, all the way up to England. The rest of Europe was primitive from an urban point of view.

In the Middle Ages, this network slowly disintegrated because the Roman institutions that had conditioned them disappeared. Instead, the cities took on a more random, "selfsown" appearance. The regular, Roman urban space was now replaced by a far more anarchistic one. Houses were built of wood – carpenters were the real "architects" – and the city plan was so dense that any fire had catastrophic consequences.

This "organic" phase lasted all the way to the fourteenth century, when the plague and wars reduced the population and in doing so abolished the basis for the existence of most cities. They were characterized by decline far into the sixteenth century. Only the landowning aristocracy and a new class of affluent merchants built stone houses that differed from the buildings of the Middle Ages. But with the Renaissance that began in the city states of northern Italy a transformation took place that became important for all of Europe's cities. The ideal was Antiquity, and it was architects who made the rules for urban construction based on Classicism's urban space, surrounded by buildings with the three familiar orders. In the beginning it was mainly churches and private palaces that flanked these urban spaces, but gradually new ideas tricked down through the social strata. Not only individual houses, but also squares and streets were now incorporated in an overall concept conceived by an architect and decided upon by a prince.

Individual ideas now had to conform with the design and appearance of the city as a whole. Each private house and each institution was to express a common idea of the city, the prince, and the state. And for thus purpose a completely new architectonic concept was used: perspective. Through its use a twodimensional construction of urban places and streets was achieved that copied the stage sets of the theater, with sumptuous buildings and magnificent concourses that surpassed any found in the cities of Antiquity. Together with their fortifications, cities now comprised a logical, intellectual entity.

Absolutism adopted this urban concept and created a number of urban spaces in Europe that with total control expressed the social

les villes constituent désormais des entités logiques, intellectuelles.

Les régimes de pouvoir absolu vont adopter cette conception urbanistique et créer à travers l'Europe un certain nombre d'espaces urbains exprimant l'ordre social de façon parfaitement contrôlée, avec le monarque tout-puissant au sommet et, au-dessous, l'Église, la noblesse, les bourgeois et les artisans.

Après la Renaissance viendront le baroque, le style rococo et le néo-classicisme. Mais la construction urbaine restera, pour l'essentiel, marquée par le classicisme des formes jusqu'au début du XXe siècle. Même l'industrialisation du siècle dernier aura peu d'effets sur ce modèle, les riches industriels imitant les princes et les nobles.

Les styles étaient mêlés, si bien qu'on pouvait désormais construire en style gothique, Renaissance ou baroque dès l'instant que le bâtiment était conforme au concept spatial de la cité.

La véritable révolution de l'urbanisme européen à coïncidé avec la Première Guerre mondiale. C'est le modernisme qui allait faire éclater cet espace pour donner de la place aux automobiles et apporter de la lumière et de l'air aux foules qui s'amassaient dans nos villes industrialisées en proie à une croissance accélérée. Les machines furent mises à contribution. L'homme se prit à rêver d'une cité préfabriquée dont les maisons seraient produites à la chaîne.

On construisait désormais, à la verticale, des immeubles éparpillés dans de vastes espaces verts entourés de voies à grande circulation. Les villes se développaient en cercles concentriques de plus en plus larges autour de leur vieux centre urbain mis à mal par les démolitions successives, tandis que de nouveaux immeubles en béton inspirés du cubisme, et de nouvelles circulations s'édifiaient à la surface du sol, et en dessous.

Le modernisme a fait naître un langage international et des modes de production qui se sont largement répandus au lendemain de la Seconde Guerre mondiale. On a vu alors surgir à travers tout le continent des constructions en béton, en verre et en acier, toutes identiques. Et il était impossible de dire, d'après leurs façades, s'il s'agissait d'immeubles de bureaux, d'hôpitaux, de banques, d'hôtels ou d'habitations. Les façades étaient globales, et complètement anonymes.

Les espaces urbains devinrent des couloirs de circulation dans lesquels les piétons se déplaçaient en rasant les murs, risquant leur vie à chaque pas. Après avoir été un espace collectif et un espace de loisirs, les villes n'offraient plus que le reflet d'une économie surchauffée, dominée par la technologie et l'obsession de l'efficacité.

order, with the absolute monarch at the top, and the church, nobility, burghers, and craftsmen below him.

The Renaissance was succeed by the Baroque, Rococo, and Neo-Classicism. But nonetheless, urban construction was still based largely on classical ideas of form that remained current right to the beginning of the twentieth century. Even industrialization last century had little affect on this ideal. Rich industrialists copied princes and nobles.

Styles were mixed, so that it was now architectonically legitimate to build in Gothic, Renaissance, or Baroque style as long as the building conformed to the city's spacial concept.

The true revolution in European urban construction coincided with the First World War. It was Modernism that completely disintegrated this space in an effort to make room for cars and create light and air for the masses in our rapidly growing, industrialized cities. This was to be done with the aid of machines. Man dreamed of the prefabricated city whose housing would be made on the assembly line.

People now built vertically, scattered buildings over large, green areas surrounded by highways. Cities grew in rings of increasing size around the old urban center, which was shattered into bits and pieces through demolition, while new Cubistic concrete buildings and traffic arrangements were constructed above and under ground.

Modernism developed into an international idiom and production method that became widespread in the years following the Second World War. Across the whole continent, buildings were now constructed out of concrete, glass, and steel, one building indistinguishable from the next. And it was impossible to see from their façades whether they were office buildings, hospitals, banks, hotels, or housing blocks. The façades were global and completely anonymous.

Urban spaces became traffic corridors in which pedestrians and "soft" road-users took their life into their hands as they scurried along the streets, hugging the walls of buildings. From being a common, recreative space, cities now became a reflection of an overheated economy, efficiency, and technology.

It is this phase in the history of Europe that has left such a distinctive mark on our cities today. It is amazingly homogeneous, whether we look at the satellite cities of eastern Europe or those of the west.

C'est cette phase dans l'histoire de l'Europe qui a si fortement marqué nos villes telles que nous les connaissons aujourd'hui. Une marque qu'on retrouve partout avec une stupéfiante similitude, qu'il s'agisse des villes satellites de l'Europe de l'Est ou de celles de l'Ouest.
Elles posent d'énormes problèmes sociaux et économiques, car la qualité de leurs constructions et de leur environnement est souvent plus que médiocre.
Autour de ces villes de béton, un système de grandes routes relie, tel un fin réseau de capillaires, l'ensemble du continent. Ce système représente l'une des plus ambitieuses entreprises de construction de toute l'histoire de l'Europe. On peut la comparer à l'édification des cathédrales du Moyen Âge, mais elle répond, bien entendu, à une exigence pratique de nature radicalement différente. Ce système de circulation fragmente l'Europe et coupe des paysages, des villes, des communautés que rien, depuis des siècles, n'avait jamais divisés. Les routes et les voies de chemin de fer nous unissent et nous divisent tout à la fois. Mais sans elles, nous ne serions pas en mesure d'aller et venir en Europe avec nos marchandises, nos services, etc.
Simultanément, les systèmes de circulation amènent l'urbanisation. Les signes de cette urbanisation apparaissent à quelques kilomètres de nos cités. Les stations-service, avec leurs bannières de matière plastique, annoncent la zone d'urbanisation sauvage que nous trouvons à la périphérie de chaque ville : petites industries, maisons particulières, immeubles d'appartements, cafétérias, panneaux publicitaires, réverbères, etc. La loi de la jungle règne ici, et plus on s'approche de la vieille ville, plus la clameur se fait forte.
En pénétrant dans la ville, nous trouvons d'abord les quartiers industriels du siècle passé, les vieilles usines à gaz et à électricité et les logements ouvriers bâtis sur des terrains vagues aux premières heures de l'industrialisation.
Plus avant, nous tombons sur le cœur de la cité avec ses rues irrégulières, ses toits de tuiles anciennes, ses maisons où le bois affleure sous le crépi, et les « monuments » : hôtel de ville, château, église ou couvent. C'est le centre historique.

La cité traditionnelle offre ainsi une série de séquences spatiales qui forment le cadre des activités humaines. Tout comme une maison. Plus belle est la pièce, et mieux nous nous y sentons. Et la façon dont, au cours des années qui ont suivi la Seconde Guerre mondiale, alors que nous connaissions une période de prospérité inégalée dans toute l'histoire de l'Europe, nous avons systématiquement détruit les espaces publics de nos cités, a de quoi nous faire réfléchir.

They pose enormous social and economic problems because the quality of the buildings and their surroundings is often so wretched.
Along with these concrete cities we have a system of highways that, like a fine capillary network, ties together the whole continent. This system is one of the most ambitious construction projects ever created in the history of Europe. It can be compared with the erection of Romanesque and Gothic cathedrals in the Middle Ages, but naturally has a completely different, practical function. This traffic system cuts Europe into little pieces and divides landscapes, cities, and communities that might have been united for centuries. Roads and railroads unite and divide us at the same time. But without them we would not be able to get around Europe with our goods, services, etc.
At the same time, traffic systems bring urbanization in their wake. Just a few kilometers outside our cities the fringes of urbanization begin to appear. First come the gas stations, with flapping plastic banners and propellers on strings, that give way to the curious mishmash of urbanization that we meet on the periphery of our cities, consisting of small industry, single-family houses, apartment blocks, cafeterias, signs, lamp posts, etc. The law of the jungle prevails here and the closer we get to the old city limits, the louder the clamor.
Farther inside the city, we first find last century's industrial quarters, old gas and electric works, and blue-collar housing erected on virginal land in the early years of industrialization.
Even farther inside, we find the heart of irregular streets, old tiled roofs, half-timbered houses, and the city's "monuments" – city hall, castle, church, or cloister. The city's historic center.

In this way, the traditional city consists of a series of spacial sequences that create the framework for man's activities. Just like a home. The more beautiful the room, the most comfortable we feel. And it is actually thought-provoking that in the years after the Second World War, when we experienced a period of growth and prosperity unparalleled in the history of Europe, we systematically destroyed our cities' public areas.
Just look at old photographs from the turn of the century. Streets and squares had an aura of peace and idyll. The people who traversed these spaces seemed to have plenty of time. They used urban spaces in a completely different and

Il suffit de regarder les photographies du début du siècle. Les rues et les jardins publics baignent dans une ambiance de paix et de bonheur tranquille. Les gens qui y cheminent semblent avoir tout leur temps. Ils utilisaient les espaces urbains d'une façon toute différente et apparemment plus détendue que nous ne le faisons aujourd'hui, où ces espaces ont été éclatés en de multiples fragments antagonistes.

La ville est, naturellement, un reflet de l'époque. Et nous savons fort bien que cette transformation est due en premier lieu, et pour l'essentiel, au développement de la circulation. L'automobile, en particulier, est la principale responsable de la transformation radicale de nos villes et de nos paysages.

Mais les matériaux, les couleurs et les panneaux publicitaires ou de signalisation concourent aussi à cette impression de chaos et de pollution visuelle. D'innombrables études ont montré que nous étions plus à l'aise dans un environnement soigneusement ordonnancé et empreint de beauté. Qu'ils soient planifiés ou « spontanés », les espaces publics créés avec un souci de qualité exerceront toujours sur nous le même attrait. Les rues anciennes, préservées de cette pollution, restent très appréciées, tellement appréciées que nous risquons de les étouffer à force d'amour et de nostalgie. Pourquoi ne pas montrer autant de sollicitude envers le reste de nos villes ?

Nous avons de bonnes raisons de nous interroger sur la passivité dont nous avons fait preuve dans les années soixante et soixante-dix, alors que nos espaces urbains étaient fragmentés et transformés en déserts par une invasion sauvage de formes, de matériaux et de bruits de toutes sortes. Les réactions à cette destruction ont donné lieu à une confrontation radicale avec les automobiles, et les piétons se sont lancés à la reconquête de l'espace urbain accaparé par les automobilistes lorsque furent créées les premières zones piétonnières.

Lesdites zones étaient, à l'origine, des oasis où les piétons pouvaient retrouver un peu de l'atmosphère d'avant l'automobile. Ils pouvaient marcher au milieu de la chaussée et, de là, contempler à loisir les façades des beaux immeubles. Mais peu à peu, les zones piétonnières se sont, à leur tour, laissées envahir par le « bruit ». Bacs à fleurs, dalles cimentées, porte-vêtements, étals, enseignes, terrasses de cafés, oriflammes de matière plastique, auvents, et tout un déballage sorti des rez-de-chaussée ont transformé le cœur de ville en un véritable champ de bataille.

L'intérêt des zones piétonnières était, à l'évidence, d'offrir une protection contre le bruit assourdissant de la circulation. Mais il fallait seemingly more relaxed way than we do today, when many urban spaces have been shattered into many different conflicting fragments.

The city is naturally a reflection of the time we are living in. And we know very well that this fragmentation is due first and foremost to traffic. Cars, in particular, bear the main responsibility for the radical transformation of our cities and landscapes.

But materials, colors, and signs also give an impression of chaos and visual pollution. Innumerable studies show that we are most comfortable in beautiful and carefully planned surroundings. Whether they are planned or "self-sown," the public areas that have been solicitously created with a view to quality will always appeal to us. The old, unspoiled streets and squares are very popular, in fact so popular that we are about to suffocate them with nostalgic love. Then why don't we show the same concern for the rest of our cities?

We have good reason to ask why we stood by passive in the sixties and seventies as our urban spaces were fragmented and transformed into a desert of chaotic forms, materials, and noise. The reactions to this destruction included a radical confrontation with cars, with pedestrians recapturing the urban space from motorists when the first pedestrian malls were created.

In the beginning they were oases for pedestrians where they could experience some of the atmosphere from pre-automotive age. They could go out into the middle of the mall and enjoy looking at the façades of the city's town house. But slowly the malls began to be filled with "noise." Shivering flower tubs, patterned cement slabs, clothes racks, showcases, signs, stalls, and sidewalk cafes were combined with banners, plastic canopies, and the hollowing-out of the ground floors of town houses, creating an atmosphere that transformed the heart of the city into the scene of a pitched battle.

The pedestrian mall's obvious advantage was to provide a refuge from deafening traffic. But cars had to be parked somewhere, so there went the old courtyards and half-timbered buildings behind the town houses. In the course of a few years, the hollowed-out houses on the pedestrian malls in large parts of Europe hid equally desolate spaces behind them.

Prosperous times also meant a disintegration of details in our cities. The surfacing used on

bien garer les voitures quelque part, et elles se sont donc retrouvées dans les anciennes cours et dans les vieux bâtiments situés à l'arrière des immeubles. Si bien qu'en quelques années, de sinistres *no man's land* se sont créés, dans la plupart des villes d'Europe, derrière les façades des zones piétonnières.

Les époques de prospérité ont aussi été marquées par la disparition des détails dans nos villes européennes. Le revêtement des sols des rues et des places est particulièrement important, puisqu'il doit être capable de supporter jour après jour de lourdes charges. On a longtemps utilisé des dalles et des pavés étroitement imbriqués. Et pour les places qu'on voulait rendre plus élégantes, on faisait appel à du granit et à d'autres matériaux tout aussi nobles.
Mais pendant le boom économique, on voulait que tout soit bon marché. Les zones piétonnières ont été recouvertes de hideux dallages en ciment hideusement disposés qu'il a fallu, de toute façon, remplacer après quelques années en raison des dégâts occasionnés par le gel. Et il en a résulté des dépenses répétées pour les riverains, auxquels cette charge eût été épargnée si on avait raisonné à plus long terme.
On aurait pu tout aussi bien utiliser de la pierre de carrière, qui aurait, depuis, pris la patine que nous admirons dans les jardins publics et dans les rues de certaines cités anciennes. Les bons matériaux embellissent avec l'âge. Ils coûtent cher, mais durent des siècles. Paradoxalement, nous avons opté, en ces temps de « richesse », pour des économies de bouts de chandelles, en ignorant les matériaux solides, beaux et durables comme ceux qu'utilisaient nos ancêtres.
Et c'est ainsi que nos villes ont commencé à prendre une apparence misérable : qui se soucie de voir traîner ici et là des ordures et quelques bouteilles de bière brisées ? Tout est tellement affreux, de toute façon !
Une ville laide donne naissance à des habitants indifférents. Une ville belle sera habitée par des gens soucieux de la préserver. La qualité coûte. Mais elle est aussi génératrice d'une plus grande activité car, consciemment ou inconsciemment, nous sommes attirés par la qualité. Donner aux gens de la mauvaise qualité revient à les sous-estimer.
La signalisation est l'un des moyens par lesquels nous échangeons des messages. Et la variété de ces messages contribue à rendre une ville vivante et intéressante à visiter. Une signalisation bien conçue peut apporter un plus considérable à l'espace urbain. Mais il peut aussi y avoir excès. Un tel excès que le bombardement de messages assourdit, et pollue l'environnement.

streets and squares is especially important, since it must be able to take heavy, daily use. Previously cobblestones and setts were laid out in intricate patterns. And for places that were to be especially elegant there were mosaics of granite combined with other fine materials.
During the boom everything had to be so cheap. Pedestrians malls were given ugly cement slabs in equally ugly patterns that nonetheless had to be replaced after a few years because of frost damage. And so they became a recurrent expense for inhabitants that they could have been spared if we had used long-range thinking.
We could just as well have used natural stone, which would even have had time by now to take on the patina that we admire in the old squares and streets of some cities. Good materials become more beautiful through use. They are expensive, but they can last for centuries. Paradoxically, we chose in a "rich" time to save and patch things up quickly without paying any attention to quality or to beautiful, durable materials like the ones our forefathers had used.
Our cities consequently began to take on this shabby look: who cares if garbage or a few broken beer bottles are strewn around. The whole thing looks so awful anyhow!
An ugly city gives birth to indifferent inhabitants. A beautiful city gives birth to considerate inhabitants. Quality costs. But it also generates greater activity because, whether we are aware of it or not, we are attracted to quality. Giving people poor quality is the same as underestimating them.
The use of signs is one of the ways in which

we signal messages to one another. And the variety of these messages helps make a city alive and exciting to visit. The right use of signs can very well serve as a good addition to an urban space. But it can also be too much. So much that the total bombardment of messages has a deadening effect and pollutes our surroundings.

Malheureusement, notre utilisation de la signalisation est en pleine dégénérescence. La multiplicité des modèles, la richesse et la diversité des matériaux finissent par nuire gravement à l'environnement. Les grands panneaux de matière plastique aux couleurs criardes jurent avec l'architecture des bâtiments. Tout comme l'affreuse typographie des panneaux, les auvents et autres marquises accrochés de bric et de broc, et les revêtements complètement étrangers aux façades qu'ils sont censés « embellir ».

Tout cela, ajouté aux échangeurs, parcmètres, bancs de béton, corbeilles à papier et abris d'autobus, donne à chaque espace urbain l'allure d'un foyer de l'époque victorienne encombré de kitch. Nos villes n'avaient jamais connu une telle diversité de formes, de couleurs et de matériaux. Ces différents éléments luttent les uns avec les autres, et cet assaut de laideur nous empêche de voir la beauté des façades et des espaces verts.

Nombre de villes auraient besoin d'un sérieux nettoyage, et il faudrait, dans la plupart des cas, repenser et redessiner l'ensemble de la signalisation et du mobilier urbain.

Les techniques utilisées dans le bâtiment posent un autre problème. Bien que ce secteur ait bénéficié, depuis quelques générations, d'une prospérité et d'un volume d'activité inconnus jusque-là, la qualité des constructions n'a cessé de se détériorer.

Nos nouveaux bâtiments vieillissent mal. On dispose, pour les construire, d'une infinité de nouveaux matériaux, mais leur apparence, comme leur durabilité, laissent trop souvent à désirer. Le bois que nous utilisions naguère pour construire nos maisons était d'une telle qualité qu'on pouvait, en cas de démolition, le réutiliser. De nos jours, un élément de construction qui a déjà servi est bon pour le rebut. Jeter le vieux pour acheter du neuf est devenu une règle qui permet de maintenir l'activité économique. Et nous ne voyons plus la différence entre un bon et un mauvais matériau de construction : nous ne savons plus reconnaître et apprécier la qualité. Les bonnes briques ne servent plus qu'à recouvrir le béton. Pour éviter les ponts thermiques, on aboutit à des constructions plus compliquées que le nœud gordien. Et, jour après jour, nos immeubles se détériorent.

À l'origine de cette détérioration, on trouve la hausse incessante des coûts de construction, qu'on veut compenser par une baisse de qualité. Et aussi une offre de matériaux tellement diversifiée qu'il devient impossible de tester chaque produit avant de le lancer sur le marché. Une

Unfortunately, our use of signs is degenerating. Just look around you. A wealth of different types and materials are put up everywhere and shatter their surroundings. Large plastic signs in garish colors do not fit in with the architecture of the European town house. And neither do ugly typography, clumsy awnings, and façade cosmetics if they are completely out of step with the houses they "adorn."

Together with sign poles, traffic dividers, parking meters, concrete benches, litter baskets, and bus shelters, every urban space is filled with furnishings that make it look like a Victorian home overstuffed with kitsch. And never have we had a larger amount of different materials, forms, and colors. Things impinge upon one another, compete in ugliness, and completely upstage façades and greenery.

Many cities need a thorough clean-up, and the urban space would be improved by a well-conceived design for the use of signs. And so would the rest of our urban furnishings.

Another problem is the technology used in building. Even though we have experienced a prosperity and volume of construction in recent generations that are unparalleled in earlier ages, they are contrasted by a deteriorating quality of construction.

The quality of our new buildings is declining. The range of materials is overwhelming, but their appearance and durability are often wretched. While we previously used wood in our half-timbered houses because it was of such quality that it would be removed and used again, our day's components are discarded. Throwing away the old and buying something new has become a way of keeping our market forces going. And our appreciation of quality has become so poor that we no longer see the difference between good and bad construction materials. Good bricks are used only as to face concrete units. In order to prevent thermal bridges, we create constructions

pollution nouvelle est ainsi apparue : celle des bâtiments déjà existants recouverts de nouveaux matériaux.

De trop nombreux immeubles se sont vus affligés, avec la meilleure volonté du monde, d'une couche de peinture qui n'a fait que masquer leur architecture sous un vilain maquillage. Et ces revêtements nouveaux vieillissent affreusement mal : les peintures plastiques de couleurs vives s'écaillent, les bois se décolorent, les façades se craquellent et se tachent de moisissure.

Le paradoxe, dans tout cela, c'est que notre culture industrialisée est désormais capable de produire des matériaux de la même qualité que ceux employés jadis. Mais ces matériaux sont mal conçus et mal utilisés. Alors que l'usage du chaume, du bois, de la brique, reposait sur un savoir-faire multiséculaire, il n'existe aucune tradition pour nous guider dans l'utilisation de cette profusion de matériaux nouveaux. Tout s'est passé si vite que la réglementation, les fabricants et les utilisateurs ne s'y retrouvent plus.

Le déclin de nos villes se voit aussi dans leurs espaces verts. Nombre de parcs, de cimetières, d'allées, de remparts et d'anciens jardins ont été lentement effacés par le développement urbain, mais il reste encore des rivières, des lacs, des bois et des bords de mer.

Les citadins aiment ces oasis, mais rares sont les villes qui pratiquent à leur égard une véritable politique de préservation.

De ce point de vue, les arbres constituent l'élément le plus important du paysage urbain. Mais ils ont, en l'espace de quelques générations, terriblement souffert. Les arbres, contrairement à la brique et au béton, sont un matériau de construction vivant, qui réclame des soins constants. De nombreux arbres, laissés à l'abandon, ont grandi démesurément ou, au contraire, se sont transformés en végétaux malades, rachitiques, déformés, minés par le sel, l'asphalte et la négligence des hommes.

Il reste, dans nos cités, très peu d'endroits où les arbres ont pu croître au cours des siècles jusqu'à devenir des éléments architecturaux à part entière. De tels endroits existent néanmoins, et devraient servir d'exemples à de nouvelles implantations d'espaces verts dans lesquels la végétation pourra s'épanouir et se développer pour le plaisir des générations futures.

L'acte de planter un arbre, jadis, accompagnait naturellement la construction d'une maison. Deux arbres de la même espèce encadrant l'entrée principale donnaient à l'ensemble un air de paix et de prospérité. Les troncs étaient censés faire obstacle aux démons, mais ils participaient

that are as complicated as the Gordian knot. And reports of building damage increase daily. This disintegration is due to such things as rising costs, which are compensated for through poor quality. Then there is the supply of different building materials, which is so enormous that not every product can be tested before it is put on the market. At the same time we have experienced the pollution of existing buildings when they are covered with new materials.

Many buildings unfortunately bear the mark of a well-meant coat of paint that has much too often destroyed the original architecture hidden behind this make-up. At the same time, these materials decay in the most unpleasant way. Garish plastic-based paint peels off, wood becomes discolored, facings crack and become spotted with mildew.

What is paradoxical about all this, is that our industrialized culture is now able to produce materials of the same high quality as those of earlier ages. But the design and use of these materials are wrong. Where straw, wood, and brick had centuries of traditional use, there is not yet any tradition of the correct or incorrect use of the wealth of new materials. Everything has happened so quickly that legislation, manufacturers, and consumers have been unable to keep up with developments.

Another form of decline can be found in the city's green lungs. These are its parks, cemeteries, allées, ramparts, and fragments of earlier green spots that have slowly been crowded out by urban development but still exist in the form of streams, lakes, groves, and shore promenades. Urban dwellers love these oases, but rare is the city that has an overall plan for caring for them. And as far as I know, very few places have any real linkage that can give a city a homogeneous, green distinctiveness.

The most important element in a city's landscape are its trees. And recent generations' abuse has been hard on them. Trees, unlike bricks and concrete, are living building materials that require constant attention and care. Many trees are either allowed to grow too big or else are never able to develop into anything but sick, deformed plants, destroyed by salt, asphalt, and neglect.

Only in very few places do we have old trees in cities that have developed over the centuries in peace and quiet until they have become distinctive architectonic elements in the urban space. But they do exist and should be models for new additions of plants that would

aussi de la qualité architecturale du lieu. Les arbres et la maison vieillissaient ensemble dans une sorte de symbiose, ils se mettaient mutuellement en valeur.

De trop nombreux arbres, malheureusement, ont pris de telles proportions que leurs racines et leur ombre sont devenues une nuisance pour les résidents. Si l'on avait pris soin d'eux, si on les avait taillés en temps utile, nous aurions aujourd'hui dans nos cités des arbres centenaires que nous admirerions comme les très vieux chênes solitaires qui font la fierté de nos campagnes. Mais personne n'a pris le temps, ni la peine, de s'occuper des arbres. On en a abattu des quantités pour installer à leur place des parkings, et ceux qui échappaient à la hache étaient tellement négligés qu'ils n'ont jamais pu grandir. Alors que l'intérêt pour le milieu urbain grandissait, les éléments qui composent ce milieu disparaissaient. Tout le monde aime les arbres et les trouve beaux, après tout. Ils nous donnent de l'oxygène et consomment le gaz carbonique, absorbant au passage une partie de la pollution atmosphérique. Mais, bizarrement, ceci ne s'est pas traduit par une politique de reboisement propre à faire reverdir les villes européennes. L'équilibre entre l'abattage et l'entretien est aussi difficile à réaliser pour les arbres que pour les immeubles. Le bon usage des arbres doit redevenir une tradition. Il y faudra beaucoup de travail et de connaissances.

Les plantes demandent à être ensemencées, taillées, renouvelées. Et les bâtiments doivent être entretenus, transformés et agrandis pour répondre à de nouveaux besoins. La qualité naît d'un bon équilibre entre maintenance et renouvellement.

Nous transmettons tout ce que nous construisons aux générations qui nous suivent. C'est donc faire preuve d'un dangereux aveuglement que de bâtir des choses laides et de mauvaise qualité. Dire si une construction est belle ou laide est, bien sûr, affaire de goût. Et je n'ai pas l'intention de décréter ici le bon et le mauvais goût. Mais un bâtiment mal construit est « un crime contre l'humanité ». Et, comme le disait l'architecte viennois Otto Wagner, « la culture architecturale d'un pays n'est pas seulement le reflet de sa prospérité, mais aussi de son intelligence ».

Au « bon vieux temps », les gens tenaient à montrer ce que leur cité était capable de créer – c'était pour eux une question d'honneur et de prestige. L'alliance du pouvoir et du prestige nous a valu quelques-unes de nos plus belles constructions, de celles qui ont ouvert la voie et servi de modèle à tous les niveaux de l'échelle

be guaranteed conditions for growth that future generations will delight in.

In days past, planting trees was a natural part of erecting a building. Two trees of the same variety on each side of a house's main entrance gave an air of prosperity and peace. The tension field created by the trunks prevented future devilry, but also had an architectonic quality. The trees aged together with the house and with it created a kind of symbiosis, with each highlighting the other.

Unfortunately, far too many trees grew so big that their shade and roots became a pestilence for residents. If the trees had been tended and pruned correctly in time we would have old trees in our cities today that would be just as admired as the ancient solitary oaks out in the countryside. But there has not been time or interest in this kind of solicitous tending. Innumerable trees have fallen to the axe to make way for parking lots, and innumerable trees never got a chance to grow big and tall because of ordinary neglect.

As interest in our urban milieu has begun to increase, the elements that create this milieu have begun to decrease. Everyone loves trees and finds them beautiful, after all. They give us oxygen and use carbon dioxide, at the same time absorbing some amount of air pollution. But strangely enough, this has not resulted in tree-planting programs that could have made Europe's cities green. This balancing act between correct care and felling to make room for something new is just as difficult for the city's trees as it is for its buildings. And a great deal of knowledge and hard work are necessary in order to create a tradition of the use of trees and buildings.

Living plants require that we weed, prune, and plant anew. And buildings must be cared for, altered and added to in order to meet new needs. Quality emerges only when there is a good balance between renewal and maintenance.

Everything that we build we pass on to future generations. This is why it is costly self-deception to build something that is ugly and bad. It is naturally a matter of taste whether a building is ugly or beautiful. And it is not my intention here to dictate what is good or bad taste. But a poorly constructed building is a crime against humanity. Or as the Viennese architect Otto Wagner put it, "A country's architectural culture reflects not only its prosperity, but also its intelligence".

sociale. L'hôtel de ville était avant tout le visage public de la cité, son emblème. Et aujourd'hui encore existent dans de nombreuses villes d'Europe des hôtels de ville qui sont, chacun à sa manière, des vitrines de l'art architectural et du savoir-faire artisanal de leur époque.

De nos jours, la situation est plus diverse et plus contradictoire. Tandis que les détails du paysage urbain dégénéraient, des centres culturels sont sortis de terre comme des champignons. La culture que les anciens théâtres et musées exprimaient à travers une architecture ambitieuse a fait place à une multiplicité de formes. D'anciennes casernes, des usines désaffectées, des théâtres abandonnés, des garages, des hangars, des écuries et des bâtiments entièrement nouveaux abritent désormais la culture. L'allongement du temps de loisirs et le besoin de lieux publics pour accueillir des réunions, des manifestations sportives, des concerts, des jeux, etc., ont amené l'ouverture d'innombrables musées et centres culturels à travers l'Europe. Ils composent, tous ensemble, l'un des éléments les plus remarquables de l'architecture nouvelle et seront demain considérés comme les « monuments » d'une époque que d'aucuns ont prétendu, bien à tort, sans culture. Je ne crains pas d'affirmer que cette deuxième moitié du XXe siècle restera dans l'histoire comme l'une des périodes les plus riches et les plus brillantes qu'ait connu l'Europe, aussi bien pour ce qui concerne la culture populaire que pour ce qu'il est convenu d'appeler la culture « de l'élite ».

En d'autres termes, nous sommes en bonne voie pour passer d'une phase quantitative à une phase plus qualitative. Le grand pendule de l'Histoire balance toujours entre ces deux extrêmes. À une phase d'expansion succède une phase plus régressive pendant laquelle nous améliorons et embellissons les différents éléments qui composent nos cités. Qu'il s'agisse des bâtiments, des arbres et des plantes, des places ou des jardins publics.

Nous nous acheminons vers une période où l'esthétique sera plus « réparatrice ». Nous nous sommes aperçus que les villes qui attachent autant d'importance à la culture qu'à la production, au renouvellement urbain qu'à la préservation, sont celles qui occupent les premiers rangs dans la compétition internationale.

Il faut voir ce développement dans des villes comme Barcelone, Paris ou Francfort, où une politique d'encouragement à la qualité architecturale s'est traduite par un accroissement des investissements et un enrichissement de la culture.

Mais les grandes cités ne sont pas les seules à prendre conscience de ce fait. Les villes de moindre importance, elles aussi, consacrent

In the "good old days," people considered it a matter of honor and prestige to show what their city was capable of creating. Power combined with prestige gave us some of our best buildings, buildings that pointed the way for ones farther down on the social scale. The city hall was first and foremost the city's public face. And we still have a number of city halls in European cities that show the architecture and good craftsmanship of their day, each in its own way.

Today the picture is more diverse and contradictory. At the same time as urban detail has degenerated, cultural centers have sprung up like toadstools. The culture that the older theaters and museums express with their exalted architecture has been succeeded by a lively variety of forms. Old guardhouses, gasworks, factories, abandoned movie theaters, car-barns, barracks, and manèges well as completely new buildings now house culture. Increasing leisure time and the need for public facilities for meetings, sports, theater, music, games, etc. have led to the opening of innumerable cultural centers and museums throughout Europe. Together they comprise one of the most distinctive elements in recent architecture and will stand as "monuments" to a time that some have declared devoid of culture but is actually just the opposite. I would venture to claim that the latter half of the 20th century will go down in history as one of Europe's most pluralistic and vibrant, when it comes to both popular culture and what is called "elite" culture.

In other words, we are well on our way from a quantitative phase into a more qualitative phase. Like a great pendulum, history swings constantly between these two extremes. An expansive phase is followed by a more regressive one, in which we improve and beautify the various components of our cities. From buildings to trees and plants, from squares to parks.

We are now going through an epoch with a more "reparatory" aesthetic. We have found that cities that put just as much emphasis on culture as on production, on urban renewal as on urban preservation are the ones that do best in international competition.

It is quite an experience to witness this development in cities like Barcelona, Paris, or Frankfurt am Main, where a very deliberate emphasis on architectonic quality has meant increased investments and a richer culture.

But not only large cities are beginning to recognize this. Even smaller ones are using

aujourd'hui des sommes plus importantes à leur embellissement et restituent à leurs habitants la qualité qu'ils avaient perdue dans les années du boom économique, quand tout allait trop vite. On le voit dans les zones piétonnières, qui sont rénovées et dotées d'équipements de haute qualité. On lance, partout en Europe, des programmes de restauration et de réhabilitation urbaine à grande échelle. Et ce souci nouveau apparaît, notamment, dans le fait qu'on choisit désormais les matériaux en tenant compte de l'histoire de chaque ville, de son plan, de ses traditions. Ainsi, l'Europe d'aujourd'hui retrouve-t-elle une riche tradition du bâtiment dont les racines remontent à l'Antiquité. Des racines qui ont souffert du passage du temps, des guerres, des idéologies, des modes qui menaçaient de détruire à jamais la tradition européenne, mais ont toujours, à un moment ou à un autre, retrouvé leur vigueur dans les périodes où nous revenions à ce que nous avions perdu et parvenions à reconquérir nos villes.

more funds today on beautification and are giving back to their inhabitants the qualities that they lost in the years when developments were fastest. This is happening in pedestrian malls, which are being renovated with high-quality furnishings. It is happening in the large-scale restoration and urban renewal projects that are taking place everywhere in Europe. And it is especially happening in the use of materials and the use of scales that take into consideration the city's history, plan, and tradition. In this way, Europe today is an enriching tale of an urban building tradition that has roots that reach all the way back to Antiquity. Roots that have been attacked time and again through wars, ideologies, or passing fashions that have seemingly destroyed the European tradition, but have always, at one time or another, been succeeded by periods in which we have regained what we have lost and reconquered our cities.

Steen E. Petersen
(La forêt pétrifiée - The petrified forest)

Traduction française : Pierre Girard - English translation: Martha Gäber Abrahamsen

Né au Danemark en 1938, Steen Petersen est architecte et directeur du Centre national de documentation de l'Académie royale des Beaux-Arts à Copenhague. Il a publié de nombreux articles sur l'architecture dans des revues et journaux danois et internationaux.

Born in Denmark in 1938, Steen Petersen is an architect and Head of the National Danish Center of Documentation of the Royal Academy of Fine Arts, Copenhaguen. He has published numerous articles on architecture in Danish and international newspapers and magazines.

Herregarden i Kulturlandskabet *(1975)*, Danske Godser, Bygninger, Haver og Landskaber *(1981)*, Paradiset, den islamiske Have *(1991)*, Kvalitet, Tak ! *(1991)*...

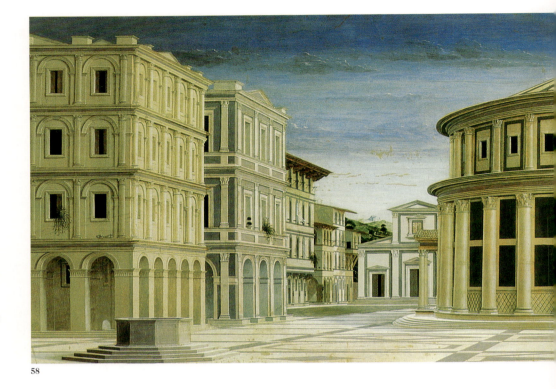

Depuis l'Antiquité, la séduction des cités idéales a toujours hanté les bâtisseurs. Il importe peu que ces cités aient été construites ou non. L'essentiel est qu'elles aient été pensées, dessinées pour nourrir le rêve, celui de la ville « invisible » qui se profile derrière une autre.

58 - Anonyme, *Cité idéale*, XVᵉ siècle
Peinture sur bois, 0,60 x 2
Galerie nationale, Urbin (Italie)

Since classical antiquity, town planners have always dreamed of ideal cities. It matters little whether these cities have been built or not. The main thing is that people have imagined them to sustain the dream of the "invisible city" which can be glimpsed behind another.

58 - Anonymous, *Ideal city*, 15th century
Painting on wood, 0.60 x 2
National gallery, Urbino (Italy)

The seduction of town planning

59 - Le Greco, *Vue et plan de Tolède*, 1608-1614
Toile, 1,32 x 2,28. Musée Le Greco, Tolède

59 - El Greco, *View and map of Toledo*, 1608-1614
Canvas, 1.32 x 2.28, El Greco Museum, Toledo

La séduction d'urbaniser

60 - Fillarette
Édifice fantastique de Sforzinda
in *Trattato di architettura*, liv. II, 1460-1465
Bibliothèque Doucet, Paris

Quand la séduction d'urbaniser dépasse le rêve de la cité idéale, peut surgir un univers proprement fantastique où la ville devient l'objet d'une représentation théâtrale. Peu importe alors l'exigence de cohérence et d'échelle ; il ne s'agit plus d'un projet d'architecture, c'est une histoire qui nous est contée, dont la ville est le personnage principal.
61 - Piranèse, *Prisons*, 1745
Gravure
Bibliothèque nationale, Paris

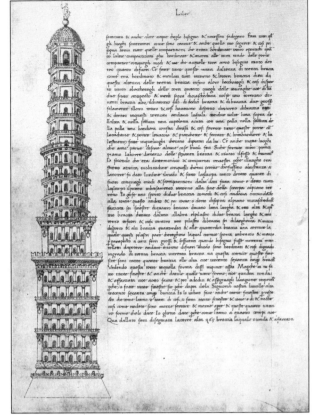
60

60 - Fillarette
The fantastic edifice of Sforzinda
Trattato di architettura, book II, 1460-1465
Bibliothèque Doucet, Paris

When the seduction of urbanization goes beyond the dream of the ideal city, a truly fantastic world emerges with the town becoming the subject of a theatrical performance. Unity and scale become insignificant; it is no longer an architectural project, it is a story unfolding before us, with the city playing the lead.
61 - Piranesi, *Prisons*, 1745
Engraving
Bibliothèque nationale, Paris

61

62 - Gustave Doré
Vue prise d'un chemin de fer de Londres, 1872
Gravure
Bibliothèque nationale, Paris

Les bouleversements dans l'organisation des tâches et l'apparition des nouvelles technologies rendent aujourd'hui déserts et inadaptés les espaces de paysage urbain liés autrefois au travail et à la production. Les urbanistes ont désormais à penser à la conversion de ce que l'on nomme les « friches industrielles ».

63 - Raffinerie Saint-Charles
La Générale Sucrière, XIXe siècle
Musée d'Histoire, Marseille

62 - Gustave Doré
Vue prise d'un chemin de fer de Londres, 1872
(View from a London railway)
Engraving
Bibliothèque nationale, Paris

The upheavals in the organization of work and the appearance of new technology today have transformed the former industrial urban landscape into a desert. Town planners now have to concentrate on converting these industrial wastelands.

63 - St Charles' refinery
La Générale Sucrière, 19th century
Musée d'Histoire, Marseille, France

Le travail du Bauhaus, sous l'impulsion de Gropius, s'est inspiré des idéaux portés par l'industrialisation. Ce projet devient alors politique : « Créons une nouvelle corporation d'artisans, sans distinction de classe. » (Gropius)

64 - Walter Gropius et Adolf Meyer, architectes
Usine Fagus, 1914

64

The work of the Bauhaus group, led by Gropius, was inspired by ideals which followed in the wake of industrialization. This project then took on a political dimension: "Let us create a new corporation of craftsmen, irrespective of class". (Gropius)

64 - Walther Gropius and Adolf Meyer, architects
Fagus factory, 1914

The seduction of town planning

"L'urbanisme est une science à trois dimensions et non pas à deux dimensions. C'est en faisant intervenir l'élément de hauteur que solution sera donnée aux circulations modernes ainsi qu'aux loisirs, par l'exploitation des espaces libres ainsi créés.
Les fonctions clefs, habiter, travailler et se recréer, se développent à l'intérieur de volumes bâtis soumis à trois impérieuses nécessités : espace suffisant, soleil, aération. Ces volumes ne dépendent pas seulement du sol et de ses deux dimensions mais surtout d'une troisième, la hauteur. C'est en faisant état de la hauteur que l'urbanisme récupérera les terrains libres nécessaires aux communications et les espaces utiles aux loisirs. Il faut distinguer les fonctions sédentaires, qui se développent à l'intérieur de volumes où la troisième dimension joue le rôle le plus important, des fonctions de circulation qui, elles, n'utilisant que deux dimensions, sont liées au sol et pour lesquelles la hauteur n'intervient qu'exceptionnellement et à petite échelle, dans le cas, par exemple, de changements de niveau destinés à régulariser certains débits intenses de véhicules".

65

"Town planning is a three-dimensional science, not a two-dimensional one. The solution to modern traffic and leisure requirements lies in building upwards, and making use of the spaces thus created.
The key activities, living, working and relaxing take place inside built structures governed by three imperatives: sufficient space, sun and ventilation. These built structures depend not only on the ground and its two dimensions, but also on a third, height. It is by including height in the equation that town planning will recoup the necessary space for communications and leisure facilities. We must distinguish between sedentary activities which take place inside buildings where the third dimension plays the most important part, and traffic requirements, which only use two dimensions at ground level. Here, height is only rarely a consideration, and even then only on a small scale, in the case, for example of overpasses and underpasses to relieve heavy traffic flow".
66

Le Corbusier a rêvé d'un modèle de ville contemporaine et universelle qui pourrait s'adapter sous toutes les latitudes et à tous les peuples. Rompant définitivement avec les conceptions de la cité traditionnelle – ses rues, ses places, ses quartiers et ses tours inférieures – il conçoit pour Paris, avec l'industriel Voisin, un projet où des tours de cinquante mètres, régulièrement réparties dans un parc de verdure, occuperaient l'actuel quartier des Halles, de l'Hôtel de Ville et du Sentier.
65 - Le Corbusier, *Plan Voisin*
66 - Le Corbusier, *La Charte d'Athènes* (Les Éditions de Minuit), extrait

---

Le Corbusier dreamed of a contemporary and universal town model that could be adapted to suit all climes and peoples. Breaking for ever with the concepts of the traditional city, with its inferior streets, squares, districts and tower blocks, he and the industrialist Voisin designed for Paris a project where fifty-metre tower blocks at regular intervals in a lush park would occupy the present-day Halles, Hôtel de Ville and Sentier districts.
65 - Le Corbusier, *Plan Voisin*
66 - Le Corbusier, *The Athens Charter* (Les Éditions de Minuit), extract

La séduction d'urbaniser

67 - Fritz Lang
Metropolis, 1925-1927
Photographie
Collection de la Cinémathèque
de Toulouse

68 - Ken Straiton
Grand Place, Bruxelles
Photographie

67 - Fritz Lang
Metropolis, 1925-1927
Photograph
Toulouse Cinémathèque Collection
France

68 - Ken Straiton
The main square in Brussels
Photograph

69 - Yves Manciet
Place de la vieille ville
à Prague
Photographie

70 - La Piazza del Campo
à Sienne
Photographie

---

69 - Yves Manciet
The main square
in the old city, Prague
Photograph

70 - The Piazza de Campo
Siena
Photograph

On construit dans l'Europe entière, à la périphérie, des villes qui ne sont pas vraiment des cités. C'est dans ces champs clos parfaitement uniformes, où manquent le sens de l'échange, les boutiques, les liens grégaires, que l'indifférence, une certaine solitude et la peur de l'autre conduisent au repli sur soi.

71 - Arthus-Bertrand, *Quartier des Trois-Villages, Ville nouvelle de Saint-Quentin-en-Yvelines*, 1993, photographie

71

All over Europe, on the outskirts of big cities, towns are being built which are not really towns. These hermetic, uniform constructions do not encourage human exchanges, there are few shops or opportunities for human contact – only indifference, solitude and a fear of the other which makes people withdraw into themselves.

71 - Arthus-Bertrand, *The district of "Trois-Villages", Saint-Quentin-en-Yvelines new town (France)*, 1993, photograph

The seduction of town planning

72 - Maison individuelle, 1993
Portugal, Monte-Cordova
Photographie
Collection particulière

72 - Private house, 1993
Portugal, Monte Cordova
Photograph
Private collection

La séduction d'urbaniser

Nous sommes la seule génération connue qui détruisons, sans guerre ni conflit, ce que nous avions, trente ans auparavant, bâti pour le mieux-être des habitants de la ville.

73 - Aventurier, *Destruction d'une barre d'immeubles à La Courneuve*, 1986, photographie

73

We are the only known generation that destroys, without war or conflict, what we built, thirty years earlier, for the good of the city dwellers.

73 - Aventurier, *Demolition of apartment blocks in La Courneuve (France)*, 1986, photograph

74 - Schuiten et Peeters
L'Écho des Cités, 1993
Bande dessinée
Casterman

74 - Schuiten and Peeters
L'Écho des Cités, 1993
Comic strip
Casterman

75 - Vieira da Silva, *La Ville*, 1957

Huile sur toile, 0,695 x 0,705

Collection Granville, musée des Beaux-Arts, Dijon

75

75 - Vieira da Silva, *The City*, 1957

Oil on canvas, 0.695 x 0.705

Collection Granville, musée des Beaux-Arts, Dijon, France

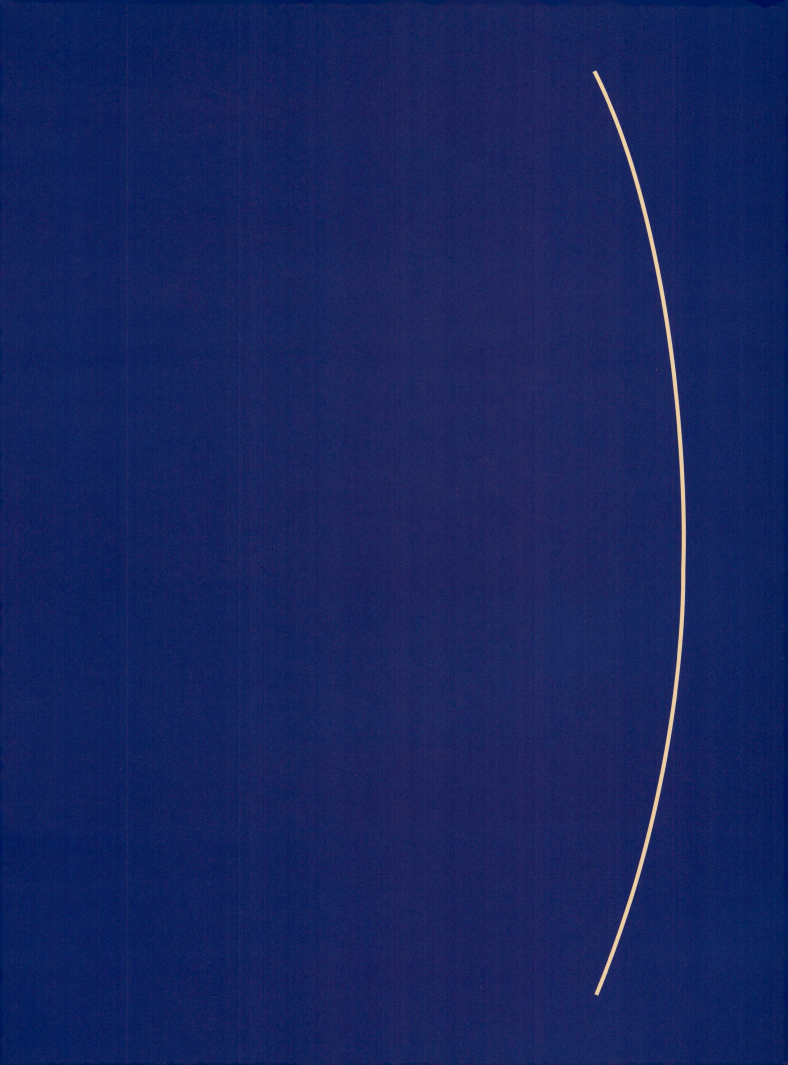

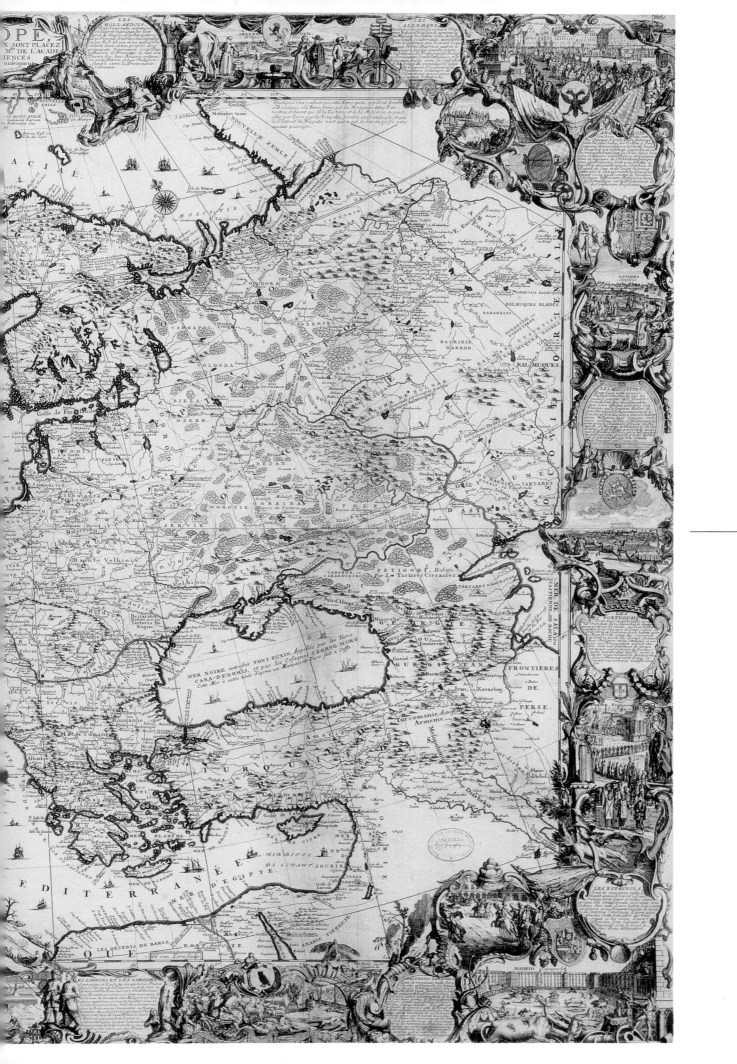

VI

La séduction
de la mémoire

The seduction
of memory

VII. Francesco Guardi
Le Départ du Bucentaure
vers 1770
Toile, 0, 66 x 1, 00
Musée du Louvre, Paris

VII. Francesco Guardi
The departure of the
Bucentaure, *c. 1770*
Canvas, 0.66 x 1.00
Musée du Louvre, Paris

NICOLAUS SOMBART

Instaurer le « nouvel ordre du monde » – *the new world order* – sera la mission de l'humanité pour le siècle prochain. Il n'y a pas d'autre solution, si l'on ne veut pas sombrer dans un chaos qui serait la première étape de l'autodestruction et de la chute de l'espèce humaine. Le nouvel ordre du monde remplacera l'ancien ordre européen des XVIIIe et XIXe siècles. Notre XXe siècle a été une période de transition, comme l'ont été à un autre stade de développement les XVIe et XVIIe siècles. Les troubles des guerres de religion et des guerres civiles, des *conquistas* et des luttes pour l'hégémonie ont donné naissance alors au système des États européens. Aujourd'hui naît, des vestiges du vieux système européen et des restes de son expansion coloniale sur tous les continents et à travers toutes les mers, un système de grands espaces, les « régions » du monde. Le vieux *jus publicum europæum* s'étend pour devenir un nouveau droit international avec de nouvelles instances dirigeantes supranationales et supraétatiques, les organisations internationales ou multinationales : nous assistons à la naissance d'une union globale de la société des nations qui se conçoit comme la communauté de tous les hommes vivant sur la planète et partageant le même destin, et qui devra trouver et trouvera son instance suprême de contrôle et de médiation au niveau de « l'organisation mondiale », telle qu'elle est déjà définie et reconnue en principe par les Nations Unies. Ce n'est pas l'expression d'un déterminisme historique et philosophique, mais la simple prise de conscience des conditions nécessaires à la poursuite de l'évolution de l'espèce.

Il n'y a aucune raison de redouter cette évolution. Elle est inéluctable. Nous sommes sinon les acteurs du moins les témoins de ce processus au travers duquel se dessine la structure future de l'ordre de la planète. Il faut au contraire essayer de comprendre les

The new world order is humanity's task for the coming century. There is no alternative, other than being sucked into chaos as a preliminary to self-destruction and the eclipse of the species. The new world order will replace the old world order of the eighteenth and nineteenth centuries. Our twentieth century has been a period of transition, as were – in a different phase of development – the sixteenth and seventeenth centuries. It was then that the European system of states was born out of the turmoil of the religious and civil wars of the conquistas and struggles for domination. Today, a system of areas and "regions" is arising, above the old European system of states and the remnants of its colonial expansion over every continent and ocean. The old *jus publicum europæum* is becoming enlarged into a world-wide, international law, with new, supranational agencies, the international, multilateral organizations which encroach on the authority of the state; a global association of the international community is coming into being, which regards itself as the destined community of the people living on the planet, and at the highest level will and must find its superior supervisory and intermediary authority in a world organization, already planned and acknowledged in principle in the shape of the United Nations. This is not some historicist determinism: it is a recognition of the necessary conditions for the future development of the species.

There is no reason to fear this development. It is inevitable. We are witnesses, if not actors in the process in which the future order of the planet is taking shape. It is a question of learning to understand the internal laws of this process, whose course is evidently not linear – as the good old model of progress suggested – but follows a multiform, diachronic "dialectic" in a morphogenetic field of tension of extreme complexity.

lois internes de son déroulement, qui n'est manifestement pas linéaire – comme aurait voulu le laisser entendre la bonne vieille théorie du progrès – mais multiforme, diachronique, « dialectique » dans un champ morphogénétique de la plus haute complexité. Le processus est inéluctable et irréversible. Il est « rationnel » au sens hégélien du terme et nécessaire. Toutes les résistances qui s'y opposent sont particularistes et régressives. Il faut toutefois savoir quelles elles sont, si nous voulons faire avancer les choses.

Quant au mouvement de l'unification de l'Europe, il ne représente qu'un aspect partiel de ce processus global. Un cas très particulier, il faut bien dire ! L'ancien ordre du monde était eurocentrique et hégémonique, le nouveau sera fédéral et polycentrique. L'Europe était le monde. Elle sera désormais une des nouvelles régions du monde parmi d'autres, un espace économique, un marché, une zone de sécurité, une communauté juridique. Elle devra se conformer pour son « espace » aux normes de fonctionnement homologuées du nouveau système planétaire et devenir semblable en cela à toutes les autres régions du monde. La question qui se pose est alors la suivante : en quoi se différenciera-t-elle de toutes les autres ?

Il faut recourir en l'occurrence à une notion qui est devenue l'une des plus importantes dans le débat sur la constitution du nouvel ordre du monde : « l'identité culturelle ». L'expression a vu le jour bien avant de devenir un des termes à la mode du discours posthistorique.

C'est une formule de lutte, dirigée contre les tendances à l'uniformisation résultant de la civilisation technologique qui s'est étendue à notre globe tout entier, contre les dangers d'aplanissement des différences ethniques, géographiques et culturelles, contre la liquidation du passé et la perte de la mémoire. Elle s'élève contre l'instauration d'un modèle de développement obligatoire défini unilatéralement pour tout le monde et pour tous les peuples. Elle revendique le droit à la diversité, à l'hétérogénéité et à l'hétéronomie. Elle est née dans le Tiers monde, pour opposer à l'universalisme de l'hémisphère Nord la revendication d'autonomie des peuples de civilisations anciennes, qui affirmaient être plus que de simples « pays en voie de développement ». Tout le mouvement fondamentaliste s'est formé sous son signe. La revendication de « l'identité culturelle » est une protestation contre la soumission sans résistance aux exigences idéologiques de l'intégration au *One*

The process is inevitable and irreversible. It is "reasonable" in the Hegelian sense, and necessary. All the resistance that opposes it, is particular and regressive. We must be aware of it if we want to advance the process.

The European unification movement is only a partial aspect of this process – a special case, of course. The old world order was Eurocentric and hegemonic; the new one will be federal and polycentric. Europe was once the world. Now it is to become one among the various world regions, an economic area, a market, a security zone, a legal community. For its area, it will have to fulfil the technological and scientific standards which are part of the homologous functional conditions of the new planetary system, and in which it will resemble all other regions. This poses the question: in what way will it differ from all the others?

Here we come to a concept which has become one of the key concepts in the debate on the design of the new world order: the concept of "cultural identity", which developed long before it became a vogue-word of posthistoric discourse.

It is a fighting concept, directed against the tendencies to uniformity of the technological world civilisation that spans the globe; against the dangers of elimination of ethnic, geographic and cultural differences, against the abolition of the past and the loss of memory. It is directed against the binding character of a unilateral development model, valid throughout the world and for all nations. It sues for the right to diversity, heterogeneity and heteronomy. Arising in the third world, it countered the universalism of the northern hemisphere by

claiming the autonomy of ancient civilized peoples who argued that they were more than mere "developing countries". All the fundamentalisms were marshalled under its influence. The insistence on cultural identity is a protest against unresisting subjection to the ideological demands of incorporation into the One World. From the standpoint of the "process" this is "resistance", but it represents the

World. Par la démarche qui y préside, c'est donc une « résistance », mais elle désigne en fait les charnières de l'évolution, où se joue cette « pluralité dans l'unité » sans quoi le monde dans sa globalité ne serait plus qu'un désert culturel.

Bien que dirigée initialement contre « l'Europe », la notion « d'identité culturelle » a revêtu depuis longtemps déjà une pertinence certaine pour cette même Europe.

Lorsque après la guerre les anciens adversaires et rivaux résolurent de conclure une alliance offensive et défensive pour préserver leur indépendance entre les superpuissances atomiques, et qu'ils fondèrent à Strasbourg le Conseil de l'Europe, chargé de favoriser l'union des États européens, il se révéla vite que les arguments politiques et économiques ne suffisaient pas à légitimer ce grand projet.

Qu'est-ce qui pouvait alors inciter les nations et les États, qui s'apprêtaient à s'unir sous la pression des événements de la politique internationale, à une action commune ? Quel était le fondement substantiel de la solidarité recherchée ? C'était toute la question.

L'« Europe » ne pouvait pas se réduire à une masse de population et à sa capacité productrice. Ce n'était pas non plus une entité géopolitique incontournable. Son identité, en tant que région du monde, était enracinée dans son passé culturel.

Le projet d'avenir d'une union politique, économique, sociale, voire militaire entre les États européens, pour constituer une « région » qui pût s'intégrer au nouveau système mondial, s'inscrivait dans la continuité de son origine locale et historique et ne pouvait trouver sa légitimation que dans un retour sur le passé : la conscience d'un « patrimoine culturel » commun. La notion d'« Europe » recouvre celle de la somme des acquisitions culturelles accumulées sur son territoire ; l'héritage de ses deux mille ans d'histoire.

La motivation en faveur d'une action politique commune ne naissait pas de la fixation sur son avenir, mais de la mémoire de son passé.

Seuls la mémoire collective de son origine et le sentiment de responsabilité collective qui en résulte pour l'entretien et la préservation de l'héritage culturel de son passé donnent au projet européen un sens supérieur.

Parallèlement à la politique officielle des diplomates se dessinèrent à l'époque les contours d'une politique culturelle européenne axée sur l'idée « d'héritage culturel ». Tout le problème était de préserver la substance

interface of development, where "multiplicity in unity", without which the world would become a cultural desert, is separated out.

Although initially directed against Europe, the concept of cultural identity has long been relevant to Europe itself.

When the former opponents and rivals decided after the war to unite in a community of defence and offence, to preserve their independence

between the nuclear superpowers of the world, they founded the Council of Europe in Strasbourg, with the object of promoting the integration of the countries of Europe. However, it soon became clear that political and economic arguments were not sufficient grounds to justify the Grand Design.

What could motivate the peoples and states who wanted to unite under the pressure of global political events to take action jointly? What was the material basis for the desired unity and community? That was the question.

"Europe" could not be reduced to a population mass and its production capacity. Nor was it of significant geopolitical importance. Its identity as a world region was rooted in its cultural past.

The plan for the future political, economic, social, and perhaps even military amalgamation of the nations of Europe into a "region" intended to fit into a new world system was within the continuum of its local historical origins. Its legitimation could be found only in the creation of links with its past: the awareness of a common cultural heritage. The concept of "Europe" contains the sum of the reserves accumulated on its territory of a common cultural property; the legacy of its two thousand-year history.

The motivation for common political action did not flow from a concentration on its future, but from the memory of its past. Only the collective memory of its origins and a resultant sense of collective responsibility for the care and maintenance of the cultural legacy of its past gives a higher purpose to the European design.

d'où l'on pouvait tirer cette conscience communautaire qui serait la base indispensable de l'union politique recherchée.

Avant même la définition d'aucun programme, la « Convention Culturelle », sorte de déclaration d'intention, de loi cadre et d'engagement de prise en charge réciproque, fut l'une des premières conventions multilatérales du Conseil de l'Europe ratifiées par les États membres. L'idée « d'identité culturelle » s'était imposée en Europe, non pas comme idéologie de la résistance, mais comme force motrice intégrée à la dynamique du processus.

Nous n'avions alors qu'une vision très diffuse de ce que représentait concrètement ce « patrimoine culturel » qui devint une formule magique. Le contraire des structures étatiques, des cycles économiques et des mesures de sécurité des armées. Quelque chose de précieux, lié à certaines valeurs. Quelque chose qui n'avait rien à voir avec le progrès technique ni la dynamique irrépressible de la société industrielle. Quelque chose qui avait à faire avec le passé.

À quel point l'héritage culturel était concret et présent, et même extrêmement présent – non pas comme sujet de livres ou vestiges nostalgiques dans les têtes d'esprits rétrogrades, mais en tant que réalité vivante, faisant partie de notre univers –, on s'en rendit compte clairement dès l'instant où résonna dans le monde le cri d'alarme « Sauvez Venise ! »

Que s'était-il passé ? On avait mis sur pied un projet de modernisation de Venise, on allait construire des autoroutes et un métro pour relier les îles de la lagune à la terre ferme, rénover des vieux quartiers, c'est-à-dire les démolir, élever un gratte-ciel sur la place Saint-Marc.

C'était un attentat contre l'héritage culturel. L'éventualité que Venise soit détruite révélait tout le danger que comportait une conception moderniste et technocratique de la restructuration de l'Europe. Venise, lieu de mémoire sans pareil, était devenue le paradigme de « l'identité culturelle » de l'Europe. Que serait donc l'Europe sans Venise ?

Le cri d'alarme « Sauvez Venise » pouvait être assimilé à « Sauvez l'Europe ». Il fut entendu. Une vaste action mobilisa tout à la fois les instances politiques, de la province, de la région, du Conseil de l'Europe, les médias et l'opinion publique internationale, et au terme d'une lutte qui dura des années, on évita la catastrophe. Une conception radicalement nouvelle des plans d'urbanisme, de

There began to emerge at that time, parallel to the official policy of the diplomats, the outlines of a European cultural policy which centred on the idea of the "cultural heritage". It was a matter of preserving the substance from which could develop that consciousness of community which was the indispensable basis of the intended political union. Without any kind of programme, as a sort of declaration of intent, outline agreement, or mutual discharge of duty, the "cultural convention" was then adopted, as one of the first multilateral expressions of will of the Council of Europe, and was ratified by the member states. The idea of a cultural identity did not gain acceptance in Europe as an ideology of resistance, but as the moving spirit integrated into the dynamics of the process's development.

At that time we had only the vaguest idea what this cultural heritage really was. It became a magic formula, in opposition to state structures, economic cycles and military security measures. Something precious, value-related, that had nothing to do with technological progress and the inexorable dynamic of the industrial society. Something connected with the past. Just how concrete and immediate, how extremely alive the cultural heritage was – not as a substrate of books and nostalgic relics lingering in backward-looking minds, but as a living reality, a part of our world – became clear at the moment when a cry for help: "Save Venice!" rang out across the world.

What had happened? Venice was to be modernized, the lagoon-islands linked with the mainland by motorways and an underground system, old districts redeveloped, (i.e.: "demolished"), a skyscraper was to tower over St. Mark's Square...

That was an attack on our cultural heritage. The possibility of the destruction of Venice revealed the extent of the danger implied by a modernistic, technocratic approach to the reshaping of Europe. Venice, supreme repository of memory, had become the paradigm of Europe's cultural identity. What was Europe without Venice?

That warning cry "Save Venice!" sounded very like "Save Europe!", and it was heard. In an unparalleled major campaign, the provincial and national authorities, the Council of Europe, the media and world opinion were mobilized, and after years of struggle the catastrophe was finally averted. A completely new concept of urban development planning, protection of ancient

la protection des monuments, de la préservation de l'architecture historique, de la qualité de la vie dans le cadre de l'habitat, un aménagement de l'espace plus soucieux de préserver l'environnement s'imposa dans toute l'Europe. Le slogan de la campagne pour sauver Venise, orchestrée par le Conseil de l'Europe, et en particulier par l'organisation au sein de ceux de ses États membres qui avaient signé la « Convention Culturelle » d'une Année européenne de la protection des monuments historiques était : « Un avenir pour notre passé. »
Lorsqu'on parle aujourd'hui de Maastricht, il ne faut jamais oublier que l'Europe est avant tout une communauté culturelle, que l'Europe n'est rien sans la mémoire de son passé. Quelle que soit la forme que prenne dans le cadre du « nouvel ordre du monde » sa restructuration politique, gouvernementale et juridique en communauté des États européens – « l'Europe » sera toujours une « communauté de mémoire », ou elle ne sera pas.

monuments, preservation of historic buildings, the quality of life of the human habitat, and environmentally friendly regional planning became accepted and established throughout Europe. The slogan of the rescue operation, orchestrated by the Council of Europe by means of a European Year of Protection of Monuments, organized in its member states which were signatories to the "Cultural Convention", ran: "A future for our Past".
Though there is currently much talk of Maastricht, it must never be forgotten that Europe is first and foremost a cultural community. Europe is nothing without the memory of its past. Whatever form its reorganization may take as a community of European states within the new world order, in terms of politics, constitution and international law, "Europe" will always be a "community of memory", or it will not exist at all.

Nicolaus Sombart

Traduction française : Jeanne Étoré - English translation: Avril Bardoni

Né à Berlin en 1923, docteur en philosophie (Heidelberg) et homme de lettres, Nicolaus Sombart fut pendant trente ans fonctionnaire auprès du Conseil de l'Europe où il dirigea les activités dans le domaine culturel. Il vit actuellement à Berlin.

Born in Berlin in 1923, doctor of philosophy (Heidelberg) and man of letters, Nicolaus Sombart has been civil servant for thirty years at the Council of Europe where he was in charge of cultural activities.

Capriccio Nr. 1 *(1947)*, Jugend in Berlin *(1984)*, Die deutschen Männer und ihre Feinde *(1991)*, Pariser Lehrjahre 1952-54 *(1994)*...

La séduction de la mémoire

Le XXᵉ siècle aura été marqué par l'exploration freudienne : celle de l'inconscient. À ce voyage, les artistes ont toujours été conviés, mais avec Freud, ils détiennent désormais de nouvelles clés.
76 - Salvador Dali, *Portrait de Freud*, 1938
Encre de Chine sur papier buvard, 0,27 x 0,23
Collection François Petit, Paris

The 20th century has been influenced by Freud and his exploration of the subconscious. Artists have always been tuned in to the inner self, but Freud has given them new keys.
76 - Salvador Dali, *Portrait of Freud*, 1938
Indian ink on blotting paper, 0.27 x 0.23
Collection François Petit, Paris

76

77

Jusqu'à l'invention de l'imprimerie, la tâche du copiste a une fonction essentielle dans la société médiévale. Il a fallu, dans le silence, copier, recopier, copier encore, afin de sauvegarder la parole, les commentaires, les témoignages : garder trace de la mémoire.
77 - L'Évangéliste saint Mathieu, *Évangéliaire de Centula*, fol. 17b. Saint-Riquier
Bibliothèque municipale d'Abbeville

Until the invention of printing, the work of the scribe was vital in medieval society. He had to copy, recopy, and copy again, silently preserving the words, commentaries and testimonies: keeping track of memory.
77 - Saint Matthew the Evangelist, *Évangéliaire de Centula* fol. 17b. Saint-Riquier
Public Library of Abbeville, France

78 - *Les Quatre vents et l'ange qui monte d'Orient portant le signe de Dieu*
Manuscrit de l'Apocalypse, fol. 145, Beatus de Liebana, VIIIᵉ siècle
Bibliothèque nationale, Madrid

79 - *Rabbi Yosse et Rabbi 'Eli'eZeR*
Enluminure d'une haggadah espagnole du XIVᵉ siècle, Or ; ms. Fol, 13v
British Museum, Londres

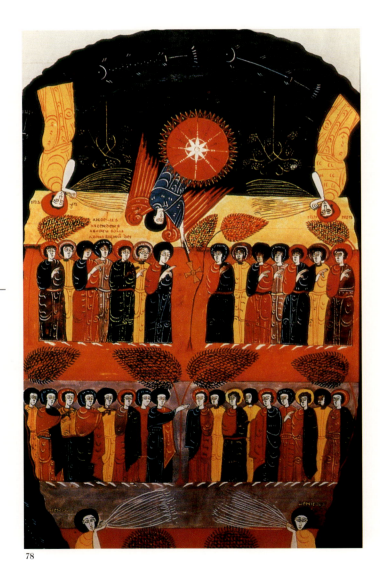

78

78 - *The four winds and the angel rising from the Orient bearing the sign of God*
Folio 145, Manuscript of the Apocalypse, Beatus of Liebana, 8th century
Biblioteca National, Madrid

79 - *Rabbi Yosse and Rabbi 'Eli'eZeR*
Illumination from a 14th-century Spanish Haggadah, Gold; ms, fol. 13v
British Museum, London

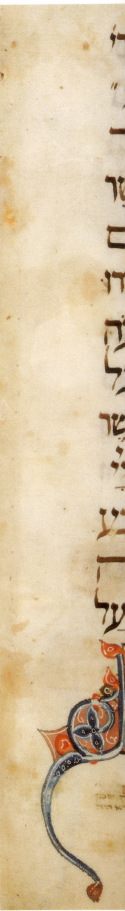

79

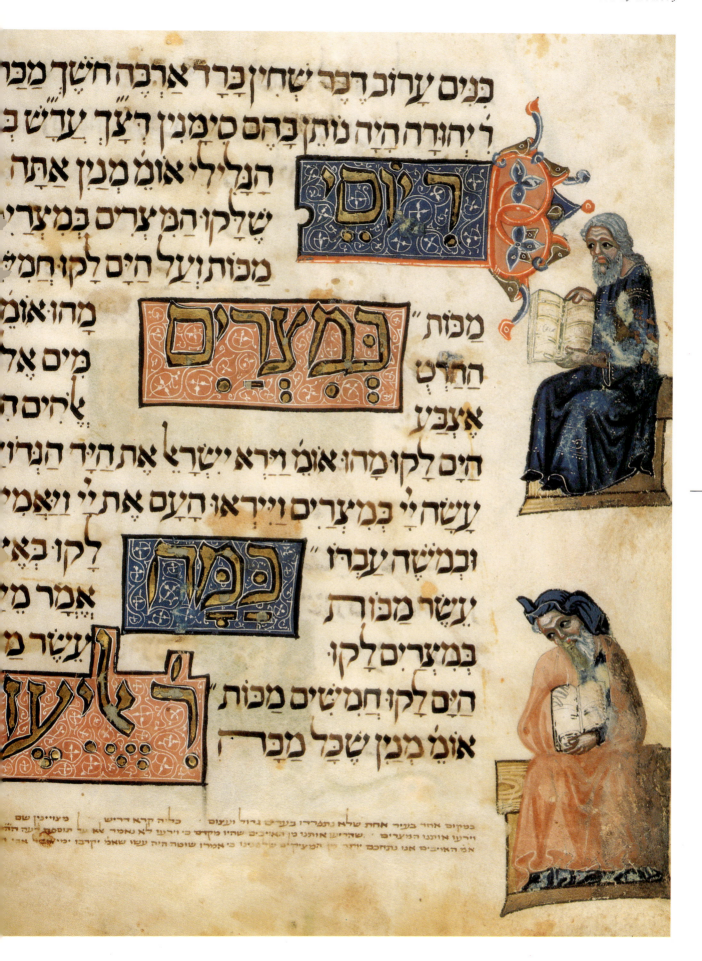

The seduction of memory

179

La séduction de la mémoire

« *Si l'on néglige l'élément théologique, l'icône devient un document ou un monument historique, porteur de renseignements de valeur pour l'histoire.* »
(L'Icône, image de l'invisible, *Egon Schidler*)
80 - Icône, saint Pierre, VIe siècle
Peinture à l'encaustique
Couvent Sainte-Catherine, Mont Sinaï

"*If we ignore the theological element, the icon becomes a historic document or a monument, containing valuable historical information*".
(L'Icône, image de l'invisible, *Egon Schidler*)
80 - Icon, St Peter
Encaustic technique, 6th century
St Catherine's Convent, Mount Sinai

80

81 - Rogier Van der Weyden, *Retable du jugement dernier*, 1443-1446

Détail du panneau central : saint Michel, peseur d'âmes

Peinture sur bois

Hôtel-Dieu, Beaune

81

81 - Rogier Van der Weyden, *Retable of the last Judgment*, 1443-1446

Detail from the central panel: Saint Michael, weigher of souls

Painting on wood

Hôtel-Dieu, Beaune, France

82 - Polfliet
Bibliothèque de l'université Charles à Prague
Photographie

Les supports modernes utilisent des techniques de conservation de l'image et du son pour lesquelles des machines médiatrices qui opèrent un décodage sont désormais indispensables. Ces instruments nous sont, pour la plupart d'entre eux, devenus familiers en assurant une part de la préservation de notre mémoire.

83 - Jean-Pierre Amet
Mémoire magnétique
Photographie

82

82 - Polfliet
Library of Charles University, Prague
Photograph

The modern media use techniques for preserving images and sound which require machines to decode them. Most of these instruments have become familiar due to their role in preserving our memory.

83 - Jean-Pierre Amet
Magnetic memory
Photograph

83

The seduction of memory

84

84 - Charles Percier, *Intérieur d'un muséum*, 1796
Plume et encre brune, lavis gris et rehauts blancs, 0,465 x 0,485
Inscription : signé en bas et à gauche : « Charles Percier »
Musée Vivenel, Compiègne
Inv. 5703

Cet acharnement à vouloir tout conserver, tout protéger, essentiellement en Europe de l'Ouest, révèle souvent une angoisse liée à notre propre incapacité à créer de nouvelles formes. Cette ancienne boucherie transformée en librairie, nous n'avons pas voulu qu'elle disparaisse ; elle porte témoignage d'un passé encore proche, empreint de nostalgie, d'odeurs et de rencontres.
85 - P. Cadet
Librairie Le Pont Traversé, 62, rue de Vaugirard, Paris VIe
Protégée en 1984
Photographie

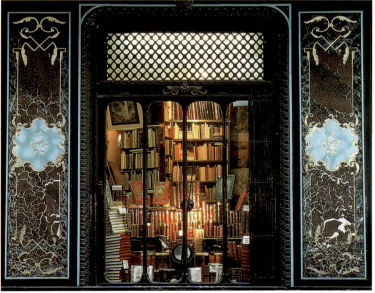

85

84 - Charles Percier, *Interior of a museum*, 1796
Pen and brown ink, grey wash and white highlights, 0.465 x 0.485
Inscription: signed at the bottom and on the left: "Charles Percier"
Musée Vivenel, Compiègne, France
Inv. 5703

This obsession with preserving everything, protecting everything, chiefly in Western Europe, often reveals an anguish linked to our own inability to create new forms. We did not want this former butcher's shop converted to a book store to disappear. It bears witness to a not-so-distant past, tinged with nostalgia, smells, encounters.
85 - P. Cadet
Le Pont Traversé bookstore, 62, rue de Vaugirard, Paris VI
Listed in 1984
Photograph

183

La séduction de la mémoire

Si, pour l'Islam, tout doit disparaître de la Terre et être remis à Dieu, l'art funéraire échappe parfois à cette recommandation, comme s'il s'agissait de rendre la mort moins oublieuse.
86 - J.-P. Roux
Döner Kumbet, 1275
Mausolée
Kayseri, Turquie
Photographie

Although Islam hold that all must depart from earth and be given back to God, funeral art sometimes overlooks this precept as if to make death less forgetful.
86 - J.-P. Roux
Döner Kumbet, 1275
Mausoleum
Kayseri, Turkey
Photograph

86

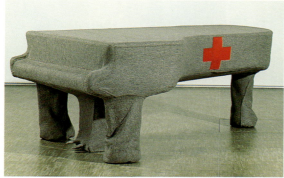

87

Il existe aussi une mémoire intime à l'image du piano de Beuys que l'artiste a drapé du feutre même dont ses sauveurs l'avaient couvert, pendant la guerre, pour le tirer de la mort. « Le rapport avec la situation de l'homme est indiqué par les deux croix rouges qui signifient l'urgence, le danger qui menace si nous restons silencieux et si nous ne réussissons pas à faire le prochain pas vers l'évolution. » (C. David, in catalogue Beaubourg, page 73.)

87 - Beuys, *Infiltration homogène pour piano à queue*, 1966
1 x 1,52 x 2,40. AM - 1976-7
88 - Beuys, *La Peau*, 1984
Feutre, 1 x 1,52 x 2,40. AM 1985-23

88

There is also a deep-seated memory behind Beuys' piano which the artist draped with the same felt blanket that his rescuers had used to cover him, during the war, to save him from death. "The parallel to man's situation is indicated by the two red crosses which denote urgency, the danger which threatens if we remain silent and if we do not manage to take the next step towards evolution". (C. David, Beaubourg catalogue, p.73.)

87 - Beuys, *Infiltration homogène pour piano à queue*, 1966
1 x 1.52 x 2.40. AM - 1976-7
88 - Beuys, *La peau*, 1984
Felt, 1 x 1.52 x 2.40. AM 1985-23

Parfois sciemment détruits, démantelés par les déchirures et les fanatismes, les témoignages du passé viennent alors à manquer cruellement pour les peuples qui tentent de recouvrer une part de leur histoire.
89 - Benjamin Mouton
Église de Vacaresti
Monastère de Valachie, Roumanie, 1992
Photographie

Peoples trying to retrieve a chapter of their history sometimes find that they are sadly lacking accounts of the past which have been wilfully destroyed, ripped apart by fanatics.
89 - Benjamin Mouton
Vacaresti church
Valachi Monastery, Romania, 1992
Photograph

89

La mémoire touche aussi notre propre intimité ; il s'agit de simples instants, de regards, de personnes anonymes consignées dans les albums. Et pourtant ils savent nous toucher, tant nous aimons nous identifier et nous rattacher à cette histoire d'une aventure ordinaire.

90 - La pause : ouvriers, soldats et la petite fille
Anonyme, photographie, collection particulière

Memory also affects our own inner life; it surfaces in simple moments, glances, anonymous figures consigned to photo albums. And yet they are able to touch us, for we so love to identify ourselves and associate ourselves with this history of ordinary life.

90. The pause: workers, soldiers and the little girl
Anonymous, photograph, private collection

La séduction de la mémoire

Travaillant sur l'idée de la fragilité et de la disparition, Boltanski n'est pas pour autant obsédé par un désir morbide mais par un désir de réalité. À propos des Suisses morts, il dit : « Ils sont riches, ils sont propres, ils sont morts. » Ils n'ont aucune raison de mourir, c'est pour cela qu'ils sont effrayants, d'une certaine manière, ils sont nous.

91 - Christian Boltanski, *La Réserve des Suisses morts*, 1991
Vue d'installation à la galerie Ghislaine Hussenot, Paris

91

Exploring the notion of fragility and death, Boltanski is not however obsessed with morbid desires but rather with a desire for truth. On the subject of the dead Swiss, he says: "They are rich, they are clean, they are dead." They have no reason to die, that is why they are terrifying, in a way, they are us.

91 - Christian Boltanski, *La Réserve de Suisses morts*, 1991
A view of the installation at the Ghislaine Hussenot Gallery, Paris

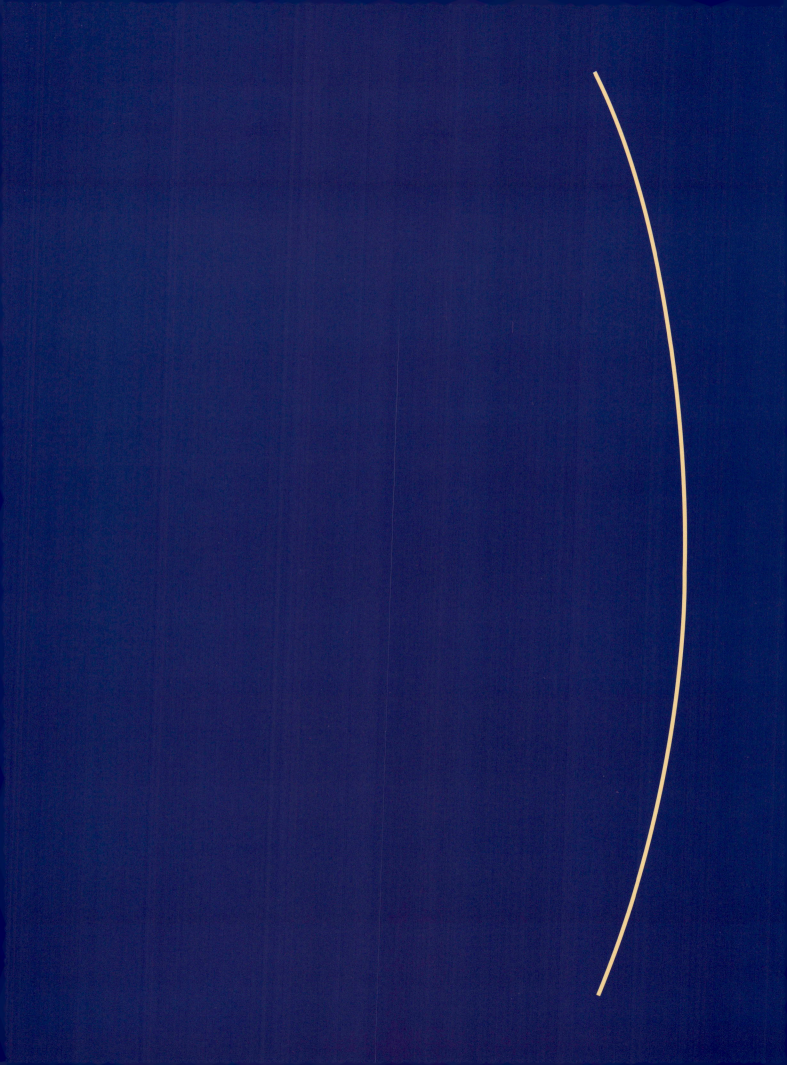

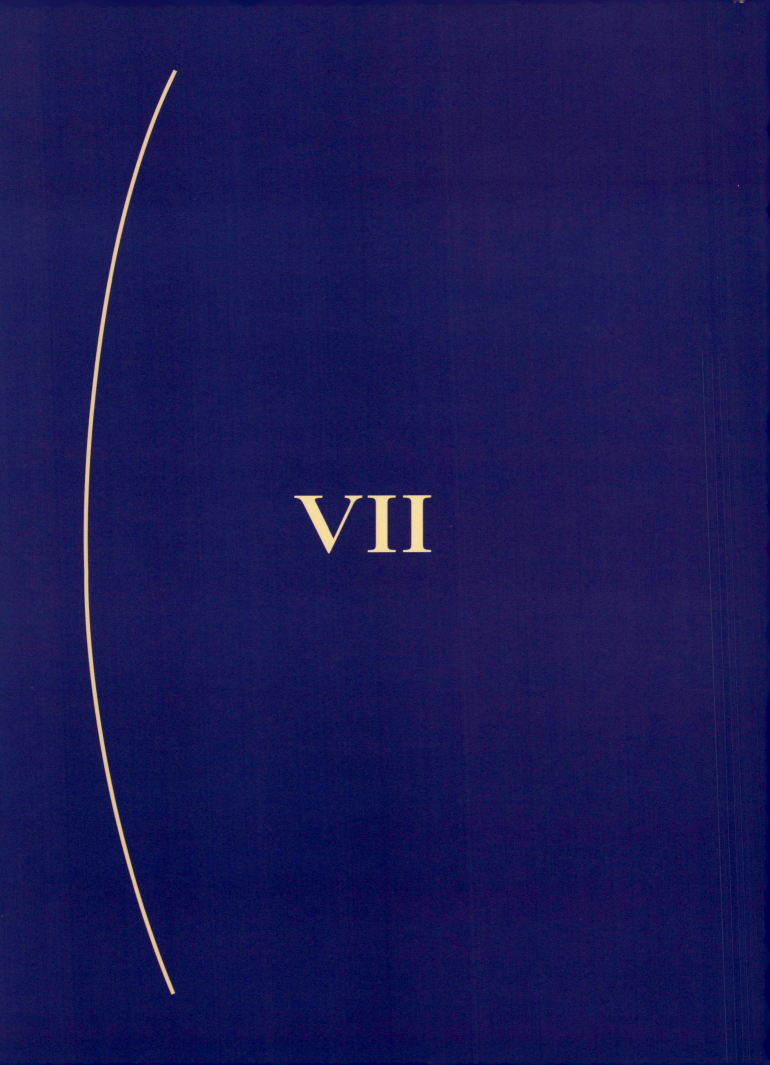

La séduction
de dire

The seduction
of words

VIII. Mark Tansey
Derrida Queries De Man, *1990*
Huile sur toile, 2,12 x 1,39
Collection : Penny and Mike Winton, Minneapolis
Courtesy : Curt Marcus Gallery, New York

VIII. Mark Tansey
Derrida Queries De Man, *1990*
Oil on canvas, 2.12 x 1.39
Collection: Penny and Mike Winton, Minneapolis
Courtesy: Curt Marcus Gallery, New York

WLAD GODZICH

Wilhelm von Humboldt, le père de la linguistique moderne, pensait que c'est pour éviter que leurs paroles ne soient étouffées par le sol que nos lointains ancêtres ont adopté la station debout dans leurs déplacements. Il s'imaginait ces nomades primitifs parcourant la savane tout en discourant, ne retournant au stade antérieur du mutisme et de la progression à quatre pattes que dans les situations de danger ou de chasse. Bruce Chatwin, qui nous rappelle cette explication de l'*homo erectus* dans son fort beau livre *Songlines*, croit savoir de quoi discouraient ces infatigables marcheurs : du monde autour d'eux, qu'ils découvraient au fur et à mesure qu'ils avançaient et qu'ils nommaient, qu'ils mettaient en paroles, selon l'expression fort juste des Innu du Labrador.

Voyage et parole ont donc partie liée ; c'est de leur conjonction qu'est né notre rapport au monde : celui d'un bipède qui ne se contente pas de voir mais intériorise ce qu'il voit par l'entremise d'un langage qu'il partage avec ses semblables. Nous ne saurons sans doute jamais pourquoi nos ancêtres ont éprouvé ce besoin de communication au cours de leurs mouvements, pourquoi ils ne se sont pas contentés d'émettre des signaux sonores comme le font beaucoup d'animaux vivant en groupes qui donnent l'alerte ou veulent indiquer un changement de direction. L'adoption de la station debout en état de locomotion suppose le désir d'un échange entre les membres du groupe dans le vif de l'expérience. Nommer le monde n'est pas l'affaire d'un individu, fût-il Adam, mais le travail d'une collectivité. Et ce travail se fait dans le dialogue, c'est-à-dire à travers le langage, selon l'étymologie de ce terme. Philosophes et linguistes concourent à penser que c'est le monde qui sollicite ce travail de nomination initiale. Les choses s'imposent à l'attention des humains. Le rapport qui s'établit alors avec elles n'est pas encore celui de

Wilhelm von Humboldt, the father of modern linguistics, thought that our distant ancestors adopted the upright posture for moving about to prevent the earth from swallowing their words. He thought that these primitive nomads crossed the savannah talking all the while, only reverting to their former stage of mutism and walking on all fours when in danger or being hunted. Bruce Chatwin, who reminds us of this origin of *homo erectus* in his very fine book *Songlines*, believes he knows what these indefatigable walkers discussed: the world around them, which they discovered as they went and which they named, which they put into words, according to the very apt expression of the Labrador Innu.

Journey and language are therefore closely connected; their association is the basis of our relationship to the world: that of a biped not content merely with seeing, but who interiorises what he sees through the medium of a language which he shares with his fellows. We will probably never know why our ancestors felt the need to communicate during their travels, why they were not content to emit sound signals like many animals living in groups, to raise the alarm or indicate a change of direction. The adoption of the upright posture for moving about implies the desire for an exchange between the members of the group in the heat of the experience. Naming the world is not the business of one individual, even if he were Adam, but a collective effort. And this task is achieved through dialogue, in other words through language, according to the etymology of this term. Philosophers and linguists agree in thinking that it is the world which prompts this task of initial naming. Things impose themselves on human awareness. The relationship which then establishes itself with them is not yet that of knowledge, but rather that of an ambiguous attraction, a mixture of

193

la connaissance mais plutôt d'une attraction ambiguë, mélange de crainte et de désir, bref de séduction. Telle est la première séduction du dialogue.

Notre monde à nous est fort éloigné de ce moment où les choses prenaient nom pour la première fois. Aujourd'hui tout a été nommé, et deux fois plutôt qu'une, mais l'instinct qui a poussé nos ancêtres à se lancer dans ces vastes migrations qui ont essaimé l'espèce humaine depuis la vallée du Rift kenyan sur la terre tout entière, n'est pas mort et continue à nous pousser à entreprendre des voyages d'exploration, beaucoup plus modestes, sans doute, mais tout aussi empreints de curiosité et de disponibilité à la séduction des choses. Ces choses pourtant nous viennent filtrées par le travail de nomination antérieur et si elles nous séduisent encore c'est autant par ce travail que par ce qu'elles sont en elles-mêmes : nous vérifions que la réflexion du soleil couchant sur les eaux de Venise est

bien telle que l'a peinte Canaletto ou que l'orage sur le lac Léman a la grandeur sublime que lui attribue Mary Shelley. Contempler ces paysages, ce n'est pas seulement les goûter en eux-mêmes mais entrer en communication avec ceux qui les ont décrits auparavant et déterminer pour soi la valeur de leurs jugements et leurs descriptions.

Il nous est cependant de plus en plus malaisé de nous livrer à ce dialogue : le nombre des images qui nous ont présenté un site donné et le laminage persistant de la publicité qui reprend à son compte les actes de parole du passé nous laissent indifférents sinon blasés devant ce que nous voyons. Souvent nous nous contentons de prendre en photo ce qui a déjà été réduit à l'état de cliché et nous tombons dans le silence. Au siècle dernier, Flaubert avait pressenti l'avènement de ce moment où la somme des dits sur le monde se substituerait à lui et où nous serions réduits à

fear and desire, in short, of seduction. That is the first seduction of dialogue.

Our world is far removed from that moment when things were named for the first time. Today, everything has been named, and twice rather than once, but the instinct which drove our ancestors to set off on these vast migrations which scattered the human species from the Rift Valley in Kenya throughout the world is not dead. It continues to inspire us to embark on voyages of discovery, on a much more modest scale, granted, but similarly tinged with curiosity and receptiveness to the seduction of things. These things may come to us filtered by the earlier work of naming them, and if they still hold a seductive appeal for us, it is as much as a result of this naming as the attraction of the things in themselves: we verify that the reflection of the sun setting over the Venice waters is indeed as it was depicted by Canaletto, or that the storm over Lake Geneva has the sublime grandeur described by Mary Shelley. Contemplating these landscapes is not only to experience them for themselves, but to enter into communication with those who have described them before and evaluate their judgments and their descriptions for ourselves.

It is increasingly difficult for us to participate in this dialogue: the number of images which have presented a given place to us and the persistent veneer of advertising, which appropriates the speech-acts of the past, leave us indifferent, if not blasé before what we see. Often we are content to photograph what has already been reduced to a cliché and we fall silent. In the nineteenth century, Flaubert warned that the time would come when the sum of what had been said about the world would become a substitute for the world and when we would be reduced to collecting these commonplaces, usurpers of places of exception. James Joyce's hero, a new Ulysses, wanders through a town made from the inert weight of words of the past in search of a moment of communion, of a word which is not an unwitting quote. He desires nothing as much as those vaunted moments of epiphany when words refer to the world and not to other words.

At the very beginning of the twentieth century, Hugo von Hofmannsthal, then at the zenith of his fame in imperial Vienna, published his famous *Letter from Lord Chandos* in which the young Englishman with whom Hofmannstahl identifies renounces court life and its idle gossip to withdraw to his country

faire la collection de ces lieux communs usurpateurs des lieux d'exception. Le héros de James Joyce, nouvel Ulysse, déambule dans une ville faite du poids inerte des mots du passé à la recherche d'un moment de communion, d'une parole qui ne soit pas une citation involontaire. Il ne désire rien tant que ces fameux moments d'épiphanie où les mots renvoient au monde et non à d'autres mots.
Au tout début de notre siècle, Hugo von Hofmannsthal, alors au sommet de sa gloire dans la Vienne impériale, publie la fameuse *Lettre de Lord Chandos* dans laquelle le jeune Anglais, auquel Hofmannstahl s'identifie, renonce à la vie de cour et à ses vains bavardages pour se retirer sur ses terres et partager le silence de ses paysans. Au vide pathologique de la communication, lui aussi oppose la plénitude de la communion. Mais dans un cas comme dans l'autre, rien ne se dit car il n'y a rien à dire. Dans la communion, on se comprend parfaitement et on ne change pas l'ordre des choses. Dans le bavardage de la cour, on reste à la surface des choses parce qu'on est entre soi et qu'il importe peu qu'un tel dise telle chose ou telle autre puisque les courtisans sont réduits à l'état de variants les uns des autres. Entre le seigneur et les paysans l'écart est très grand, et pourtant on se comprend, sans langage, il est vrai. Entre les courtisans il n'est aucun écart, et le langage des bavardages ne parvient pas à le creuser. Le grand thème de l'aliénation dans la communication est ainsi noué et il fera fortune au XXe siècle.
Mais si l'absence de communication véritable entre les courtisans de Hoffmansthal était due à leur trop grande similitude, elle ne semble guère devoir être corrigée par l'introduction de la différence. L'anecdote veut que dans les années soixante, lors d'une des toutes premières tentatives de traduction automatique, les chercheurs américains aient demandé à leur ordinateur de rendre en russe le dicton biblique : « La chair est faible mais l'esprit est fort ». Programmé dans le but louable de produire des énoncés conformes à l'idéologie matérialiste de l'Union soviétique, l'ordinateur répondit : « La viande laisse à désirer mais la vodka est convenable. » On en conclut que les machines n'étaient pas plus disposées que les humains à comprendre les subtilités culturelles des textes. Et l'exemple sans doute le plus parfait de l'incompréhension nous est donné par le mot *kangourou*. Les matelots du capitaine Cook, débarqués sur les côtes australiennes, fort surpris de voir bondir d'étranges animaux, demandèrent aux

estate and share the silence of the peasants. To the pathological absence of communication, he too contrasts the richness of communion. But in both cases, nothing is said because there is nothing to say. In communion, people understand each other perfectly, and the order of things is not changed. In court gossip, people remain on the surface of things because they are among their own and it matters little that one person says one thing or another because the courtiers are reduced to the state of being variants of one another. The gulf between the lord and the peasants is vast, and yet they understand each other, without words, it is true. Between the courtiers there is no gulf, and the language of gossip does not manage to create one. The great theme of alienation in communication which was to become popular in the twentieth century was thus introduced.
But if the absence of true communication between Hofmannsthal's courtiers was due to

their being too similar, it does not seem to have been remedied by the introduction of difference. Anecdote has it that during the sixties, in one of the first attempts at machine translation, American scientists asked their computer to translate into Russian the biblical expression: "The flesh is weak but the spirit is willing". Programmed with the admirable aim of producing statements in compliance with the materialist ideology of the Soviet Union, the computer replied: "The meat leaves something to be desired but the vodka is acceptable". They concluded that machines were no morer capable than humans of understanding the cultural nuances of language. And clearly we have the most perfect example of lack of understanding with the word *kangaroo*. Captain Cook's sailors, on landing on the Australian shores, were greatly surprised to see these strange animals hopping about and asked the aboriginals what these

aborigènes présents comment s'appelaient ces curieuses créatures. Les aborigènes interpellés, qui ne comprenaient pas un mot d'anglais, bien sûr, leur demandèrent à leur tour : « Qu'est-ce que vous dites ? », *kangourou* dans leur langue, question dont les Européens firent une réponse qui les a contentés jusqu'à ce jour.

Serions-nous donc voués à l'incompréhension ? Le pessimisme serait-il de rigueur ? Reprenons la problématique du voyage et de la parole mais parmi nous cette fois et non plus chez nos lointains ancêtres. Car si eux se déplaçaient dans un monde vierge de toute présence humaine antérieure, nous ne faisons que circuler sur des lieux habités par d'autres humains. Voyager pour nous, c'est vouloir voir et expérimenter ce qu'il en est du rapport au monde en d'autres lieux. C'est chercher à comprendre les préoccupations, les attitudes et, en fin de compte, les valeurs de l'Autre et ses déterminations. Le voyage se fait du connu vers l'inconnu et il est animé par le désir de l'inconnu. Certes, il peut susciter de l'appréhension mais aussi l'anticipation de la découverte.

Cette découverte risque d'achopper sur l'obstacle de l'incompréhension : je ne comprends pas l'Autre. Il ne me comprend pas. C'est sa différence qui me le rend incompréhensible, mais je dois reconnaître que c'est bien elle qui m'a attiré vers lui pour commencer. Je ne peux donc pas en faire un obstacle insurmontable. Je pourrais même dire que c'est dans la mesure où je ne le comprends pas de prime abord que l'Autre m'intéresse, ce qui revient à dire que l'une des choses qui m'intéresse en lui, qui m'attire vers lui, c'est son incompréhensibilité, sa part de résistance à ma compréhension. Où se situe cette incompréhension ? Dans ce qu'il est ? Ou dans ce qu'il ne parvient pas à me communiquer ?

Et si je tournais les tables, et plutôt que de me pencher sur son cas à lui ou à elle, je m'interrogeais sur le mien, tel que je dois lui paraître. Y a-t-il en moi de l'incompréhensible ? De l'incommunicable ? De prime abord, non. Ne serais-je pas la transparence même, du moins à moi-même ? Mais si tel est le cas, pourquoi cette conversation constante avec moi-même ? Car, comme tous les êtres humains, je me parle à moi-même. Je me parle. JE me parle, je ME parle, ce qui doit signifier que JE a des choses à me dire que ME ne sait pas. « Puisque JE ME parle, écrit Paul Valéry, c'est donc que JE sait ce que ME ne sait. Il y a une différence d'état interne. De plus, il arrive que ME soupçonne ce que JE

unusual creatures were called. The aboriginals, who of course did not understand a word of English, asked them in turn: "What did you say?", *kangaroo* in their own languge, a question which the Europeans turned into a reply which has satisfied them until the present day.

Are we therefore destined not to understand each other? Is pessimism obligatory? Let us go back to the problematics of the journey and language but among ourselves this time and not among our distant ancestors. For if they were moving across a virgin world that had never known a human presence, we merely circulate in places inhabited by other humans. For us, travelling is wanting to see how people in other places relate to the world. It is wanting to understand the concerns, the attitudes and, at the end of the day, the values of the Other and what forms them. The journey is made from the known towards the unknown and it is inspired by the desire for the unknown. True, it can arouse apprehension, but also the anticipation of discovery.

This discovery is likely to stumble up against lack of understanding: I do not understand the Other. He does not understand me. It is his difference which makes him incomprehensible to me, but I must recognise that it is that very difference that attracted me in the first place. Therefore, I cannot make it an insurmountable stumbling block. I could even say that it is precisely because I don't understand him straight away that the Other interests me, which is tantamount to saying that one of the things that interests me about him, which attracts me to him, is his incomprehensibility, the part of him which resists my understanding. Where is this lack of understanding located? In what he is? Or in what he is not able to communicate to me?

And suppose I were to turn the tables, and rather than concentrating on his or her case, I questioned myself, as I must appear to the Other. Is there anything in me that is incomprehensible? Incommunicable? At first glance, no. Am I not transparency itself, at least to myself? But if this is the case, why this continual dialogue with myself? For, like all human beings, I talk to myself. *I* talk to me. I talk to ME, which must mean that *I* have things to tell me that ME doesn't know. "Since *I* talk to ME," wrote Paul Valéry, "it is because *I* knows something ME doesn't know. There is a difference in inner states. What is more, it happens that ME suspects what *I* reveals – articulates. There is contrast and complementarity". For me at least, *I* is an

The seduction of words

Other, and I experience this daily in this internal dialogue which I call thought.

We cannot decide whether it is on the basis of this act of dialogue with the self, of inner reflection that the act of communication with the Other is built or whether inner reflection is just a variation on dialogue with the Other. But this dialogue takes a particular twist. When I think, when I talk to myself, when I tell myself things that ME doesn't know, I take advantage of ME's silence. I tell him things, and if ME replies, he does so as *I*. Therefore it is always *I* who speaks and ME who listens, but of course it is not always the same *I* nor the same ME. Between *I* and ME a series of exchanges takes place in which *I* always claims to be equal to himself while ME says nothing, since the minute he opens his mouth he is expressing himself as *I*. In this communication, it is not so much what *I* says to ME that matters. It is the fact that *I* takes ME's place and vice-versa, and that this alternation takes place in such a way that what is said in the name of *I* is said in a way without his knowledge. Something is therefore said under the aegis of *I* but not under his control, or rather this control is split between several *I*s. Which is tantamount to saying that something is said through language, that we therefore have a dialogue, once again in the etymological sense of the word. And in this dialogue, it is not *I*, the authority which assumes speech, who calls the tune. It is rather ME, who always remains silent, who always hides from speech, who makes *I* say what he wants, who seduces him: "when ME wants something" adds Valéry, he expresses his wishes through *I*!" That is the second seduction of dialogue.

If it is true that I experience the other within myself, I cannot say the same as regards language. There are more than five thousand known languages spoken in our world and it is rare to find a human being who speaks more than two fluently. Humanity has always dreamed of a single, perfect language, which would be understood everywhere. In the nineteenth century, several artificial languages were invented with the aim of being universal, such as Volapük and Esperanto. None succeeded in gaining acceptance other than among a small group of enthusiasts. Today, throughout the world and especially in Europe, English prevails as the *lingua franca*. This state of affairs stems from a phenomenon called globalisation, and the English language is the preferred instrument. Anyone speaking French hardly needs to be reminded of the rapid spread of English in the fields of

met en évidence – *articule*. Il y a contraste et complémentarité. » JE est, pour moi au moins, un Autre, et j'en fais l'expérience quotidiennement dans cette conversation intérieure que j'assimile à la pensée.

On ne saurait décider si c'est sur cet acte d'autoconversation, d'autoréflexion, qu'est construit l'acte de communication avec l'Autre ou si l'autoréflexion n'est qu'une variante de la conversation avec l'Autre. Mais cette conversation prend une tournure particulière. Quand je pense, quand je me parle, quand je me dis des choses que ME ne sait pas, je tire profit du silence de ME. JE lui dit des choses, et si ME répond, il le fait en tant que JE. C'est donc toujours JE qui parle et ME qui écoute, mais ce n'est bien entendu pas toujours le même JE ni d'ailleurs le même ME. Entre JE et ME, il se produit donc une série d'échanges dans lesquels JE prétend être toujours égal à lui-même alors que ME ne dit rien puisque dès qu'il ouvre la bouche c'est en tant que JE qu'il s'exprime. Dans cette communication, ce n'est donc pas tant ce que JE ME dit qui compte. C'est le fait que JE prend la place de ME et réciproquement, et que cette alternance se fait de telle sorte que ce qui se dit sous le nom de JE se dit en quelque sorte à son insu. Quelque chose se dit donc sous l'égide de JE mais pas sous son contrôle, ou plutôt ce contrôle s'essaime entre plusieurs JE. Ce qui revient à dire que quelque chose se dit à travers le langage, que nous avons donc un dialogue, encore une fois au sens étymologique du terme. Et dans ce dialogue ce n'est pas JE, l'instance qui s'arroge la parole, qui mène le bal. C'est plutôt ME, qui garde toujours le silence, qui toujours se dérobe à la parole, qui fait dire à JE ce qu'il veut, qui le séduit : « Quand ME *attend*, ajoute Valéry, il fait *parler en* JE *son attente !* » Telle est la deuxième séduction du dialogue.

S'il est vrai que je fais l'expérience de l'Autre en moi-même, je ne puis en dire autant en ce qui concerne sa langue. On recense un peu plus de cinq mille langues différentes à la surface de notre globe et rares sont les êtres humains qui en parlent plus de deux couramment. De tout temps, les humains ont rêvé d'un langage unique et parfait, compréhensible partout. Au XIXᵉ siècle, on inventa plusieurs langues de synthèse à vocation universelle, telles le volapük et l'esperanto. Aucune ne parvint à se faire accepter au-delà d'un petit groupe de fervents. Aujourd'hui, dans le monde entier, et partout en Europe, l'anglais s'impose comme *lingua franca*. Cet état de choses tient à un phénomène que l'on

trade, science, culture and politics. We only need to think of the outcry just over two years ago when the Institut Pasteur decided to publish its prestigious bulletin in English, to be aware of the extent to which the penetration of English has increased and established its preeminence in scientific research. The first language of seven percent of the world population; the official language in countries accounting for more than a quar-

ter of the population of the globe; the second language of three quarters of those who learn one, English is well on the way to being unrivalled in the more specialised areas of scientific research and international trade transactions. It would be pointless going over all the reasons invoked to explain this state of affairs, ranging from purely external factors related to the history of British imperialism and its aftermath, moreover planned and programmed by the man who for a long time embodied that imperialism, Sir Cecil Rhodes, by the United States of America, to purely internal factors, such as a claimed natural superiority of the English language, whose vocabulary alone is supposedly seven times larger than that of the French language. Suffice it to state that this is the situation and that there is no indication that the tide of English is likely to subside, quite the contrary. It is worth noting that *The Economist* calculated that in 1986, Great Britain made a profit of 500 million pounds from English's status as the international language of communication. There are no comparable figures for the United States, but the same publication estimates that the total should easily amount to three or four times that of Britain. Beside these figures, the profits France derives from the French-speaking communities are meagre indeed, and the efforts France is making to promote the French language, with the active and skilful competition of Quebec, are hardly on the same scale. The French-speaking world should rather be likened to the Spanish-speaking world, which in fact seems to be coming off better in the face of English.

appelle la globalisation, et la langue anglaise en est l'instrument privilégié. Quiconque s'exprime en français n'a guère besoin de se faire rappeler l'extension rapide de l'anglais dans les domaines commerciaux, scientifiques, culturels et politiques. Il suffit de se souvenir du tollé soulevé il y a un peu plus de deux ans par la décision de l'Institut Pasteur de passer à l'anglais comme langue d'expression de son prestigieux bulletin pour voir que la pénétration de l'anglais s'approfondit et établit son hégémonie sur la recherche scientifique. Première langue de sept pour cent de la population mondiale ; langue officielle dans des pays regroupant plus du quart de la population du globe ; langue seconde des trois quarts de ceux qui en apprennent une, l'anglais est en passe de n'avoir plus de concurrent dans les domaines les plus pointus de la recherche scientifique et dans les transactions commerciales internationales. Il serait oiseux de revoir toutes les raisons qui ont été invoquées pour expliquer cet état de choses, depuis les explications purement externes qui renvoient à l'histoire de l'impérialisme britannique et à sa succession – d'ailleurs prévue et programmée par celui qui a longtemps incarné cet impérialisme, Sir Cecil Rhodes – par les États-Unis d'Amérique, jusqu'aux facteurs purement internes, telle une prétendue supériorité naturelle de la langue anglaise, dont le vocabulaire à lui seul dépasserait par un facteur de sept celui du français. Il nous suffit de constater que tel est le cas et que rien n'indique que la vague de l'anglais soit prête à se retirer, bien au contraire. Je note pour mémoire que la revue *The Economist* a calculé qu'en 1986 la Grande-Bretagne avait tiré un profit de 500 millions de livres du statut de l'anglais comme langue véhiculaire internationale. Il n'existe pas de calcul analogue pour les États-Unis mais la même revue estime que le chiffre devrait représenter facilement trois à quatre fois cet ordre de grandeur. À côté de ces chiffres, les profits que la France tire de la francophonie sont bien pauvres, et les efforts qu'elle déploie pour la promotion de sa langue, avec une vive et habile concurrence du Québec, ne sont guère du même ordre de grandeur. La francophonie devrait être davantage comparée au monde hispanophone qui semble par ailleurs mieux tirer son épingle du jeu face à l'anglais.

Mais de quel anglais s'agit-il ? On sait qu'en Angleterre la BBC n'hésite guère à sous-titrer les propos tenus à la télévision par des habitants du Sud profond américain, de

But which English are we talking about? We know that the BBC does not hesitate to subtitle for television the speech of people from the American deep South, from India or from Queensland, Australia, and that, in American folklore, the London taxi driver epitomizes the incomprehensible English speaker. About ten years ago, the editor of the *Oxford English Dictionary* which, by the way, is seven times bigger than the *Grand Robert* French dictionary, created a controversy by suggesting that English and American were diverging more and more, like tectonic plates, and would be mutually incomprehensible in two hundred years' time. Even if such a thing were to seem probable, which is unlikely, you can bet that it would not affect the fields where English is the medium of globalisation.

It would probably be a good idea to abandon the designation "English" for this language and call it "Global". Global would be defined as a language of utilitarian expression suitable for all activities where there was little local liaison. Its emblem would be the language of the CNN television channel presenters who, as we know, are subject to stringent linguistic restrictions. They are not allowed to use the word "foreigner", for example, as its use brings into play the dialectics of exclusion whereas the channel's ethos is that of inclusion: it does not recognise the attribute of foreigner which is part of the logic of nation-states, whereas CNN is transnational. Global certainly has a strong American influence, which causes resentment among some British people who insist that the word "dumb" means "mute" and not "stupid" as it

does in American, and that "mad" means "insane", not "angry" or "furious" as the Americans would have it.

Global has a definite power of seduction. This is confirmed by the curious case of the American writer Paul Auster, whose success in Europe, in translation, is as great, if not greater, than that enjoyed in his own country. Auster does not write in American, nor

l'Inde ou du Queensland australien, et que le chauffeur de taxi londonien représente, dans le folklore américain, le type même du locuteur de l'anglais incompréhensible. Il y a une dizaine d'années le rédacteur en chef du grand dictionnaire *Oxford* de la langue anglaise, qui, soit dit en passant, fait bien sept fois le *Grand Robert*, a provoqué une controverse en suggérant que l'anglais et l'américain dérivaient, telles les plaques tectoniques, de plus en plus loin et seraient mutuellement incompréhensibles d'ici deux cents ans. Même si pareille éventualité paraissait probable, ce qui ne semble pas être le cas, on peut parier qu'elle ne toucherait guère aux domaines dans lesquels l'anglais est le médium de la globalisation.

Il serait sans doute utile d'abandonner la dénomination d'anglais pour cette langue et l'appeler « le global ». Le global se définirait comme une langue d'expression utilitaire adéquate pour toutes les activités à faible liaison locale. Son emblème serait la langue des présentateurs de la chaîne CNN dont on sait qu'ils sont soumis à de sévères contraintes linguistiques : il leur est interdit, par exemple, d'utiliser le mot « étranger » car son usage renvoie à la dialectique de l'exclusion alors que l'*ethos* de la chaîne est celui de l'inclusion : elle ne connaît pas la qualité d'étranger qui relève de la logique des États-nations alors que CNN est une transnationale. Le global a certes une forte coloration américaine, ce qui provoque le ressentiment de certains Britanniques qui insistent sur le fait que le mot *dumb* veut dire muet (*mute* en américain) et non idiot et que *mad* décrit un fou et non un enragé ou un furieux.

Le global a un pouvoir de séduction certain. Il suffit pour s'en convaincre de considérer le cas curieux de l'écrivain américain Paul Auster dont le succès en Europe, et en traduction, est aussi grand sinon supérieur à celui dont il jouit dans son pays d'origine. Auster n'écrit pas en anglais, ni même en américain, mais en global. Sa langue, d'une grande précision de style, a tout de suite une transparence qui contraste fortement avec celle du dernier prix Nobel Toni Morrison par exemple, dont la langue est fortement marquée par des attaches aux pratiques langagières des Américains d'origine africaine. Les références culturelles de Auster aux États-Unis appartiennent elles aussi au global. Alors que Morrison nous parle d'une Amérique inconnue, particulière, ancrée dans son histoire et son terroir, les personnages de Auster se meuvent dans le décor familier des films américains, et si le lecteur a l'impression de reconnaître tel angle

de vue ou tel balcon, c'est parce qu'il les a vus chez Hitchcock et dans d'innombrables séries télévisées depuis. Ces images n'appartiennent plus à la culture américaine mais à la culture planétaire en train de naître, et il serait vain de tenter de s'y opposer.

Il est remarquable de constater à cet égard que tous les chanteurs de rock ont le même accent en anglais quand ils chantent. Les Américains sont constamment surpris de découvrir qu'ils suivent parfaitement les paroles des chanteurs anglais, irlandais ou australiens mais doivent faire un effort considérable, et parfois vain, pour comprendre ces mêmes personnes dans leurs entrevues télévisées. C'est que dans un cas elles chantent en global alors qu'elles s'expriment en local. Cette ligne de faille traverse l'anglais et ce serait une erreur que de considérer cette langue comme un tout hégémonique. D'autres langues, notamment l'espagnol et même le portugais, accusent aussi cette césure, qui reste toutefois moins sensible en français. Le global n'est pas l'universel, tant s'en faut. Il ne promulgue pas des principes fondés en raison mais vise à généraliser une expérience. L'universel n'est pas sectaire et accepte de se voir mieux réalisé ailleurs que dans son pays d'origine alors que le global veut se voir partout et accepte toutes les inflexions que sa dissémination lui impose.

On entend souvent dire que l'adoption du global entraîne un appauvrissement de la communication. Selon cette conception, le global serait constitué par le seuil de compréhension de divers usagers, ce qui le place inévitablement fort bas. Ce ne serait alors guère plus qu'un sabir. Pareil jugement est trop rapide. Il ne reconnaît pas l'existence d'une sphère propre à l'utilisation de cette langue et cherche à la mesurer à l'aune de langues constituées pour d'autres besoins. L'homme d'affaires international qui parcourt le monde aujourd'hui sort rarement de l'environnement pour lequel le global a été conçu, sauf pour aller chercher un peu de couleur locale justement. Sinon, peu lui importe qu'il soit à Singapour, São Paulo ou Varsovie. Il veut pouvoir téléphoner sans entraves à la réception de son hôtel, voir les derniers cours de bourse à la télévision, et conclure des ententes de principes que les juristes mettront ensuite à l'abri des contestations. On peut s'interroger sur la dérive de notre monde vers cette manière de faire qui fait que des îlots de « mêmeté » ont surgi sur tous les points du globe, mais on ne peut en attribuer la responsabilité à la langue.

even in English, but in Global. His language, which is stylistically very precise, has an immediate transparency which contrasts strongly with that of the latest winner of the Nobel Prize, Toni Morrison for example, whose language is strongly influenced by the linguistic practices of African Americans. Auster's cultural references in the United States also belong to the Global. Whereas Morrison speaks to us of an unknown America, a particular America, rooted in history and the land, Auster's characters inhabit the familiar decors of American films, and if the reader has the impression he recognises a particular corner or balcony, it is because he has seen it in a Hitchcock movie and in countless television serials since. These images do not belong to American culture but to the nascent planetary culture, and it would be futile to try and stop it.

It is extraordinary to note that all rock singers have the same English accent when they sing. Americans are constantly surprised to discover that they can understand the words of English, Irish or Australian singers, but they have to make a considerable effort, sometimes in vain, to understand those same people when they speak in a television interview. That is because in the first instance they are singing in global whereas they speak in local. This fault line runs through English and it would be mistaken to consider this language as a hegemonic whole. Other languages, in particular Spanish and even Portuguese, display the same caesura, which however is less pronounced in French. Global is not universal, far from it. It does not promote principles based on reason but aims to generalise an experience. The universal is not sectarian and accepts that it can be better achieved elsewhere than in its country of origin whereas global wants to impose itself everywhere and accepts all the shifts that its dissemination requires.

It is often said that the adoption of the global leads to an impoverishment of communication. According to this conception, global would be made up of the comprehension thresholds of various users, which would inevitably place it very low. It would then be barely more than a pidgin language. But this is a rather hasty judgment. It does not take into account the existence of a sphere suited to the use of this language and seeks to compare it with languages developed for other reasons. International business travellers who move around the world today rarely leave the environment for which global was

Le global ne fonctionne pas comme son prédécesseur, la langue nationale à vocation universelle. Celle-ci, généralement née d'un dialecte régional, s'est imposée à l'échelle d'un territoire comme langue de communications et de transactions dans laquelle tout locuteur devait être capable de se reconnaître. Elle avait pour vocation la promotion d'une certaine homogénéité de culture sur les territoires de sa distribution et la légitimation de cette unité territoriale par référence à son propre passé. Si tous les pays ont fait de l'apprentissage de la langue nationale (ou d'une langue nationale) le passage obligé de la formation des enfants, c'est parce que la langue était le moyen d'accéder à la dignité et aux droits de la citoyenneté, et sa maîtrise fondait l'égalité formelle des citoyens dans la nation. Ce qui revient à dire que la langue avait partie liée avec la nation et avec l'État qui en était le gardien. Or aujourd'hui, c'est ce lien qui se dénoue.

Il en résulte un certain désarroi à la fois sur le plan du sens – et beaucoup ont parlé d'une crise du sens – et sur le plan des pratiques langagières dont on constate la rapide évolution. Dans la plupart des pays industrialisés on note depuis un certain nombre d'années une dégradation dans la maîtrise de la langue, surtout chez les enfants, et chaque rentrée scolaire s'accompagne désormais de dénonciations rituelles des méfaits de la télévision et de constats impuissants devant ce que l'on décrit comme la montée inexorable d'un nouvel analphabétisme qui semble résistant à la scolarisation et qui peut-être même s'en nourrit.

Ce que l'on néglige dans ces jérémiades, c'est de prendre en considération que la langue n'est pas une entité toujours égale à elle-même et qu'elle change selon les fonctions qu'elle est appelée à jouer. Le Moyen Âge européen a pu se contenter d'une langue marquée par l'immédiateté des contacts puisque la vie des gens se déroulait dans des espaces relativement restreints et était déterminée par des facteurs proches. Le monde qui s'ouvre avec les grandes découvertes est déjà beaucoup plus vaste et les anciennes formes d'apprentissage, qui consistaient à s'inféoder pendant de longues années à un maître dont il s'agissait d'apprendre non seulement les tours de main mais le mode de vie, ne suffisent plus. L'apprentissage direct et immédiat fait place alors à un apprentissage indirect et médiatisé par le langage : les premiers manuels apparaissent, qui ne sont rien de moins que les compilations des tours de main des meilleurs maîtres, ce qui permet à

designed, except precisely to go and experience a bit of local colour. Otherwise, it makes no difference whether they are in Singapore, São Paulo or Warsaw. They want to be able to telephone without hindrance to their hotel reception desk, follow the latest stock exchange figures on the television, and conclude agreements in principle which lawyers will make watertight. We may question our world's drift towards this way of doing things which has caused islands of sameness to appear all over the globe, but we cannot blame it on language.

Global does not function like its predecessor, national language with a universal vocation. This, usually born from a regional dialect, imposed itself on a territorial scale as the language of communications and transactions in which any speaker should be able to feel at home. Its aim was to promote a certain cultural homogeneousness in the territories where it was spoken and to legitimize this territorial unity through reference to its own past. If all countries have made learning the, or one of the, national languages a compulsory component of children's education, it is because language was the means to achieve dignity and citizenship rights, and mastery of language was the basis of formal equality between the citizens of the nation. Which is tantamount to saying that language was bound up with the nation and with the state that was its custodian. Now today, these ties are loosening.

The outcome is a certain confusion both at the level of meaning – and many have spoken of a crisis of meaning – and at the level of language practices which are developing rapidly. In recent years, in most of the industrialised countries, there has been a deterioration in the mastery of language, especially among children. Each new school year begins with the ritual denunciations of the evils of television and acknowledgements of powerlessness in the face of what is described as the inexorable growth of a new illiteracy which seems resistant to education and which perhaps even thrives on it.

But these tirades fail to take into consideration the fact that language is not an entity which always remains true to form and that it changes according to the role it is required to play. Medieval Europe was content with a language influenced by the proximity of contacts, as people's existences were lived in relatively confined areas, and determined by immediate factors. The world which opened up with the great discoveries was already much vaster and the ancient forms of learning, which consisted

l'apprenti de comprimer en quelques années un apprentissage qui aurait exigé plusieurs vies. Mais pour que ce bond en avant ait pu se faire il a fallu que l'on considère le langage comme le truchement universel de l'expérience de sorte que les expériences diverses qui ont été répertoriées, codées et transmises aient pu être assumées par ses usagers sans considération de leur degré de distance ou d'immédiateté à ces expériences. Et pour cela il a fallu penser que tous les individus étaient pareillement constitués, que l'expérience de l'un était transmissible à un autre, que les différences entre eux étaient négligeables, et qu'au fond on pouvait faire fonctionner une covalence intégrale des individus.

Aujourd'hui ces présupposés sont remis en question. Nous vivons à une époque où des groupes de plus en plus nombreux et réunis autour d'un facteur d'identité, tel leurs appartenances ethnique, religieuse, ou leur orientation sexuelle, affirment que leur expérience est réfractaire à la médiation de la langue, que cette langue n'est pas aussi universelle qu'on l'a prétendu puisqu'elle lamine leur différence. Il se crée ainsi de nouvelles zones d'incompréhension, de nouveaux découpages de l'ensemble social. On pourrait légitimement craindre que les acquis de la modernité, et en particulier tous ceux qui ont trait aux notions de dignité humaine, soient ainsi menacés. Mais est-ce bien le cas ? Car ces mêmes groupes, s'ils contestent la capacité de la langue de dire leur différence, ne semblent pas nourrir de pareilles réserves à l'égard de l'image, ou plutôt du visuel, ni à l'égard de la musique. C'est donc la place de la langue qui est elle aussi en train de changer dans notre ordre symbolique : la modernité aura été l'époque où la langue a dominé tout notre régime symbolique. Désormais elle bat en retraite devant le visuel. Cela ne veut pas dire qu'elle devient obsolète, tant s'en faut, mais qu'elle entre dans une période de mutation dont il serait prématuré d'annoncer le résultat, même si certaines tendances se laissent déceler.

On retiendra un seul exemple : celui des communications électroniques. Chaque jour, plusieurs millions de messages s'échangent autour du globe sur plusieurs réseaux, dont le plus important est l'Internet. L'ordinateur qui sert de médium à ces communications impose des contraintes : les serveurs du réseau ne reconnaissent que les signes alphabétiques de base. Ainsi, à moins de recourir à des techniques de codage assez complexes qui diminuent le nombre de lecteurs, il faut

of pledging allegiance to a master for many years and learning not only his skills but also his life style, were no longer sufficient. Direct and immediate learning then gave way to indirect learning through the medium of language: the first manuals appeared, which were nothing less than compilations of the greatest masters' know-how, enabling the student to compress into a few years an apprenticeship which would have required several lifetimes. But for this leap forward to take place, it was necessary for language to be considered the universal means of conveying experience so that the various experiences that were recorded, coded, and transmitted could be assimilated by the users irrespective of their degree of distance from or proximity to these experiences. And that required the supposition that all these individuals were similarly constituted, that one person's experience could be communicated to others, that the differences between them were negligible, and that in fact it was possible to establish an integral covalency between individuals.

Today, these presuppositions are challenged. We live at a time when more and more groups, constituted on the basis of an identity factor, such as their ethnic or religious allegiance or their sexual orientation, state that their experience is resistant to being conveyed by language, that this language is not as universal as has been claimed as it glosses over their difference. Thus new areas of incomprehension are created, new social divisions. It could legitimately be feared that the achievements of modernity, especially everything to do with human dignity, are thus threatened. But is this so? For these same groups, although they question the ability of language to express their difference, do not seem to have the same reservations with regard to the image, or rather the visual, or music. It is therefore the place of language which is also changing in our symbolic order: modernity will have been the era when language dominated our entire symbolic system. Now, it is beating a retreat before the visual. That does not mean that it is obsolete, far from it, but that it is entering a period of mutation whose outcome it would be premature to predict, although some trends are beginning to emerge.

We will take one example: that of electronic communications. Every day, several million messages are exchanged around the globe via several networks, the biggest of which is Internet. The computer which serves as the

écrire soit en global soit dans une langue privée de ses signes diacritiques. Si Brésiliens, Portugais, Polonais, hispanophones s'accommodent assez facilement de cette exigence, beaucoup de francophones renâclent, et chaque journée voit plusieurs messages se plaindre de l'hégémonie de l'anglais. Il est intéressant de constater que les Allemands sont passés au global alors que leur langue ne posait pas de problème de transmission. Le problème est encore plus grave pour ceux qui n'utilisent pas l'alphabet latin. Les Ukrainiens romanisent leurs messages alors que les Russes ne le font que très rarement. Aussi ces derniers sont-ils fort rares sur l'Internet ou alors ils s'expriment en global.

Au-delà de ces contraintes matérielles, l'Internet instaure un tout nouveau régime de la communication. Étant donné sa rapidité et le fait que la notion de frontière n'y a aucun sens, il branche son utilisateur directement sur la planète. Il crée ainsi une communauté internationale, qui se regroupe et se divise en groupes d'intérêts fort divers, allant de sujets scientifiques très pointus (bionet. molbio. yeast) aux inclinations les plus bizarres (alt. sex. bestiality). Les rencontres face à face entre les personnes qui utilisent ces réseaux sont fort rares, et il est intéressant de noter que l'absence de cette éventualité a suscité tout un art de l'apparence : les utilisateurs fréquents élaborent de complexes signatures, graphismes construits au moyen des signes générés par l'ordinateur. Une nouvelle séduction se façonne ainsi dans le cadre de ces nouvelles techniques du dialogue.

Nous vivons un moment de transition. Les techniques de communication et les modes de socialité qui leur sont liés changent rapidement et ne seront plus jamais les mêmes. Valéry écrivait au début de ce siècle : « Notre époque n'a pas son langage. On n'ose pas l'avouer. Alors, les uns usent d'un langage pastiché – issu de combinaisons d'emprunt (aux trois siècles précédents) – les autres parlent comme le premier homme et parlent pour eux seuls. » Solipsisme ou psittacisme : tel semblait être le choix devant nous, selon Valéry. À la fin de ce siècle, nous commençons à entrevoir quel sera le langage de notre époque. Il sera articulé autour d'une dialectique du global et du local, d'un global qui ne sera pas l'apanage de l'anglais mais qui marquera le mode d'appartenance à la nouvelle économie et la culture planétaires propre à chaque communauté linguistique. Pour reprendre le titre fort bien trouvé du présent ouvrage : il s'agit bel et

medium for these communications imposes restrictions: network servers recognise only the basic alphabetical characters. So, unless we have recourse to fairly complex coding techniques which reduce the number of readers, we have to write either in global or in a language stripped of diacritical characters. While Brazilians, Portuguese, Poles and Spanish speakers are adapting to this requirement without too much difficulty, many French speakers grumble, and every day sees several messages complaining about the predominance of English. It is interesting to note that the Germans switched to global although their language did not pose transmission problems. The problem is even more serious for those who do not use the Roman alphabet. The Ukranians romanize their messages while the Russians only rarely do so. Also, the latter are rare users of Internet, or they express themselves in global.

Beyond material constraints, Internet brings a completely new communication system. Given its speed and the fact that the notion of frontier has no meaning, it connects the user directly to the planet. It thus creates an international community, which divides into very different interest groups, ranging from highly specialised scientific subjects (bionet. molbio. yeast) to the most unusual penchants (alt. sex. bestiality). It is rare for users of these networks to meet face to face, and it is interesting that the remoteness of this likelihood has created a whole art of presentation: frequent users develop complex signatures, graphics built with computer-generated characters. A new seduction is thus being formed in the context of these new techniques of dialogue.

We are living in a period of transition. Communication techniques and means of sociality associated with them are changing rapidly and will never be the same again. Valéry wrote at the beginning of the twentieth century: "Our era does not have its language. We dare not admit it. So some use a pastiche language – made up of borrowed combinations (from the previous three centuries) – others speak like the first men and speak for themselves alone". Solipsism or parrotry: that seemed to be the choice facing us, according to Valéry. As this century draws to a close, we are beginning to glimpse what the language of our era will be. It will be built around a dialectics of global and local – a global that will not be the prerogative of English but which will represent each linguistic community's means of belonging to the new planetary

bien de *repousser l'horizon*. On ne voit un horizon qu'à partir d'un point donné – ce sera le local. Mais notre horizon est d'un genre particulier : il doit pouvoir faire le tour de la terre. Il ne fait pas cercle autour de nous. Il est réticulaire, et le voir, c'est en parcourir le maillage. La construction de l'Europe n'est rien d'autre que le tissage de ce maillage, un tissage dont on espère qu'il sera de plus en plus serré tout en restant fort souple. C'est ainsi que l'Europe et son langage se feront ensemble. L'Europe ne peut pas précéder sa langue, mais elle ne peut pas la suivre non plus. Et cette langue, tout comme la dialectique du global et du local, devra se faire dans chacune des langues européennes. Il y aura donc une langue européenne à l'intérieur de l'anglais comme du français, de l'italien comme du grec. Et ce sera pour nous tous une nouvelle forme d'altérité, une nouvelle manière de nommer le monde et d'être au monde.

economy and culture. To echo the very apt title of this book, it truly is question of pushing back the horizon. You can only see a horizon from a given point – that will be the local. But our horizon is of a particular kind: it must be able to go round the world. It does not make a circle around us. It is a network, and to see it, is to travel its grids. The building of Europe is no other than the weaving of this mesh, in the hope that the mesh will become finer and finer, while remaining flexible. That is how Europe and its language will be a whole. Europe cannot precede its language, but it cannot follow it either. And this language, like the dialectics of global and local, should be created within each of the European languages. So there will be a European language within English as there will be within French, Italian and Greek. And for us that will be a whole new form of otherness, a new way of naming the world and of being in the world.

Wlad Godzich

English translation: Ros Schwartz

D'origine polonaise, né en 1945 en Allemagne (dans un camp où ses parents furent internés durant la guerre), élevé en France, Wlad Godzich est citoyen américain et canadien. Il vit en Suisse où il est professeur de littérature contemporaine d'expression anglaise et de littérature comparée à l'Université de Genève. Il déploie une importante activité en tant que directeur de collection et traducteur.

Born in 1945 in Germany (in camp where his polish father and his mother were interned during the war), raised in France, Wlad Godzich is citizen of US and Canada. He lives in Switzerland where he is professor of Contemporary Literature of English expression and of Comparative Literature of the University of Geneva. He is editor of several collections of essays and translator.

On the Emergence of Prose *(Minnesota, 1987)*, Philosophie einer nichteuropäischen Literaturkritik *(Fink, 1988)*, The Culture of Literacy *(Harvard, 1994)*...

La séduction de dire

Au-delà de la diversité des langues européennes, il existe une permanence de la séduction de la parole ; la tour de Babel figure ici, davantage pour nous rappeler notre diversité que pour souligner la confusion des langues.

92 - Pieter Bruegel l'Ancien, *La Tour de Babel*, 1563

Bois, 1,14 x 1,55

Kunsthistorisches Museum, Vienne

92

Beyond the diversity of European languages, the seduction of language endures; the tower of Babel is featured here, more to remind us of our diversity than to emphasize the babble of languages.

92 - Pieter Breugel the Older, *The Tower of Babel*, 1563

Wood, 1.14 x 1.55

Kunsthistorisches Museum, Vienna

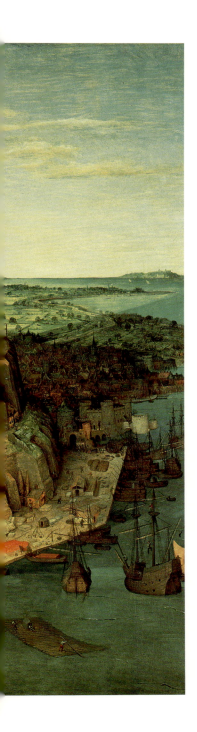

La parole a souvent besoin de n'être pas comprise pour recéler un charme, au sens propre du mot. Du refrain de la comptine aux formules incantatoires, une partie du mystère réside dans la sonorité, le rythme, l'accent que l'on met à les prononcer ; une autre réside dans l'intention ou la dédicace que l'on y dépose en les exprimant. Ici, il s'agit certainement d'une inscription magique sur la marche servant de seuil au tombeau : « Grama grumo ana - Ay Cax PI/IX »

93 - Inscription magique, Hypogée des dunes, Poitiers

93

Words often need not to be understood to create a spell, in the literal sense of the word. From the nursery rhyme refrain to incantations, part of the mystery lies in the sound, the rhythm, the intonation. Another part is found in the intention, or the dedication invested in them by the speaker. This is very likely a magic inscription on the step leading to the tomb:
"Grama grumo ana - Ay Cax PI/IX"

93 - Magic inscription, Hypogée des dunes, Poitiers, France

La séduction de dire passe parfois par le plaisir de l'écriture. La calligraphie arabe se prête au voyage spirituel en émaillant l'« apparence » d'encre dorée et de petites rosaces bleu et or. Le titre « Les Fils d'Israël » appartient à la sourate XVII du Coran, plus souvent intitulée : « Le Voyage nocturne ».
94 - Coran, Espagne ou Maghreb, XIIIe-XIVe siècle
Encres, couleurs et or sur parchemin, 0,262 x 0,220
Ms. or., Smith-Lesouëf 217, f.1
Bibliothèque nationale, Paris

95 - *Raban Maur, accompagné d'Alcuin offrant son œuvre à Ogier, évêque de Mayence*, environ Xe siècle
Österreichische Nationalbibliothek, Vienne

94

The seduction of words can sometimes turn into the pleasure of writing. Arab calligraphy lends itself to the spiritual journey by embellishing the "appearance" with golden ink and little blue and gold rosettes. The title "The sons of Israel" belongs to the 17th Surah of the Koran, more often entitled: "The nocturnal journey".
94 - Koran, Spain or North Africa, 13th-14th century
Inks, colours and gold on parchment, 0.262 x 0.220
Or. ms, Smith-Lesouëuf 217, f.1
Bibliothèque nationale, Paris

95 - *Raban Maur, accompanied by Alcuin, offering his work to Ogier, Bishop of Mainz.* c. 10th century
Österreichische Nationalbibliothek, Vienna

95

Des moines philosophes aux cafés des encyclopédistes, la confrontation des idées et le goût insatiable du débat ont permis aux idées européennes de se forger et de circuler, souvent par delà les frontières.

96 - *Le Déjeuner des encyclopédistes*
Gravure
Bibliothèque nationale, Paris

97 - Reinhold Völkel
Le Café Griensteidl, 1986
Aquarelle, 0,23 x 0,343
Historisches Museum der Stadt Wien
Vienne
Inv. 62 352

From philosopher monks to encyclopedists in their cafés, the exchange of ideas and the insatiable thirst for debate have enabled European thinking to develop and spread, often beyond frontiers.

96 - *The encyclopedists' lunch*
Engraving
Bibliothèque nationale, Paris

97 - Reinhold Völkel
The Griensteidl Café, 1986
Watercolour, 0.23 x 0.343
Historisches Museum der Stadt Wien
Vienna
Inv. 62 352

Conserver son identité, c'est sauvegarder sa langue : toutes les minorités, quelles qu'elles soient, tiennent à relever ce défi : parler autrement pour se comprendre entre soi, mais aussi pour exister avec les autres.

98 - Commerçants juifs à Vienne, 1915
Photographie
Bildarchiv der Österreichischen
Nationalbibliothek, Vienne

99 - Imre Földes, Affiche de propagande
Hongrie, 1919
« Va tout de suite chez le docteur.
Il est plus facile de prévenir
le mal que de le guérir. »

98

Preserving one's identity is to safeguard one's language: all minorities, everywhere, must face this challenge: speaking their own language when communicating with each other, but also being able to live alongside others.

98 - Jewish traders in Vienna, 1915
Photograph
Bildarchiv der Österreichischen
Nationalbibliothek, Vienna

99 - Imre Földes, Propaganda poster
Hungary, 1919
"Go to the doctor's right away.
Prevention is easier than cure".

99

100 - Conseil de l'Europe
Salle de conférence, sommet de Vienne
Octobre 1993
Photographie

---

100 - Council of Europe
Conference room, Vienna Summit
October 1993
Photograph

101 - Achille et Pier-Giacomo Castiglioni
Chaîne stéréophonique avec radio RR 126
Design de Achille et Pier-Giacomo Castiglioni, 1966
Production Brionvega. 0,71 x 1,22 x 0,37
FRAC Nord-Pas-de-Calais

C'est grâce à l'intimité du conteur, aux espaces de secret qu'il recrée sans cesse, à l'histoire qu'il raconte, que les premiers mots sont pour la première fois entendus : ceux qui accompagnent et colorent l'enfance.

102 - Guenadi Pavlichine
Illustration pour *Les Contes de l'Amour*
Éditions de Khabarovski, 1975

101

101 - Achille and Pier-Giacomo Castiglioni
Stereophonic system with Radio RR 126
Design by Achille and Pier-Giacomo Castiglioni, 1966
Made by Brionvega. 0.71 x 1.22 x 0.37
FRAC Nord-Pas-de-Calais, France

Thanks to the intimacy of the storyteller, to secret worlds which are endlessly recreated, to the story itself, the first words are heard for the first time: words which are part of the texture and colour of childhood.

102 - Guenadi Pavlichine
Illustration for *Love Tales*
Khabarovski publishers, 1975

102

The seduction of words

Il y a également la parole dure, la parole heurtée qui inquiète et secoue et puis parfois jaillit comme un cri nu. Cette parole s'inscrit sur les murs de toutes les banlieues, dérangeante, puissante, terriblement existante. Et cette parole-là, aucun « décodeur » ne sait la traduire.
103 - Tag, Paris 1991
Photo extraite de l'ouvrage
1981-1991. Vous avez dit Culture ?
Éditions C.N.P.

There are also hard words, jangling words, which disturb and jolt and sometimes break the silence like a naked scream. These words are written on the walls of inner cities everywhere, troubling, powerful and undeniably present. No "decoder" can translate these words.
103 - Tag, Paris 1991
Photo of the book:
1981-1991. Vous avez dit Culture?
Éditions C.N.P.

La séduction de dire

La fin du XXe siècle en Europe aura été marquée par la communication, et pourtant, tant de mots usés, ravaudés, de mots gris, de mots seuls, prononcés à soi-même, sans parfois avoir l'autre pour dire avec lui, avec elle.

104 - Alexias Tjoyas, *Votre Souffrance m'intéresse*, 1993

Dessin, encre de Chine

104

Communication has been the watchword of late 20th century Europe, and yet, so many words are worn out, patched up, grey words, solitary words, spoken alone, often with no "other" to respond.

104 - Alexias Tjoyas, *I am interested in your suffering*, 1993

Drawing, Indian ink

Il existe des paroles rares qui ne s'élèvent qu'au sein du champ clos du théâtre. Kantor vient fouiller les coins obscurs de notre mémoire et son art, au-delà des barrières de la langue, parle à chacun de nous comme si nous étions son intime.

105 - Deschamps
Taddeuz Kantor
Théâtre Crico, Pologne
dans *Où sont les neiges d'antan ?*, Beaubourg, 1982
Photographie

There are some rare words which are only heard in the closed world of the theatre. Kantor searches the darkest corners of our memory in his art, which goes beyond the barriers of language, and speaks to each one of us as if we were his close friend.

105 - Deschamps
Taddeuz Kantor
Crico Theatre, Poland
in *Où sont les neiges d'antan? Where are the snows of yesteryear?* Beaubourg, 1982
Photograph

106 - Rogier Van der Weyden, *Homme lisant une lettre*
National Gallery, Londres

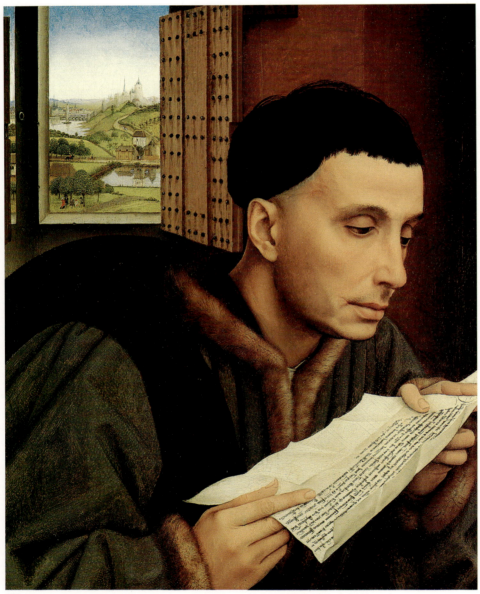

106

106 - Rogier Van der Weyden, *Man reading a letter*
National Gallery, London

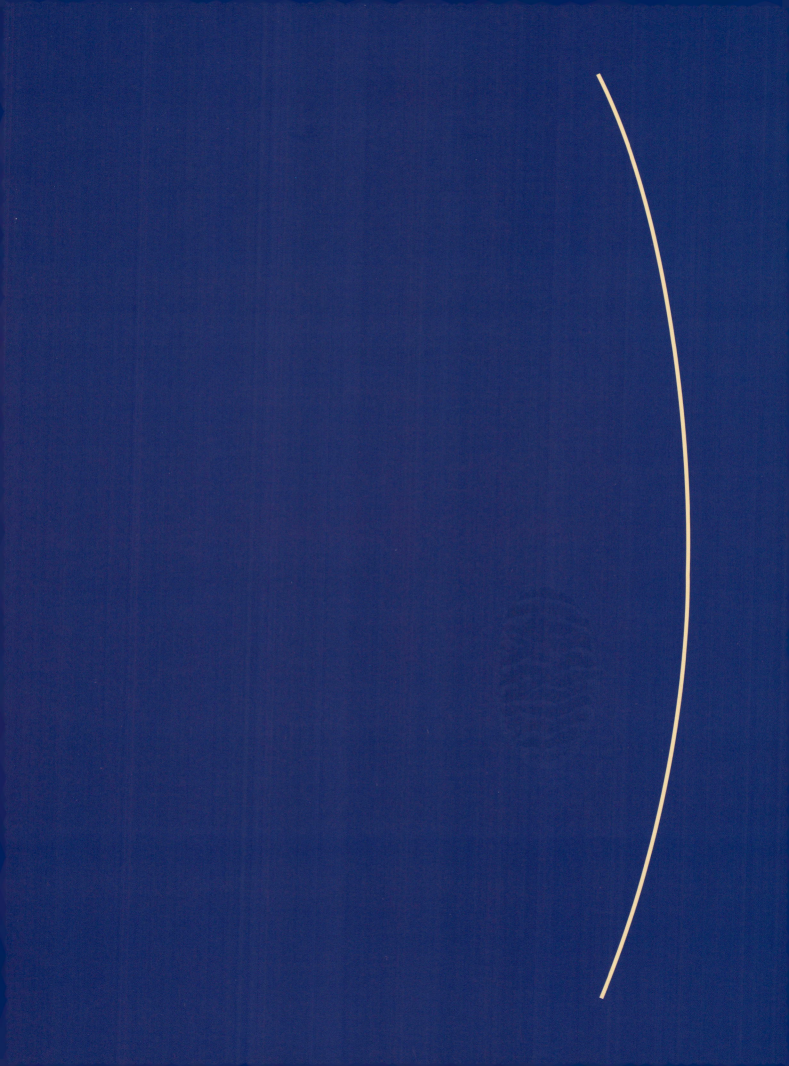

# VIII

La séduction
de l'Autre

The seduction
of the "Other"

IX. Georges Perec et sa mère
Photographie
Fonds Georges Perec
Bibliothèque de l'Arsenal, Paris

IX. Georges Perec and his mother
Photograph
Fonds Georges Perec
Bibliothèque de l'Arsenal, Paris

ASSIA DJEBAR

Elle s'appelle Yacouth et son prénom arabe de « pierre précieuse » (Yacinthe) ne lui fait abandonner ni ses robes kabyles de couleur or et pourpre, ni la langue berbère dans laquelle elle soupire, lors de son premier voyage en bateau d'Alger à Marseille en 1946 :
« Ô Dieu, s'exclama-t-elle ardemment tandis que la ville blanche s'éloignait irréversiblement – que jamais je ne revoie ma terre, jamais ! »
Accrochée aux jupes de cette voyageuse, une fillette de six ans, à l'aube suivante, dévore des yeux les inscriptions sur la coque des bateaux à Marseille ; en parallèle au vœu maternel, l'enfant énonce le sien, scrupuleusement :
« Un jour, ô Dieu, faites que je sache déchiffrer ces dessins ! Je lirai ! » Elle lira. Pour lors, Yacouth, sa fillette accrochée à ses basques, descend la passerelle derrière Rosa, la Française responsable de ce départ : mariée à un Kabyle émigré à la Grand-Combe, celle-ci a tenu à emmener en Algérie, près d'Akbou, son premier garçon pour qu'il soit circoncis au milieu de la tribu paternelle. Elle a alors persuadé Yacouth d'oser aller rejoindre son mari mineur là-bas, dans les Cévennes...
Cette dernière rêve maintenant devant moi, quarante-cinq ans après : « Oui, que je ne revoie jamais ma terre, c'était là mon seul vœu de migrante !... Je fus trop malheureuse, quand mes frères m'ont donnée par deux fois dans des mariages de malheur ! Mon troisième mari, lui, un brave homme, a dû s'expatrier : grâce à Rosa et tenant ma fille par la main, j'ai donc voyagé, d'abord en calèche jusqu'à Alger, puis sur ce bateau !... J'avais trente-six ans. »
Elle croise ses mains tatouées et les pose sur ses genoux ; sa robe est presque pareille à celle du départ d'autrefois, d'or et de pourpre mêlés, comme son prénom de pierre précieuse.

Her name is Yacouth and this Arabic first name meaning the gem, Jacinth – did not lead her to abandon either her kabyle clothes of purple and gold, or her Berber language, in which, sighing as she set out from Algiers to Marseilles in 1946 on her first sea voyage, she exclaimed so fervently as the white town disappeared resolutely into the distance:
"Oh God, may I never see my land again! Never!"
Clutching the skirts of this traveller, is a young girl of six who, the following morning, as her eyes devour the inscriptions on the hulls of the ships in Marseilles harbour; conscientiously articulates her wish, comparable to her mother's: "Oh God, may I one day be able to decipher these patterns! I shall read!"
And so she will. But for the present, Yacouth, her daughter at her heels, walks down the gangplank behind the woman who made her departure possible – Rosa, the French wife of a Kabyle who emigrated to Grand-Combe. Having agreed to take her oldest son to be circumcised in the midst of the paternal tribe, near Akbou, Algeria, she persuaded Yacouth to pluck up the courage to join her husband who was working in the mines, somewhere in the Cévennes...
Forty five years on, she is now before me, dreaming:
"Yes, as a migrant, that was the only wish I had – that I might never see my land again!... I was desperately unhappy when twice my brothers pushed me into a disastrous marriage! My third husband – a good man this time, had to leave the country. And so with Rosa's help, holding my child by the hand, I travelled by calash to Algiers and then by ship to Marseilles!... I was thirty-six".
Wearing an almost identical dress (gold and purple like her name) to the one she wore the day of her departure, she crosses her tattooed hands and places them on her lap.

She stands still for the family photo at Camp-Fougères, situated near the mines of Grand-Combe which have just closed down, thus erasing from the memory of the region all trace of the Italian, Spanish and North African communities who had been there for at least half a century...

This summer 1993, without ever having returned to Kabylia, Yacouth died aged eighty-five, while her daughter has gone backwards and forwards constantly, more often than not in the vain hope of never returning.

Posing for the group photo in that hamlet in Cévennes, Yacouth, her daughter, and her daughter's six children have gradually pushed the horizon back into the furrow of that intense and revulsed yearning of the peasant women about to set sail.

"Can you not imagine space as being like infinity? Can you not imagine space as being infinite?

There is nothing I can imagine as being like infinity. How do you suppose I could imagine anything resembling infinity?

Listen, I said to her, picture a space. Beyond this space there is yet more space further away than this one, there is still even more, and more, and more. It never stops..."

So said Pessoa, "the complete foreigner" as Eduardo Lourenço describes him. Pessoa left his native Lisbon for South Africa and an English education. Unlike my transplanted and illiterate Yacouth, he returns to his country before he is twenty. He decides that the Portuguese language will definitely be his homeland, the sole region of his immobile journeys and multiple identities.

And so Pessoa never leaves Lisbon, a return that enabled him to "discover another space beyond this space" again and again into infinity...

"Intranquility" then, is above all – to be a foreigner always!

As a foreigner, more especially a female foreigner living beneath the skies of Europe, is it not akin to heading, sometimes blindly, into the infinity revealed by a breach, only to have it burrow into you like a vertigo of silence...

The words of a woman traveller that struggle to emerge from this extemporaneous mobility, at times hasty and always vulnerable (for, to a village woman used to the advantages that the "extended family" brings, leaving her immediate circle is more like abandoning it, as the chill blast of a voiceless fear or sudden impetuosity carries her away!) – words therefore, which in this dislocation of body and soul need time to develop

Elle se fige pour la photo de famille, à Camp-Fougères, tout près des mines de la Grand-Combe qui viennent de fermer – la région s'est alors vidée de la mémoire des communautés italiennes, espagnoles, maghrébines d'au moins une moitié de siècle...
Cet été 93, Yacouth est morte à quatre-vingts ans, sans jamais être retournée en Kabylie. Sa fille, elle, n'a cessé d'aller et de venir, d'aller quelquefois en espérant ne plus revenir : en vain.
Yacouth et sa fille, et les six enfants de sa fille, posant pour la photo de groupe dans ce hameau des Cévennes, ont repoussé peu à peu l'horizon, dans le sillage de ce vœu farouche et révulsé d'une paysanne en partance.
« Ne concevez-vous donc pas l'espace comme infini ? Ne pouvez-vous pas concevoir l'espace comme infini ?
- Je ne conçois rien comme infini. Comment voulez-vous que je conçoive quoi que ce soit comme infini ?
- Écoutez, lui dis-je, supposez un espace. Au-delà de cet espace, il y a encore de l'espace plus loin que celui-ci, il y a encore plus encore, et encore, et encore. Cela ne s'arrête pas... »
Ainsi parle Pessoa, « l'étranger absolu » comme le désigne Eduardo Lourenço, Pessoa parti enfant de sa Lisbonne natale pour un séjour en Afrique du Sud et une éducation anglaise ; c'est lui qui, à l'inverse de ma Yacouth transplantée et analphabète, revient, à moins de vingt ans, vers sa terre.
La langue portugaise, décide-t-il, sera définitivement sa patrie, le lieu unique de ses voyages immobiles et de ses identités multipliées.
Pessoa donc ne quitte plus Lisbonne ; un retour pour « au-delà de cet espace, découvrir un autre espace », et encore, et encore à l'infini...
« L'intranquillité », ce serait d'abord cela, rester indéfiniment l'étranger !
Vivre, sous le ciel d'Europe, en étranger, plus particulièrement en étrangère, n'est-ce donc pas s'avancer, yeux quelquefois éblouis, dans l'infini d'une effraction qui s'ouvre, qui s'élargit – mais alors se creuse en vous comme un vertige de silence...

Parole de la voyageuse, si difficile à naître dans une mobilité improvisée, quelquefois hâtive et toujours vulnérable (en vérité, partir pour la villageoise qui bénéficie d'un « regroupement familial », c'est quitter les siens dans le vent d'une sourde peur ou d'une soudaine audace !), parole donc qui, dans ce déplacement – ce transport du corps et du cœur –, nécessite maturation pour in order to emerge. It is a world that belongs to others, for this Other, the alien one, the one become exotic, does not see herself clearly. How is she to avoid, as she makes her way along this tunnel of initial acclimatization, the reefs of change and alienation that will insidiously threaten her?... The silence of the foreign woman feeds on these perilous and fragile contacts.

Before re-anchoring herself, she has time to procreate, to see her children not only survive but live at last, searching for themselves along the paths of ambiguity and double identity – half-foreign children now, or rather, children becoming European through their foreign-ness, their speech stamped with their native or childhood neighbourhood accent, in other words: "from here". The language of "the others", spoken outside, complains the mother who, having left "over there" yesterday, now finds herself, even amongst her own people, living behind an invisible frontier, a mist...

And so "first generation" women immigrants, as they are referred to in statistical and sociological surveys, silent when they go out, for along with their dialects, they have kept their scarves, their jewels, their consternation, evolve more overtly than in their country of origin into robust "mamas", mother-figures who reassure and keep alive memories, at least in their family circle or immediate surroundings... Not for the "Others", the natives they cross, working as cleaners, child-minders, cooks – their maternal auras flow out only as far as these extremities...

Mothers and their expanded role as guardians of frozen recollections, were at times formidable but often invisible. It was as though the matriarchy, needing to be reinforced as a result of having become weak, was becoming excessively inflated due to the instability of the community: men slaving or unemployed; children, girls and boys at school or at play, socializing with those of other emigrations; becoming adolescents – boys on the loose, violent, idle, or angry; girls, runaways or rebels... What balm, if not the maternal one, could avert and soothe so much fever and so many expectations?

Formerly, they liked to look young, to be girls again, bubbling with sudden laughter! Discreet or chattering shadows they stood on doorsteps, sat dreaming on benches in the squares or in queues at four thirty in the afternoon at the school gate. Mothers in Europe; watchers "from the South", in Europe.

émerger : le monde des autres, pour l'Autre, la différente, l'exotique devenue, se perçoit brouillard, et comment éviter, au cours de ce tunnel de l'initiale acclimatation, les écueils de l'altération et de l'aliénation qui vont insidieusement menacer ?... De ces contacts hasardeux et fragiles, se nourrit le silence de l'étrangère.

Avant de se ré-ancrer, le temps s'écoule pour procréer, voir les enfants enfin vivre, et pas seulement survivre, se chercher dans les chemins de l'ambiguïté et de la double identité, eux désormais à demi-étrangers en vérité, ou plutôt devenant Européens dans l'étrangeté – eux dont le parler est griffé de l'accent du terroir, ou du quartier d'enfance, c'est-à-dire « d'ici ». La langue « des autres », celle du dehors, se plaint la mère qui, partie de là-bas hier, se retrouve, même avec les siens, derrière une frontière invisible, une brume...

Alors les « primo-migrantes » (ainsi les désignent les bilans statistiques et les rapports sociologiques), silencieuses au-dehors parce qu'elles gardent avec leur dialecte, leurs fichus, leurs bijoux, leur effarouchement, se métamorphosent plus ostensiblement qu'au pays d'origine, en « mammas » vigoureuses, idoles-mères à la fois pour rassurer et maintenir souvenance, au moins pour leur entourage familial ou le proche voisinage... Pas pour les « Autres », les autochtones qu'elles côtoient en travaillant comme femmes de ménage, comme nourrices, ou comme cuisinières – ainsi leur aura maternelle déborde jusqu'à ces franges...

Les mères, et leur rôle hypertrophié de gardiennes de mémoire figées, redoutables quel-

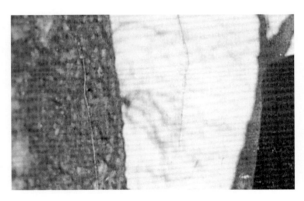

quefois, invisibles souvent. Comme si le matriarcat renforcé parce que fragilisé, s'enflait indûment dans l'instabilité de la communauté : les hommes qui triment ou qui chôment, les enfants, filles ou garçons, qui, à l'école ou au stade, se mêlent et se fondent aux autres jeunes des autres émigrations, puis les adolescents en rupture de ban, les

These days, those I come across in the course of my daily life: Mograbin girls in Paris, snatches of conversations in the metro; I unexpectedly catch the harshness of a turn of phrase originating from Aurès, the lisp of an Arab from Fez or Tlemcen, the song-like inflections of a Tunisian. In the evenings, on the suburban buses, I see women from Mali or Senegal with their charming smiles, carrying a child on their hips or backs... I think of the Turks in Germany, Alsace, Holland, of the Indians and Pakistanis in Great Britain – it is as though they only landed last month whereas it was probably five, ten years ago that they emigrated. Outside they only speak amongst themselves; already they employ a few tactics, a few ruses, still possess many anxieties as well as recollections they cannot forget.

Protracting fate without their realising it – Jewish families came to France and western Europe two generations ago, fleeing the ghettos of central Europe. And more recently, in the course of the last decade, Kurdish families, refugees from Cambodia, Vietnam, Thailand, "boat people" who disembarked yesterday – emulating, unbeknownst to them, the Armenian exodus of the twenties: the terrible swing of the pendulum of racial, religious and political repression brings us these survivors, witnesses of the tragic pulsations of history...

Hunted forms and those who find a temporary refuge, silhouettes of fugitives who will try to weave a life wherever they end up: these tenuous images once again epitomize, whether they like it or not, the more ancient but ever present plight of the gypsies who left the Balkans to roam the highways of Europe, and the Romanies mistakenly referred to as "Egyptians" as early as the end of the Middle Ages... Nomadic women chanting of a multi-secular era, a refreshing breath from people who avoid enclosed spaces, but targets alas, of new persecutions as if the myth of the kidnapping of "Europa" was tirelessly seeking to caricature its earliest violence...

The narrator of the brief and compact tale "too noisy a solitude" by Bohumil Hrabal, lives in Prague, and is suffering after having spent over thirty-five years of his life destroying tons of books, he – a man living as he says: "in a country where, for five generations, people have been able to read and write".

He consoles himself as best he can from this labour of destruction by drinking vast quantities of beer, and also by watching the Gypsies

violents, les désœuvrés, les coléreux et elles, les fugueuses ou les révoltées... Quel baume, sinon maternel, pour dévier, et apaiser tant de fièvre et d'attente.

Auparavant, elles ont aimé rajeunir, redevenir fillettes, pouffé soudain de rire ! En ombres discrètes ou bavardes, elles ont stationné sur les seuils, rêvé sur les bancs des squares ou dans les files de quatre heures de l'après-midi, au portail des écoles. Des Mères en Europe ; des Vigies du « Sud », en Europe. Celles que je rencontre dans mon quotidien d'aujourd'hui : les Maghrébines en région parisienne (des bribes de dialogues saisies dans le métro, je surprends la rudesse d'une formule aux gutturales venant des Aurès, le chuintement d'un arabe de Fès ou Tlemcen, ou un chantonnement tunisois), des Maliennes ou des Sénégalaises dans les bus de banlieue, le soir, portant avec une grâce souriante des bébés sur les hanches ou sur le dos... Je songe aux Turques en Allemagne, en Alsace, en Hollande, aux Indiennes et aux Pakistanaises en Grande-Bretagne – toujours elles semblent débarquer du mois passé, alors que cela fait déjà cinq ou dix ans qu'elles ont émigré. Elles ne parlent au-dehors qu'entre elles ; elles détiennent déjà quelques stratégies, un peu de ruses, ainsi que beaucoup de craintes encore, et d'irrépressibles nostalgies...

Or elles sont venues, mais elles ne le savent pas, prolonger le sort – deux générations auparavant – des familles juives fuyant les ghettos d'Europe centrale pour la France et l'Occident de l'Europe. Elles sont venues – plus particulièrement les familles kurdes cette dernière décennie, les réfugiés cambodgiens, vietnamiens, thaïlandais, « boat-people » hier débarqués – et elles reproduisent, sans le savoir, l'exode arménien des années 20 : terrible balancier de la répression raciale, religieuse ou politique ramenant jusqu'à nous les survivants en témoins des pulsations tragiques de l'histoire...

Figures de la pourchasse et du refuge un moment trouvé ; silhouettes de fugitives qui vont tenter de tisser une durée, dans le hasard de l'installation pas encore affirmée : ces images de friabilité rééclairent malgré elles le sort plus ancien, mais toujours actuel du peuple tsigane qui, à partir de l'Europe balkanique, sillonna toutes les routes européennes. Et les femmes des Roms et des Manouches, qu'on appelait déjà, à la fin du Moyen Âge, par erreur, des « Égyptiennes »... Nomades scandant un temps multi-séculaire, une respiration autre dans l'évitement du lieu clos

working in the refuse dump near his cave; the women "in their red and turquoise skirts", sometimes helping out... "Apparently," remarks the destroyer of books, "when we were still running around with axes and keeping goats, the Gypsies had their own country somewhere in the world, with a social structure, for they had already twice experienced the decline of their state. And the Gypsies of

today who have only lived in Prague for two generations, take great delight wherever they are, in lighting a ritual fire; a cheerful, crackling nomad's fire for the sheer pleasure of it, a blaze of end-bits of crudely-cut wood, like the laughter of a child, like a symbol of eternity..."

"The foreigner is always at the start of his history" wrote Edmond Jabès in the last of his books published before his death "A foreigner with a small book tucked under his arm" – he felt obliged in 1957 to leave his native Egypt for Paris...

Now through the seemingly opaque body of these so-called "uncivilized" mothers, for they too were shifted in the sixties to the northern Mediterranean metropolises; the speech of the children of this uprooting set to work – it shut up, entrenched itself – searching around the loss of their homeland for "words that draw". This "beginning of history" is there for second generation immigrants, in the birth of the inevitable grafting.

And once again, Jabès, in his posthumously published "The Hospitality Book", murmurs for the latter and the former:

"What is a foreigner? He who makes you feel you are at home".

Reflections this time in a different mirror, yesterday's crossfertilization which was going to vanish: those of an extra-European Europe that forged its way through its colonial territories with its pageantry of armies, administrators, ceremonies; whose languages, books and knowledge occasionally

mais sujets, hélas, à de nouvelles persécutions, comme si le mythe du rapt d'« Europe » cherchait inlassablement à caricaturer sa violence originelle...

Dans son récit bref et dense, Une Trop Bruyante Solitude, Bohumil Hrabal imagine un narrateur qui, à Prague, souffre de détruire, trente-cinq années durant, des tonnes de livres, lui qui vit, dit-il, « dans un pays où, depuis quinze générations, on sait lire et écrire ».

Or, il se console tant bien que mal de son labeur de destruction en buvant certes des litres de bière, mais aussi en regardant, près de sa caverne, des Tsiganes travailler dans la voirie, au-dehors ; leurs femmes, « aux jupes turquoises et rouges », les aident parfois – « Il paraît, remarque le destructeur de livres, que, quand nous étions encore à courir avec des haches et à garder les chèvres, les Tsiganes, eux, avaient un État quelque part dans le monde, une structure sociale ayant déjà connu deux fois la décadence, et les Tsiganes d'aujourd'hui, installés à Prague pour la deuxième génération seulement, aiment allumer, où qu'ils travaillent, un feu rituel, un feu de nomades joyeux et crépitant pour le plaisir uniquement, une flambée de bouts de bois grossièrement taillés, semblable à un rire d'enfant, à un symbole d'éternité... »

« L'étranger est constamment au commencement de son histoire » écrivait Edmond Jabès, dans son dernier livre publié avant sa mort, *Un Étranger avec, sous le bras, un livre de petit format*, lui qui s'était vu contraint de quitter, en 1957, son Égypte natale, pour Paris...

Or, à travers le corps apparemment opaque de ces Mères quasiment « barbares », parce qu'elles aussi déplacées à partir des années 60 dans les métropoles du nord de la Méditerranée, la parole des enfants du déracinement s'est mise à travailler – à se taire, à se terrer – recherche, autour de la perte du lieu d'origine, de « mots qui tracent ». C'est là le devenir d'une greffe inévitable, ce « commencement de l'histoire », pour les émigrés de la seconde génération.

Et, de nouveau, Jabès, dans son livre posthume, *Le Livre de l'Hospitalité*, murmure pour ceux-ci, pour celles-là :

« Qu'est-ce qu'un étranger ?
- Celui qui te fait croire que tu es chez toi. »

Reflets, cette fois, dans un nouveau miroir, des métissages d'hier qui allaient s'effacer : ceux d'une Europe extra-européenne qui, sur ses territoires coloniaux, s'avançait alors dans l'apparat de ses armées, de ses administrations, de ses cérémonies, dont parfois les langues, les

took root – in Africa, India and former Indo-China...

And so the economic and political refugees of today that came to Europe during the decades of decolonisation, seem to carry a secret message – be they Zaïreans in Brussels, Indonesians in Amsterdam or Pakistanis in Liverpool: their presence on the European stage does not symbolize colonial remorse for the earlier alienation imposed on them, their faces are a reminder of traumas and conflicts – for this scramble is not the result of one violation, one unequivocal intrusion, but the inevitable interweaving by history of their language and dreams ...

"The European genius," says Edgar Morin, "is not only found in plurality and change, but in the dialogue between the pluralities which produces change... What is critical to life and the future of European culture, is the fruitful meeting of diversity, antagonism, competition, interaction, in other words – dialogue between them".

Perhaps the creative work written in the various European languages, sometimes by Europeans visiting or living in the former colonies, sometimes by the children of the colonised, immigrants from Europe, can shed some light on this "mirror game".

In the middle of World War One, his nationalism and racism on the wane, Camus wrote his novel: "The Outsider". It is a fiery masterpiece, scorched by the Algerian sun. And a few years later, Kateb Yacine, traumatized as an adolescent in east Algeria by the colonial repressions of 1945, published: "Nedjma", a novel whose lyrical blaze can be compared to the naked intensity of Camus's: and it is in this way, that in French the dialogue, which according to Edgar Morin: "lies at the heart of European cultural identity" expresses itself.

In a similar exchange but with a time span covering almost a century, E. M. Forster's masterpiece: "A Passage to India", written in the twenties; appears sixty years later to revolve around: "Midnight's Children", written by English language novelist: Salman Rushdie, an Indo-Pakistani immigrant...

For the "inarticulates", these children of "creolization", as Edouard Glissant would call them, if they have been forced to abandon, forget or alienate themselves from the ancestral tongue they have lost (Kateb an orphan of Arabic and Rushdie of Urdu), at least they have given rhythm to their creations – be they literary, musical, visual or audio-visual – in one or other of the languages

livres et les savoirs prenaient germe : en Afrique, en Inde, dans l'ex-Indochine...
Ainsi, les réfugiés économiques, politiques d'aujourd'hui, venus en Europe dans ces décennies de la décolonisation, semblent transporter un secret message – qu'ils soient Zaïrois à Bruxelles, Indonésiens à Amsterdam, ou Pakistanais à Liverpool : ils ne se présentent pas sur cette scène européenne en figure du remords colonial, du ressentiment des aliénations d'hier, plutôt visages d'une mémoire des chocs et des conflits ; or cette mêlée ne fut pas de la seule violence, ni de l'intrusion univoque, mais celle des parlers et des désirs que l'histoire, malgré elle, a entrelacés...
« Le génie européen, dit Edgar Morin, n'est pas seulement dans la pluralité et dans le changement, il est dans le dialogue des pluralités qui produit le changement... Ce qui importe dans la vie et le devenir de la culture européenne, c'est la rencontre fécondante des diversités, des antagonismes, des concurrences, des complémentarités, c'est-à-dire leur dialogique. »
Voici que les œuvres d'imagination, écrites dans les langues européennes tantôt par des Européens allant ou vivant dans les colonies d'hier, tantôt par les enfants des colonisés, immigrés d'Europe, peuvent, elles, s'éclairer dans un tel jeu de miroirs.
Camus écrit, en pleine guerre mondiale, avec ses régressions nationalistes et racistes, son roman *L'Étranger*, chef-d'œuvre brûlant et brûlé au soleil algérien. Or, quelques années plus tard, Kated Yacine, marqué, adolescent, par le traumatisme de la répression coloniale dans l'Est algérien en 1945, publie *Nedjma*, un roman dont le flamboiement lyrique peut être mis en parallèle avec l'intensité nue du roman camusien : ainsi s'exprime cette dialogique dans la langue française, qui est « au cœur de l'identité culturelle européenne », selon Edgar Morin.
Dans un même entrecroisement de regards, mais sur une amplitude de près d'un siècle, le chef-d'œuvre de E. M. Forster des années 20, *Passage to India*, semblerait tourner en spirale autour, soixante ans plus tard, des *Enfants de Minuit* du romancier de langue anglaise, indo-pakistanais émigré, Salmann Rushdie...
Car ces « déparleurs », ces enfants de la « créolisation », comme dirait Édouard Glissant, s'ils ont dû renier, oublier ou même s'amputer de la langue ancestrale perdue (Kateb l'Algérien orphelin de l'arabe et Rushdie de l'urdu), rythment désormais leur création – littéraire, musicale, picturale, audiovisuelle – dans l'une ou l'autre des langues éclatées et maîtrisées de

l'Europe, cette « mère blafarde » peut-être, mais en son cœur fécondée.

Si j'ai paru commencer par privilégier la stature de la Mère métèque, comme métaphore de l'étrangère, ce n'est pas parce que celle-là semble avoir pour seule mission, de par sa mutité et son invisibilité à la société autochtone, d'enfanter, puis de nourrir « d'orgueil et d'amertume » ceux qui seront les nouveaux prolétaires – plutôt aujourd'hui les « désoccupés » et chômeurs de la crise économique actuelle, victimes propitiatoires aux monstres ressuscités des nationalismes furieux et des intolérances, champs brûlés du quotidien de tant de banlieues d'Europe...

Je la vois, l'étrangère du déracinement, celle qu'on accueille si rarement et qui s'inscrit entièrement dans le mythe féminin de l'errance, corps emmitouflé et tête levée en avant vers l'horizon devant elle – elle et ses petits ; pourtant, ses yeux semblent étrangement restés fichés sur sa nuque, ne pouvant s'empêcher de regarder derrière... C'est dans cette giration de la volonté que le cercle du ciel, devant et derrière à la fois, lui devient plein et pur... Ses yeux, exorbités, en arrière, ne regardent plus ; son cœur seul se souvient. L'étrange étrangère, plus seulement Mère, pas uniquement Déméter en deuil de sa fille, parle aux siens, libère sa voix.

L'expérience d'Elias Canetti, rapportée dans son autobiographie, illustre comment, sur la trace d'une émigration ancestrale – dans ce cas, l'exode des Juifs Sépharades d'Espagne trouvant refuge sur la terre bulgare, parce qu'autrefois province ottomane –, le don d'une langue par la mère à son fils est comme un second enfantement ; un ébranlement.

« Je ne suis guère qu'un hôte de la langue allemande que j'ai apprise à huit ans seulement », déclare-t-il en évoquant la difficile transmission maternelle – alors que tous les siens, sur les lieux d'enfance aux bords du Danube, parlaient l'ancien espagnol, le bulgare, un peu de turc et l'anglais. Mais la jeune mère, devenue veuve, décide de scolariser son fils à Vienne, en langue allemande :

« Ce n'était pas seulement pour mon bien qu'elle m'avait inculqué la langue allemande, en usant du sarcasme et de la torture mentale. Elle avait grand besoin elle-même de pouvoir s'entretenir en allemand : l'allemand était sa langue intime. La mort de mon père survenue alors qu'elle avait tout juste vingt-sept ans représentait une terrible coupure dans sa vie, et le pire dans cette coupure, c'était qu'elle mettait fin aux conversations d'amoureux qu'ils avaient eues ensemble en allemand. Son

that have fragmented through and which dominate Europe, this "pale mother" who in her heart is nevertheless impregnated.

If when I began, I seemed to be overstating the importance of the foreign mother as the metaphor of the foreign woman, this is not because her sole mission seems to be – through her silence and invisibility to the indigenous population – one of procreating then nurturing "on pride and bitterness" those who will make up the new proletariat – or rather in today's climate the "idle" and unemployed of the economic crisis – these conciliatory victims of the resurrected monsters – fierce nationalism and intolerance – now the battle grounds of daily life in so many suburbs of Europe ...

I see her with her little ones, this dispossessed foreigner, so seldom greeted, totally committed to the feminine myth of errancy, her body shrouded, her head raised to the horizon in front of her – and yet, how strange, unable to prevent herself from looking over her shoulder, her eyes seem to be fixed on her neck ... It is in this gyration of the will that the circle that is the sky, at once in front and behind her, becomes full and pure to her... These eyes that stare round, no longer look; only her heart remembers. The alien foreigner, more than a mother, more that Demeter mourning her daughter, speaks to her own and liberates her voice.

Elias Canetti's experience, reported in his autobiography, illustrates how – while tracing the emigration of his ancestors, in this instance the exodus of the Sephardic Jews from Spain to find refuge in a former Ottoman province in Bulgaria – the gift of a language passed from mother to son is like a second birth, an aftershock.

"I am no more than a host for the German language learned when I was eight" he states, remembering the difficulty he had communicating with his mother – while his peers spoke ancient Spanish, Bulgarian, a little Turkish and English in their childhood haunts on the banks of the Danube. But when the young mother was widowed she decided to take her son to Vienna so that he could be educated in German:

"It was not only for my benefit that employing sarcasm and mental torture she had me learn German. She herself had a great need to converse in it for she used it to express her inmost feelings. My father's death when she was just twenty-seven, left a terrible gap in her life and the worst thing about it was that it put an end to their lovers' conversations; for

mariage était réellement issu de cette langue ! »

Ainsi, les fantômes maternels poussent devant eux les langues émigrant elles aussi sur les routes de l'exil et ces chemins de sable ou de pierre se muent ensuite en chemins d'écriture...

La pensée, l'œuvre de Canetti, à la respiration si largement européenne, ont trouvé leur source en un lointain amont, dans l'exode des Juifs andalous de la fin du Moyen Âge. Identique est l'histoire des Morisques fuyant, au début du XVIIe siècle, peu avant la mort de Cervantes. Une partie d'entre eux réussit à s'infiltrer dans le Midi de la France – en Béarn, Languedoc et jusqu'à Bordeaux où, les vingt ans qui suivirent, les ordres se multiplient pour que « ceux qui ne font pas profession de la religion catholique, apostolique et romaine » soient contraints à « vider la présente ville, banlieue et juridiction dans un mois »...

Mais le flot massif des Morisques – des Européens donc, musulmans – trouva refuge sur la côte maghrébine, de Tétouan au rivage tunisien, par Fès, Tlemcen et Constantine...

Ainsi, pour ma part, évoquerai-je ma propre lignée maternelle, dans une cité du littoral algérois, la Césarée, ex-capitale romanisée. Ruinée après les incursions vandales, elle ne sera repeuplée qu'en ce XVIIe siècle par ces Européens transfuges et qui, musulmans, ne se sentaient pas tout à fait étrangers.

« Dans les années 20 de notre siècle, ma mère naissait là, parmi telles ou telles familles voisines qui arboraient encore, avec une vanité puérile, leurs clefs des maisons perdues à Cordoue et Grenade. De quel legs se trouva-t-elle l'héritière et que me transmit-elle de cette mémoire déjà ensablée ?... Quelques détails dans les broderies des costumes féminins, quelque accent déformant le dialecte local et gardé comme seul résidu, dialecte arabo-andalou maintenu le plus longtemps possible... Surtout la musique "andalouse" et que l'on nomme "classique", elle que de simples artisans – savetiers, barbiers ou tailleurs musulmans et juifs – pratiquaient avec conscience dans les veillées...

Ainsi recevais-je, au cours des étés de ma première enfance, au milieu des brodeuses, des chanteuses, odalisques jeunes ou vieillies de cette cité fermée sur elle-même, où seul le luth pouvait se plaindre haut, cette lueur vacillante qui traversa quatre siècles et perpétua la lumière de l'Andalousie des femmes, encore quelque peu nourricière. »

her marriage was in fact a product of this language!"

And so maternal ghosts also take with them the immigrants" languages as they make their way along the roads into exile, and later, these sandy or stony paths are transformed into those that lead to writing...

Canetti's work and his ideas – largely European in appearance – were drawn from a faraway spring: the exodus of the Andalusian Jews at the end of the Middle Ages. Identical to this, is the history of the fleeing Mudejar at the beginning of the seventeenth Century, just before the death of Cervantes. Some of them successfully integrated themselves into communities in the South of France – Béarn, Languedoc and as far as Bordeaux where, over the following twenty years, orders proliferated, demanding that "those who do not profess the Catholic, Apostolic and Roman Catholic faith" should "leave this town, suburb and authority within the month"...

But the main wave of Mudejar – European Moslems – found safe havens along the Moghrabin coastline, from Tetouan on the Tunisian seaboard, through to Fez, Tlemcen and Constantine...

And now it is my turn to recall my mother's ancestors come from a city on the shores of Algeria, the former Roman capital of Cæsaria. Left in ruins after many incursions, it was not until the seventeenth Century that is was repopulated by the Europeans refugees who as Moslems did not feel entirely foreign.

"My mother was born there in the twenties, amongst certain families of the neighbourhood who, with childish pride, still carried the keys of the houses left behind in Cordoba and Grenada. What legacy did she come into and what did she pass on to me of this memory already covered in sand?... Details of the embroidery on the women's clothes, a slight accent that distorted the local dialect but preserved – for it was all that remained – the Arab-Andalusian one for as long as possible... But more than anything the "Andalusian" music that we call "classical", conscientiously rehearsed at vigils by modest craftsmen – Jewish and Muslim cobblers, barbers or tailors...

Throughout the summers of my early childhood, spent with embroiderers, singers and servants – young or grown old in this city closed in on itself, where only the lute let out its lament, this vacillating glow came to me across four centuries to perpetuate the light of this Andalusia of women still to some extent its foster mother».

Un ultime récit de vie, au terme de ces évocations. Une jeune Polonaise émigre à Paris dans les années 30. Elle se marie, a un garçon, s'établit comme coiffeuse dans le XXe arrondissement, rue Vilin. Son époux, engagé volontaire, meurt au combat en 40. Elle envoie ensuite son garçon de six ans s'abriter dans un village de Savoie. En janvier 43, elle est arrêtée parce que juive, internée à Drancy. Elle sera, peu après, « renvoyée » en terre natale... mais à Auschwitz ! Retour non-retour.

Un peu plus de vingt ans après, son fils, Georges Perec, connaîtra la notoriété dès son premier roman, *Les Choses*. Quelque temps après, dans une amorce d'autobiographie (*W ou le souvenir d'enfance*), il écrit :

« Je ne sais pas où se sont brisés les fils qui m'auraient rattaché à mon enfance. Il me semble le plus souvent qu'elle n'est pas derrière moi, qu'elle n'est pas le sol sur lequel j'ai grandi, qu'elle ne m'appartient pas, qu'elle ne m'a jamais appartenu, mais qu'elle est devant moi, Toison d'or à conquérir, promesse et non nostalgie... »

Est-ce vraiment par hasard si le livre qui témoignera à sa manière le plus de cette non-enfance est *La Disparition*, où le romancier utilise une langue qu'il a vidée systématiquement de la lettre la plus courante en français, le « e » ?...

Comme si la brutalité jamais effacée de l'absence maternelle marquait irréversiblement la langue d'un œil aveugle !

« Langue sauvée » dans le cas de Canetti, langue trouée par le vide maternel dans celui de Georges Perec, au cœur de ces œuvres, tout au long du cheminement vigoureux, ou au contraire fragilisé, de ces deux fils, stationne la silhouette de l'étrangère, fugitive ou proscrite.

Et c'est une philosophe contemporaine, de langue espagnole, accoutumée toute sa vie à l'errance, Maria Zambrano (réfugiée politique en 36, exilée outre-Atlantique, puis édifiant son œuvre dans la solitude aux confins du Jura et de la Suisse, avant de retourner mourir récemment à Madrid), qui m'aide à clore cette célébration, en zigzag, de l'étrangère en Europe :

« Ce qui donne sa forme à la forêt, ce sont, plus que les sentiers qui se perdent en elle, les clairières qui s'ouvrent dans son épaisseur, sources de clarté et de silence... Les clairières, dans la forêt, gouttes de désert, sont comme des silences de la révélation. »

Ainsi en est-il de la culture européenne d'aujourd'hui, forêt noire ou claire dont les sentiers paraissent inépuisables, et l'étrangère,

dans l'ombre de la voix de ses enfants, ne semble qu'« une goutte de désert ». Si peu armée pour « repousser l'horizon », ne joue-t-elle pas simplement le rôle – d'éclaircissement ou d'esseulement – de la plus modeste des clairières de la forêt ?

Maria Zambrano, elle-même, pourrait invoquer l'absence presque totale des femmes dans la philosophie européenne ; mais elle tournerait la tête, en souriant, vers cette intervenante, dans *Le Banquet* de Platon, Diotime, « l'étrangère de Mantinée », qui s'adresse à Socrate et lui fournit la définition qu'il cherche :

« S'il est, cher Socrate, un temps de la vie entre tous où il vaille la peine de vivre, c'est bien celui où l'on commence à entrevoir la Beauté en soi ! »

Je souhaite que ce soit Diotime prônant l'amour philosophique qu'écouteront, un jour, les enfants de ma Yacouth berbère, qui est morte, cet été, en Europe.

protected by her children"s voices, is like a "drop of the desert". So ill-unprepared to "push back the horizons", is she not simply just playing the part – enlightened or isolated – of the most unassuming of the clearings in the forest?

Maria Zambrano herself, could have bemoaned the near total absence of women in European philosophy; but smiling, she would have turned her head to look at the intruder at Plato's "Symposium" – Diotima, "the foreigner from Mantinea" who addressing Socrates, gives him the definition he is seeking:

"If there is, dear Socrates, a time in life when it is more worthwhile to be alive, then it is that time when we begin to perceive the beauty within ourselves!"

I hope that one day the children of my Berber – Yacouth, who died this summer in Europe, will hear Diotima extolling the virtues of philosophical love.

Assia Djebar
(De l'étrangère - From the female foreigner)

English translation: Anne-Marie Glasheen

Romancière algérienne née en 1936, Assia Djebar fut élève de l'École normale supérieure à Paris. Elle écrit son premier roman, La Soif, *en 1956. À l'Indépendance algérienne, en 1962, elle enseigne l'histoire à l'université d'Alger, tout en continuant son œuvre de romancière. Elle a réalisé plusieurs films :* La Nouba des femmes du mont Chenoua *(Prix de la Critique internationale à la Biennale de Venise en 1979),* La Zerda et les chants de l'oubli *(primé à Berlin en 1983).*

Algerian novel writer, born in 1936, Assia Djebar was a student at the École normale supérieure in Paris. She writes her first novel: La Soif, *in 1956. At the Algerian Independence in 1962 she teaches History at the University of Algiers, as well as she continues her work of novel writer. She has produced several films:* La Nouba des femmes du mont Chenoua *(Prize of the International Critic at the biennal event of Venice in 1979),* La Zerda et les chants de l'oubli *(awarded in Berlin in 1983).*

Les Impatients, Les Enfants du Nouveau Monde, Femmes d'Alger dans leur appartement *(1980),* L'Amour, La Fantasia *(1985),* Ombre sultane *(1987),* Loin de Médine *(1991)...*

Entrer en relation, c'est toujours accepter de prendre le risque d'être incompris, parfois d'être trahi ; pourtant il existe une séduction trouble de cet autre différent et semblable.
107 - Malevitch
Boer (Paysan), 1928-1932
Huile sur toile, 1,20 x 1,00
Musée national russe, Saint-Petersbourg

Entering into a relationship always brings with it the risk of not being understood, sometimes of being betrayed; and yet this different yet similar "other" exerts a disturbing power of seduction over us.
107 - Malevich
Boer (Peasant), 1928-1932
Oil on canvas, 1.20 x 1.00
Russian Museum, St Petersburg

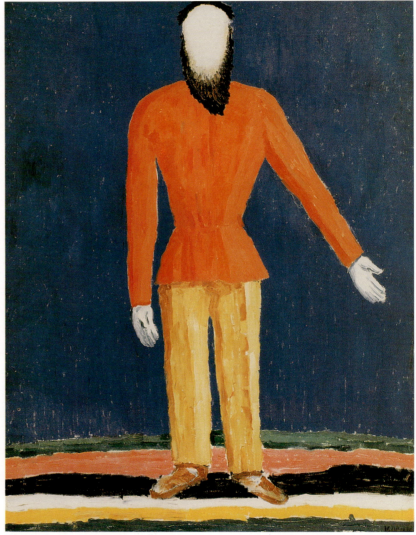
107

108

C'est dans l'architecture que se voient le plus nettement les multiples influences de l'Autre sur l'Europe. Ce qui était étranger devient alors familier à notre regard, à notre culture.
108 - Grande mosquée, Cordoue
Photographie

The influence of the other is most evident in architecture. What was foreign becomes familiar, becomes part of our own culture.
108 - Great Mosque, Cordoba
Photograph

La séduction de l'Autre

Cette séduction de l'Autre en Europe a souvent été teintée d'exotisme. Elle s'est nourrie jusqu'à la fin du XIXᵉ siècle au gré des chemins qui conduisent vers cet Orient alors très éloigné. Delacroix n'a pas échappé à la règle du voyage vers l'« ailleurs ».

109 - Eugène Delacroix, *Femmes d'Alger dans leur appartement*, 1834
Huile sur toile, 1,80 x 2,29, Inv. 3824
Musée du Louvre, Paris

109

The seductive Other in Europe has often been tinged with exoticism. Up until the end of the 19th century the far-away Orient held a magnetic attraction for Europe. Delacroix was no exception and was fascinated by distant places.

109 - Eugène Delacroix, *Women of Algiers*, 1834
Oil on canvas, 1.80 x 2.29, Inv. 3824
Musée du Louvre, Paris

110 - Matisse
*Figure décorative
sur fond ornemental*
1925-1926
Huile sur toile
1,30 x 0,98
Musée national d'Art
moderne, Paris

---

110 - Matisse
*Decorative figure on an
ornamental background*
1925-1926
Oil on canvas
1.30 x 0.98
Musée national d'Art
moderne, Paris

Il existe parfois d'étranges similitudes, des filiations secrètes, comme si les sillons du visage-masque du Nigeria étaient allés se déposer dans le paysage de Munch.

111 - Masque, Ibibio, Nigeria
Bois, H : 0,20
Collection Jacques Kerchache, Paris

112 - Edvard Munch
Le Cri, 1895
Lithographie noire, 0,35 x 0,25
Museum of Modern Art, New York

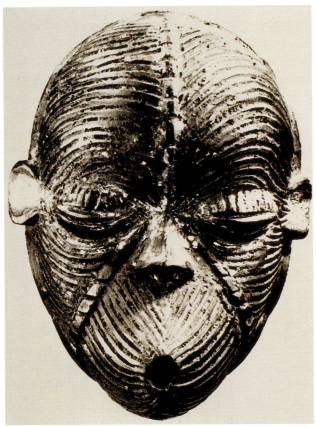
111

There are sometimes strange similarities, secret affiliations, as if the furrows lining this face-mask from Nigeria had been transposed to a Munch landscape.

111 - Ibibio mask, Nigeria
Wood. H: 0.20
Jacques Kerchache Collection, Paris

112 - Edvard Munch
The Scream, 1895
Black lithography, 0.35 x 0.25
Museum of Modern Art, New York

112

Pour se sentir libre et jouer à être autre, un masque de carnaval suffit parfois ; et la foule devient multiple, comme est multiple le masque que l'Autre nous présente.
113 - Halin
Carnaval de Bâle
Photographie

113

A carnival mask is sometimes enough to give people the freedom to play at being someone else; and the crowd becomes many-faceted, just as the mask which the Other presents us is multi-faceted.
113 - Halin
Basle Carnival
Photograph

La séduction de l'Autre

Le regard posé sur l'autre-étranger n'est jamais neutre ; il se nourrit de son propre passé, opère des correspondances pour recréer une histoire différente et toujours singulière. Klee s'inspire d'un masque africain ; l'œuvre ainsi créée sera, à son tour, l'objet d'une réinterprétation accomplie, ici, par un artiste marocain : Mahdjoub Ben Bella ; et ces échanges d'artistes, ces allers-retours aiguisent la compréhension de l'Autre.

114 - Masque, Bwa, Burkina Faso
Bois peint, H : 0,385
Collection particulière. Provenance : collection Tristan Tzara

115 - Paul Klee
Pastorale, 1927
Détrempe sur toile fixée sur du bois, 0,693 x 0,524
The Museum of Modern Art, New York

114

The way we see the other-stranger is never impartial; it is influenced by our own past, we make associations to recreate a different history. Klee is inspired by an African mask; the work created will, in turn, be reinterpreted by a Moroccan artist: Mahdjoub Ben Bella; and these exchanges between artists, this to-ing and fro-ing, heighten our understanding of the Other.

114 - Bwa mask, Burkina Faso
Painted wood, H: 0.385
Private collection. Originally part of Tristan Tzara's collection

115 - Paul Klee
Pastoral, 1927
Tempera on canvas with wooden backing, 0.694 x 0.524
The Museum of Modern Art, New York

115

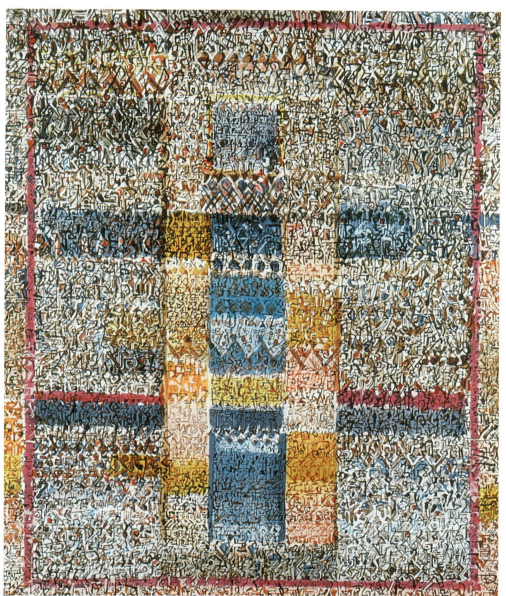

116

116 - Mahdjoub Ben Bella
Sans titre, 1986
Huile sur toile, 0,82 x 0,1
Collection particulière

116 - Mahdjoub Ben Bella
Untitled, 1986
Oil on canvas, 0.82 x 0.1
Private collection

À la recherche de formes nouvelles, de spontanéité et de naturel, les avant-gardistes des années 20 sont fascinés par la civilisation africaine et la musique noire américaine. Le ballet La Création du monde *est un témoignage de ces attirances : le livret de Blaise Cendrars, la chorégraphie de Jean Börlin, s'inspirent des arts africains et la musique de Darius Milhaud du jazz new yorkais.*

117 - Fernand Léger, *Oiseau*, projet de costume pour *La Création du monde* par les Ballets suédois, 1923
Aquarelle, 0,34 x 0,227
Dansmuseet, Stockholm

Seeking new forms, spontaneity and naturalness, the exponents of the avant-garde *of the 1920s were fascinated by African civilization and Black American music. The ballet* The Creation of the World *clearly demonstrates these influences. Blaise Cendrars' libretto and Jean Börlin's choreography draw their inspiration from African art forms, and Darius Milhaud's music is influenced by New York jazz.*

117 - Fernand Léger, *Bird*, costume design for *The Creation of the World* by the Swedish Ballet, 1923
Watercolour, 0.34 x 0.227
Dansmuseet, Stockholm

117

The seduction of the "Other"

118 - Blaise Cendrars
Moscou, 1904
Photographie
Bibliothèque nationale, Berne
(Cendrars est sous la lampe)

118 - Blaise Cendrars
Moscow, 1904
Photograph
Bibliothèque nationale, Berne
(Cendrars is under the lamp-post)

La séduction de l'Autre

119 - Kandinsky, Gropius et Oud
à Weimar en juillet 1923
Photographie

120 - A. Breton, D. Rivera,
L. Trotsky et J. Breton
Photographie

---

119 - Kandinsky, Gropius and Oud
at Weimar in July 1923
Photograph

120 - A. Breton, D. Riviera,
L. Trotsky and J. Breton
Photograph

119

120

Les peintures au pochoir qui ornent les murs de nos villes lancent des messages anonymes au passant avec lequel la parole est si difficile.
121 - Cécile Lacoste
Rabia est un amour ? 1989
Photographie
Collection particulière

The stencil paintings which decorate the walls of our cities relay anonymous messages to the passers-by who are so hard to talk to.
121 - Cécile Lacoste
Rabia est un amour ? 1989
Photograph
Private collection

« Elle s'appelle Yacouth et son prénom arabe de "pierre précieuse" (Yacinthe) ne lui fait abandonner ni ses robes kabyles de couleur or et pourpre, ni la langue berbère dans laquelle elle soupire... » (Assia Djebar)
122 - Malek Alloula
L'émigrée Yacouth, août 1986
Photographie

"Her name is Yacouth and this Arabic first name meaning the gem, Jacinth did not lead her to abandon either her kabyle clothes of purple and gold, or her Berber language..." (Assia Djebar)
122 - Malek Alloula
Yacouth, the emigree, August 1986
Photograph

122

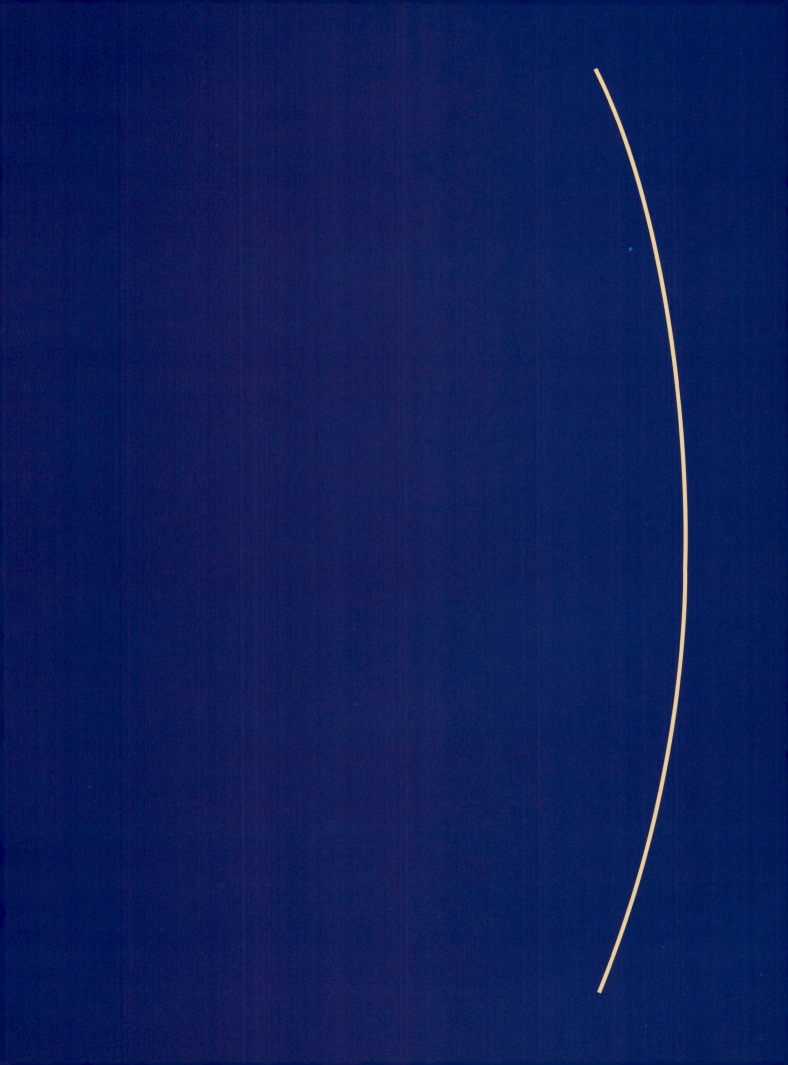

IX

La séduction
des droits de la personne

The seduction
of human rights

X. Paul Davis
Human rights
Affiche pour l'exposition
Images internationales
pour les Droits de l'Homme
Artis, Paris

X. Paul Davis
Human Rights
Poster for the exhibition
International images
for the Human Rights
Artis, Paris

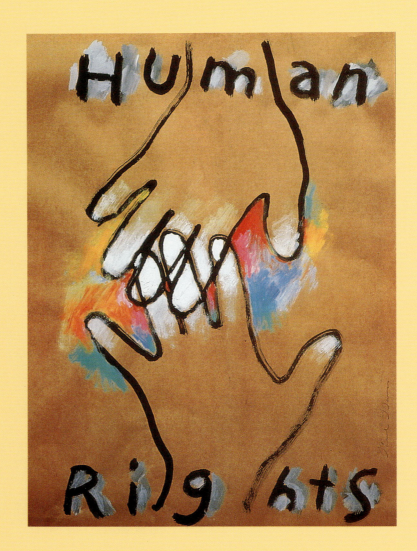

PETER
LEUPRECHT

Séduction du droit et de la loi ? Peut-être, même si l'histoire nous offre de très nombreux exemples de droits et de lois guère séduisants.
Séduction de la justice ? La justice en tant qu'idéal ne peut que séduire l'homme. Il n'en est pas nécessairement de même pour la justice en tant qu'institution. Celle-ci est souvent perçue comme mystérieuse, aveugle, écrasante ; elle peut barrer à l'homme l'accès à l'idéal de justice. C'est ainsi que nous la présente l'œuvre de Kafka, obsédé par les idées de droit et de loi.
Séduction des Droits de l'Homme ? Oui, incontestablement.
Comment expliquer cette séduction des Droits de l'Homme qui constituent un élément essentiel de l'horizon de l'Europe de la fin du XXe siècle ? Comment faire pour qu'ils le restent, comment repousser, élargir l'horizon des Droits de l'Homme à l'aube du XXIe siècle ? Voilà les deux questions auxquelles nous allons essayer de répondre.

Pourquoi cette séduction des Droits de l'Homme, phénomène universel, surtout depuis la fin de la Seconde Guerre mondiale ? Notons d'abord un fait historique : les grandes proclamations des Droits de l'Homme qui constituent autant d'étapes dans la longue lutte pour la réalisation de ces droits s'inscrivent dans un contexte de violence – violence qu'elles visent à « exorciser », à endiguer et à contrôler. Ainsi, la Déclaration Universelle des Droits de l'Homme, texte d'un souffle prophétique proclamé au lendemain de la Seconde Guerre mondiale, évoque la violence passée pour promettre ensuite une double libération aux hommes. Dans son Préambule, elle rappelle d'abord que « la méconnaissance et le mépris des Droits de l'Homme ont conduit à des actes de barbarie qui révoltent la conscience de l'humanité » ; elle annonce ensuite « l'avènement d'un monde

The seduction of rights and of the law? Perhaps, even if history offers us countless examples of rights and laws which are hardly seductive.
The seduction of justice? Justice as an ideal can only be seductive. The same is not automatically true of justice as an institution. The latter is often perceived as mysterious, blind, crushing; it can prevent humanity from attaining the ideal of justice. That is how the institution of justice is presented in the works of Kafka, who was obsessed with the concept of rights and the law.
The seduction of Human Rights? Yes, undeniably.
How can we explain this seduction of Human Rights which loom large on the horizon of Europe at the close of the twentieth century? What must we do to ensure that they remain a key issue, how can we push back, expand the horizon of Human Rights at the dawn of the twenty-first century? These are the two questions which we shall try to answer.

Why this seduction of Human Rights, a universal phenomenon, especially since the end of World War II?
Let us note first of all a historical fact: the great declarations of Human Rights which mark the various stages in the long struggle for the realization of these rights are born in a context of violence – a violence which they aim to "exorcise", to curb and to contain. Thus, the Universal Declaration of Human Rights, a text of prophetic inspiration proclaimed in the aftermath of World War II, evokes the violence of the past to promise a double liberation in the future. In the Preamble, it recalls first of all that the "disregard and contempt for Human Rights have resulted in barbarous acts which have outraged the conscience of mankind". It then goes on to announce "the advent of a world in which human beings shall enjoy [...] freedom

249

from fear and want". Human beings shall enjoy freedom from fear and want – that is the undeniably seductive and inspiring aim of Human Rights.

In practical terms, the problem of Human Rights arises wherever individuals, often through structures or institutions, exercise power over others. Human rights are always asserted and defended against power, not only that of the State, but any power, be it political, economic, social, spiritual or that of the media, science or technology. Human rights set out to restrict, signpost and control power and to reduce its violence. Contrary to a utilitarian concept of power, Human Rights place an ethical boundary on power. To borrow from Kafka, we could say that the aim of Human Rights is to ensure that power does not become an impregnable castle; that human beings do not become crushed in a nightmarish trial; that they do not appear in court, excluded from justice, which appears as an increasingly faint glimmer, finally to die blind before the gates of justice; that they are not crushed by a sinister murder machine which writes an illegible judgment on the human body.

Lastly, and above all, the seduction of Human Rights is explained by what they are: rights which every person possesses because they are a human being; rights which they possess, which they carry with them, which cling to their skin, and not rights granted or bestowed on them by the authorities; rights which they need to be able to live the life of a human being, a life worthy of a human being. The idea of human dignity, of the equal dignity of all human beings, is the foundation of the entire edifice of Human Rights. These are of necessity universal, in other words, rights which are valid for all human beings, otherwise they would not merit their name.

All human beings aspire to have their dignity recognised. In an article entitled "Le concept des droits de l'homme est-il un concept universel?" (Is the concept of Human Rights a universal concept?), Jeanne Hersch wrote: "In a way that is full of imagery, diffuse, profoundly experienced, there is, in every person, every culture, the need, the expectation, the awareness of these rights... the main thing is that everywhere this fundamental demand is clear: human beings are owed something because they are human beings".

Sadly, it is true that countless human beings wait in vain for their due. Often, reality does not match their expectations or aspirations. Throughout history, humanity has furnished

où les êtres humains seront libérés de la terreur et de la misère ». Libération de l'homme de la terreur et de la misère – voilà l'objectif, incontestablement séduisant et mobilisateur, des Droits de l'Homme.
En termes pratiques, le problème des Droits de l'Homme se pose là où des hommes, souvent à travers des structures ou des institutions, exercent un pouvoir sur d'autres hommes. Les Droits de l'Homme s'affirment et se défendent toujours face au pouvoir, non seulement celui de l'État, mais tout pouvoir, qu'il soit politique, économique, social, médiatique, scientifique, technologique ou spirituel... Les Droits de l'Homme visent à limiter, à baliser, à contrôler le pouvoir et à en atténuer la violence. À une vision utilitariste du pouvoir, les Droits de l'Homme opposent une exigence éthique comme limite du pouvoir. En empruntant à Kafka, on pourrait dire que le but des Droits de l'Homme est de faire en sorte que le pouvoir ne soit pas un château impénétrable ; que l'homme ne soit pas broyé dans un procès cauchemardesque ; qu'il ne soit pas devant et en dehors de la justice dont il n'aperçoit qu'une lueur de plus en plus lointaine pour mourir enfin aveugle devant les portes de la justice ; qu'il ne soit pas brisé par une sinistre machine à tuer qui inscrit sur son corps un jugement illisible.
Enfin, et surtout, la séduction des Droits de l'Homme s'explique par ce qu'ils sont : des droits que tout homme possède parce qu'il est homme ; des droits qu'il possède, qu'il porte avec lui, qui collent à sa peau, et non des droits accordés ou octroyés par le pouvoir ; des droits dont il a besoin pour pouvoir mener une vie d'homme, une vie digne de l'homme. L'idée de dignité de l'homme, de l'égale dignité de tous les êtres humains, est à la base de tout l'édifice des Droits de l'Homme. Ceux-ci sont donc nécessairement universels, c'est-à-dire des droits qui valent également pour tous les êtres humains ; sinon ils ne mériteraient pas leur nom.
Tout être humain aspire à être reconnu dans sa dignité. Dans un article intitulé *Le concept des Droits de l'Homme est-il un concept universel ?*, Jeanne Hersch a écrit : « De façon imagée, diffuse, profondément vécue, il y a chez tous les hommes, dans toutes les cultures, le besoin, l'attente, le sens de ces droits... L'essentiel c'est que partout on perçoit cette exigence fondamentale : quelque chose est dû à l'être humain parce qu'il est un être humain... »
Il est – hélas ! – vrai que d'innombrables êtres humains attendent en vain ce qui leur est dû. Souvent, la réalité n'est pas à la hauteur de countless proofs of its extraordinary ability to proclaim great ethical and legal principles while practising the opposite wherever individuals exercise power over others. Today we are scandalised by the incredible inconsistency of those who, at the end of the eighteenth century made admirable declarations regarding the inalienable rights of man, equality and freedom, while accepting the continuation of slavery. Today's world is guilty of the same kind of blatant inconsistency. We can barely see it, either because we lack detachment or because we do not want to see it. Future generations are sure to criticise, for example, the inconsistency of declaring the right to life as the paramount right, the most fundamental of all, and then allowing thousands of people to die of starvation and malnutrition every day.
Human rights must be more than a fine promise which is never kept; they must not be ascribed a utopian or eschatological character; it is not enough to promise that Human Rights will be attained tomorrow, or the next day. They must be implemented, guaranteed, a part of life *hic et nunc*.
Of course, there will always be a discrepancy between the aspiration of Human Rights and the actual situation in this world. Is it the fault of Human Rights? Should we, like Michel Villey, reject Human Rights as being "unrealistic"? According to Villey, "their powerlessness is evident"; "their mistake is to promise too much," he writes, to conclude that the formulation of Human Rights is "indecent". Would anyone say that criminal law is "unrealistic" or "powerless" because it hasn't eliminated crime – or medicine because it has not eradicated disease? The right conclusion that should be drawn from the discrepancy between the promise of Human Rights and the reality is not that it disqualifies Human Rights, but that reality must change. Where reality – which often is "indecent" – does not fulfil to the requirements of Human Rights, these are inevitably the basis of demands for change and consequently come into conflict with the powers that be. That is where the character of Human Rights – corrosive and subversive in the literal sense – is revealed: Human Rights attack the foundations and machinery of domination and constantly challenge, question and "subvert" the established authorities.

Human rights loom large on Europe's horizon at the close of the twentieth century. From their Vienna Summit, in October 1993,

l'attente et de l'aspiration. À travers l'histoire, les hommes ont fourni de multiples preuves de leur extraordinaire capacité de proclamer de grands principes éthiques et juridiques tout en pratiquant le contraire là où ils exercent un pouvoir sur d'autres hommes. Nous sommes aujourd'hui scandalisés par l'incroyable incohérence de ceux qui, à la fin du XVIIIe siècle, proclamaient d'admirables déclarations sur les droits inaliénables de l'homme, l'égalité et la liberté, tout en s'accommodant de la persistance de l'esclavage. Le monde d'aujourd'hui est coupable du même genre de criantes incohérences. Nous ne les voyons guère, soit faute de recul, soit parce que nous ne voulons pas les voir ; les générations qui suivront la nôtre ne manqueront pas de les dénoncer, par exemple celle qui consiste à proclamer comme droit primordial de l'homme, fondamental entre tous, le droit à la vie et de laisser mourir chaque jour des milliers d'hommes de faim et de sous-alimentation.

Les Droits de l'Homme doivent être bien plus qu'une belle promesse jamais tenue ; il ne faut pas leur donner un caractère utopique et eschatologique ; il ne suffit pas de promettre leur réalisation pour demain ou après-demain. Ils doivent être mis en œuvre, garantis, vécus *hic et nunc*.

Évidemment, il y aura toujours un décalage entre l'aspiration des Droits de l'Homme et la situation réelle de ce monde. Faut-il le reprocher aux Droits de l'Homme ? Faut-il, comme le faisait Michel Villey, rejeter les Droits de l'Homme comme « irréels » ? Selon lui, « leur impuissance est manifeste » ; « leur tort est de promettre trop », écrit-il, pour conclure que la formulation des Droits de l'Homme est « indécente ». Dirait-on que le droit pénal est « irréel » et « impuissant » parce qu'il n'a pas fait disparaître la criminalité – ou la médecine parce qu'elle n'a pas fait disparaître la maladie ? La bonne conclusion qu'il faut tirer du décalage entre la promesse des Droits de l'Homme et la réalité n'est pas qu'il disqualifie les Droits de l'Homme mais qu'il faut changer la réalité. Là où la réalité – qui, elle, est souvent « indécente » – n'est pas conforme aux exigences des Droits de l'Homme, ceux-ci sont inévitablement source de revendications de changement et se heurtent ainsi aux pouvoirs établis. C'est là qu'ils révèlent leur caractère corrosif et subversif au sens propre du mot : ils s'attaquent aux sources et structures de domination et remettent constamment en question, interpellent et « subvertissent » le pouvoir établi.

the heads of state and government from the thirty-two member states of the Council of Europe not only contemplated but also wanted to define the horizon of the new Europe. Their Declaration of Vienna begins thus:
"The end of the division of Europe offers us an historic opportunity to consolidate peace and stability on the continent. All our countries are committed to pluralist and parliamentary democracy, the indivisibility and universality of Human Rights, the rule of law and a common cultural heritage enriched by its diversity. Europe can thus become one vast area of democratic security".

The horizon of the Europe of Human Rights, of which the Council of Europe is the institutional expression and the guarantor, has expanded remarkably, from the geographical point of view, since the upheavals of 1989. And at the heart of those upheavals was the demand for democracy, freedom and Human Rights. Before seeing where to go and how to push back the horizon of the Europe of Human Rights, not only from the geographical point of view but also with regard to the fundamental concept, it might be useful to remember where we come from.

Europe has not always been the home of Human Rights; this is a fact which needs restating. Moreover, Human Rights are not a purely European (or French) invention, even if Europe has, especially since the end of the eighteenth century, made a vital contribution to the legal and contemporary formulation of Human Rights. However, the origins of these rights are infinitely more ancient and have much broader ramifications. In different civilisations, in different cultures and different religions, at different moments in history, we see an eruption of concern for mankind and this powerful, profound aspiration to human respect and dignity and to what we more recently call Human Rights.

After World War II, a phenomenon occurred which profoundly modified the parameters of the problem of Human Rights: the irruption of Human Rights on the international scene, the internationalisation of Human Rights. This phenomenon owes a great deal to Europe – not to its virtue, but to the monstrous crimes of which Europe was the theatre under totalitarian, Nazi and fascist regimes, to this explosion of barbarism at the very heart of our continent which believed itself to be so civilised. At a time which is not notable for its sense of history, confronted with a world which – alas! – often has a short, even defective, memory, it is crucial to evoke

Les Droits de l'Homme sont un des éléments essentiels de l'horizon de l'Europe de cette fin du XXe siècle. Au Sommet de Vienne, en octobre 1993, les chefs d'État et de gouvernement des trente-deux États membres du Conseil de l'Europe ont non seulement contemplé, mais aussi voulu marquer l'horizon de la nouvelle Europe. La Déclaration de Vienne commence ainsi :

« La fin de la division de l'Europe nous offre une chance historique d'affirmer la paix et la stabilité sur ce continent. Tous nos pays sont attachés à la démocratie pluraliste et parlementaire, à l'indivisibilité et à l'universalité des Droits de l'Homme, à la prééminence du droit, à un commun patrimoine culturel enrichi de ses diversités. Ainsi, l'Europe peut devenir un vaste espace de sécurité démocratique. »

L'horizon de l'Europe des Droits de l'Homme dont le Conseil de l'Europe est l'expression institutionnelle et le garant s'est singulièrement élargi, du point de vue géographique, depuis les bouleversements de 1989. Et les revendications de démocratie, de liberté et de Droits de l'Homme ont été au cœur de ces bouleversements. Avant de voir où aller et comment « repousser l'horizon » de l'Europe des Droits de l'Homme, non seulement du point de vue géographique, mais aussi quant au fond, il n'est pas inutile de rappeler d'où nous venons.

L'Europe n'a pas toujours été une terre de Droits de l'Homme ; c'est une évidence qu'il n'est cependant pas superflu de rappeler. Par ailleurs, les Droits de l'Homme ne sont pas une invention purement européenne (ou française) même si l'Europe a, notamment depuis la fin du XVIIIe siècle, apporté une contribution essentielle à la formulation juridique et contemporaine des Droits de l'Homme. Toutefois, les origines de ces droits sont infiniment plus anciennes et ramifiées. Dans différentes civilisations, dans différentes cultures et dans différentes religions, à différents moments de l'histoire, l'on voit éclater le souci de l'homme et cette forte et profonde aspiration au respect de la dignité de l'homme et de ce que nous appelons, par un terme relativement récent, les Droits de l'Homme.

Après la Seconde Guerre mondiale s'est produit un phénomène qui a profondément modifié les données du problème des Droits de l'Homme : l'irruption des Droits de l'Homme sur la scène internationale, l'internationalisation des Droits de l'Homme. Ce phénomène doit beaucoup à l'Europe – non à sa vertu, mais aux crimes monstrueux dont elle a été le théâtre sous des régimes totalitaires, nazis et fascistes, à cette explosion de barbarie au

repeatedly this historical background to the international effort to safeguard and promote Human Rights. Since the end of World War II, the major international agreements devoted to Human Rights have emphasized the central importance of human beings at the heart of the international community responsible for the collective and interdependent protection of the rights of the human being.

The state, and above all, the democratically elected state, ought to be the chief guarantor of Human Rights; its role is to uphold rights and to ensure that they are upheld. But history teaches us that the state can be not only the protector, but also the destroyer of Human Rights. It is because the State has often been negligent in its role of guarantor of Human Rights and become an instrument of oppression that the international community has been given the right to scrutinise the behaviour of States. States can no longer shelter behind the convenient screen of non-interference. Human rights have ceased to belong to the domain of "internal affairs". Upholding Human Rights is the duty of every state, not only towards its own people but also towards the international community.

Europe, learning from its traumatic history, has gone a particularly long way towards the international guarantee of Human Rights. Within the framework of the Council of Europe, a series of important legal instruments have been concluded, in particular the European Convention on Human Rights endowed with a supranational control machinery, the European Social Charter and the provision of the European Convention for the Protection of Human Rights and Fundamental Freedoms against torture and inhuman or degrading treatment or punishment.

This Europe of Human Rights has seen a rapid geographical expansion since the memorable year of 1989. The most worthy and accomplished celebration of the bicentenary of the French Revolution and of the Declaration of Human Rights was the achievement of the people and peoples of Central and Eastern Europe. The extraordinary upheavals of 1989 gave rise to a great hope – the hope above all of at last uniting the whole of Europe on the basis of a common conception and practice of Human Rights and democracy. Sadly, we see that today this great wave of hope has virtually collapsed. A great many of the visionary and courageous men and women who provoked the changes have been replaced by everyday managers. The iron curtains and walls put up by the former

cœur même de notre continent qui se croyait tellement civilisé. À une époque qui ne se distingue pas par son sens de l'histoire, face à un monde qui – hélas ! – a souvent une mémoire courte, voire défaillante, il est indispensable de rappeler sans cesse cette origine historique des efforts internationaux visant à la sauvegarde et au développement des Droits de l'Homme. Les grands textes internationaux qui, depuis la fin de la Seconde Guerre mondiale, ont été consacrés aux Droits de l'Homme affirment avec force la primauté de l'homme au cœur de la communauté internationale responsable de la protection collective et solidaire des droits de l'être humain.

L'État, et surtout l'État de droit démocratique, devrait être le principal garant des Droits de l'Homme ; son rôle est de respecter et de faire respecter ces droits. Mais l'expérience historique nous enseigne qu'il peut être non seulement le protecteur, mais aussi le fossoyeur des Droits de l'Homme. C'est parce que l'État a souvent été défaillant dans son rôle de garant des Droits de l'Homme et transformé en instrument d'oppression que l'on a conféré à la communauté internationale un droit de regard sur le comportement des États. Ceux-ci ne peuvent plus s'abriter derrière le confortable paravent de la non-ingérence. Les Droits de l'Homme ont cessé d'appartenir au domaine des « affaires intérieures ». Le respect des Droits de l'Homme est un devoir de tout État, non seulement envers son peuple, mais également envers la communauté internationale.

L'Europe, tirant les leçons de son expérience historique traumatisante, est allée particulièrement loin dans cette voie de la garantie internationale des Droits de l'Homme. Dans le cadre du Conseil de l'Europe, une série d'importants instruments juridiques ont été conclus, dont notamment la Convention Européenne des Droits de l'Homme dotée d'un mécanisme de contrôle supranational, la Charte Sociale européenne et la Convention Européenne pour la prévention de la torture et des peines ou traitements inhumains et dégradants.

Cette Europe des Droits de l'Homme a connu un rapide élargissement géographique depuis cette mémorable année 1989. La célébration la plus digne et la plus accomplie du bicentenaire de la Révolution française et de la Déclaration des Droits de l'Homme et du Citoyen a été l'œuvre d'hommes et de peuples d'Europe centrale et orientale. Les extraordinaires bouleversements de 1989 avaient fait naître un immense espoir – l'espoir surtout d'unir enfin toute l'Europe sur la base d'une

regimes of Eastern Europe have been replaced by the "wall of prosperity". The economic and social situation which prevails in most of the postcommunist countries does not create favourable conditions for the fulfilment of Human Rights. A sizeable proportion of these countries already seem tired of democracy. Euphoria has given way to disillusionment and resignation.

The progress of Human Rights and democracy in Europe – both Eastern and Western – is not by any means irreversible. Alexis de Tocqueville has taught us that democracy is always under threat; the same is true of Human Rights. In Europe at the close of the twentieth century, Human Rights are faced with many serious challenges and threats: wars and violence; poverty and deprivation, the unjust distribution of wealth, social exclusion; aggressive ethnocentrism and nationalism, intolerance, racism, antisemitism and xenophobia; religious fanaticism and fundamentalism; the renewed irruption of the irrational in the city... Despite their apparent diversity, these phenomena have perhaps a common root: the rejection of what is universal in people and in humanity and the rejection of the other and otherness.

In the Europe of today, and especially in Bosnia-Herzegovinia, the disregard and contempt for Human Rights have resulted once again in barbarous acts which outrage the conscience of mankind. The return of the monstrous concept of "ethnic cleansing" and the atrocious crimes committed in its name show that the barbarism of the Nazi era and the doctrines which inspired it are still alive.

It is perhaps worth recalling that irrationality was, in the inter-war years, the soil in which ethnocentrism, nationalism and antidemocratic doctrines were cultivated. The "thinkers" who created the ideological foundations of Nazism considered the irrational not as an aberration but as a virtue. They set instinct against reason, the former prevailing over the latter; the power of reason had to yield to the "power of life" which, in fact, was soon to prove to be the power of death. One of the great apostles of what he himself called "the intoxication of nationalism", Friedrich Georg Jünger, wrote in his work *Der Aufmarsch des Nationalismus*, published in 1926, that nationalism "has no inclination to criticize or analyze. It does not want tolerance because life is not tolerant. It is fanatical because everything that is of blood is fanatical and unjust". These doctrines, which systematically denigrated the

conception et d'une pratique commune des Droits de l'Homme et de la démocratie. Il faut malheureusement constater que cette grande vague d'espoir est aujourd'hui largement retombée. En bonne partie, les hommes et les femmes visionnaires et courageux qui avaient provoqué le changement ont été remplacés par des gestionnaires du quotidien. Les rideaux de fer et murs érigés par les anciens régimes de l'Est ont été remplacés par le « mur de la prospérité ». La situation économique et sociale qui règne dans la plupart des pays postcommunistes ne crée pas des conditions favorables à l'épanouissement des Droits de l'Homme. Une proportion non négligeable de ces pays semble déjà fatiguée de la démocratie. L'euphorie a cédé la place à la désillusion et à la résignation.

Le progrès des Droits de l'Homme et de la démocratie en Europe – de l'Est et de l'Ouest – n'est nullement irréversible. Alexis de Tocqueville nous a enseigné que la démocratie est toujours menacée ; les Droits de l'Homme le sont également. Dans cette Europe de la fin du XXe siècle, les Droits de l'Homme sont confrontés à de nombreux et graves défis et menaces : guerres et violences ; pauvreté et misère, distribution injuste des richesses, exclusion sociale ; ethnocentrisme et nationalisme agressifs, intolérance, racisme, antisémitisme et xénophobie ; fanatismes et intégrismes religieux ; nouvelle irruption de l'irrationnel dans la cité... Malgré leur apparente diversité, ces phénomènes ont peut-être une racine commune, à savoir un double rejet : rejet de ce qu'il y a d'universel dans l'homme et dans l'humanité et rejet de l'autre et de l'altérité.

Dans l'Europe d'aujourd'hui, et notamment en Bosnie-Herzégovine, la méconnaissance et le mépris des Droits de l'Homme conduisent à nouveau à des actes de barbarie qui révoltent la conscience de l'humanité. Le retour du concept monstrueux de « nettoyage ethnique » et les crimes atroces auxquels conduit sa mise en pratique montrent que la barbarie de l'époque nazie et les doctrines qui l'inspiraient sont toujours vivantes.

Il n'est peut-être pas inutile de rappeler que l'irrationalité a été, entre les deux guerres, le terreau sur lequel ont été cultivés ethnocentrisme, nationalisme et doctrines antidémocratiques. Les « penseurs » qui ont préparé la base idéologique du nazisme considéraient l'irrationnel non comme une déviation, mais comme une vertu. Ils opposaient l'instinct à la raison, le premier devant prévaloir sur la seconde ; le pouvoir de la raison devait céder la place au « pouvoir de la vie » qui, en fait,

devait très rapidement se révéler comme pouvoir de la mort. L'un des grands apôtres de ce qu'il appelait lui-même « l'ivresse du nationalisme », Friedrich Georg Jünger, pouvait écrire dans son ouvrage *Der Aufmarsch des Nationalismus*, publié en 1926, que le nationalisme « n'a pas de penchant critique ou analytique. Il ne veut pas de la tolérance parce que la vie ne la connaît pas. Il est fanatique, car tout ce qui est du sang est fanatique et injuste. » Ces doctrines qui dénigraient systématiquement l'esprit, la raison et la tolérance et célébraient « le mythe national qui fleurit du sang » conduisaient logiquement à la justification, voire à la glorification et à la pratique de la violence, de la loi du plus fort et de l'élimination de l'« autre ». Hélas, elles sont à nouveau d'une terrible actualité. Elles sont à nouveau pratiquées sur le terrain ; et elles germent à nouveau dans les cerveaux de scientifiques qui appellent à l'obéissance des « lois naturelles », quels que soient les dommages qu'en subissent nos aspirations éthiques. Pour nombre d'entre eux, les Droits de l'Homme ne sont pas « naturels » ; leur respect est contraire à la nature (animale) de l'homme. Ainsi Konrad Lorenz a cru devoir avertir l'espèce humaine des dangers qu'elle encourt en refusant la hiérarchie, la sélection « naturelle », l'inégalité. Il écrit : « Nous savons avec quelle rapidité le comportement social peut se dégrader lorsque la sélection naturelle cesse d'intervenir. » Lui et certains de ses disciples estiment que le mal du monde vient de ce que l'homme a voulu user de sa pensée et de sa parole pour se mettre en travers de ses pulsions « naturelles ». « Tous les grands dangers qui menacent l'humanité d'extermination, dit Konrad Lorenz, sont les conséquences directes de cette pensée conceptuelle et de ce langage. Ces deux dons-là ont chassé l'homme du paradis où il pouvait suivre impunément ses instincts et faire ou ne pas faire tout ce qui lui plaisait. » Pour Konrad Lorenz et ses disciples, ce que nous appelons les Droits de l'Homme serait donc une erreur, une inquiétante déviation par rapport à la nature et au jeu efficace de la vie. Jean Hamburger leur a remarquablement répondu : « [...] il ne s'agit pas d'une erreur, il s'agit d'un destin. Un destin qui définit l'homme. » Selon lui, les normes éthiques qui ont donné naissance au concept des Droits de l'Homme « expriment un refus de l'ordre biologique naturel. [...] Le concept des Droits de l'Homme n'est pas inspiré par la loi naturelle de la vie, il est au contraire rébellion

spirit, reason and tolerance and celebrated the "national myth which thrives on blood" naturally led to the justification, the glorification even, and the practice of violence, the law of the jungle and the elimination of the "other". Sadly, these doctrines have found a chilling new topicality.

They are once more being practised in the field; and they are once more germinating in the minds of scientists who call for obedience to "natural laws", whatever the damage to our ethical aspirations. For many of them, Human Rights are not "natural"; respect for Human Rights is counter to our (animal) nature. Thus Konrad Lorenz felt it his duty to warn the human race of the dangers it was incurring by refusing hierarchy, "natural" selection, inequality. He wrote: "We know how quickly social behaviour can deteriorate when natural selection ceases to operate". He and some of his disciples believe that the world's ills are the result of human beings wanting to use their faculties of thought and speech to counter their "natural" impulses. "All the great dangers which threaten humanity with extermination," said Konrad Lorenz, "are the direct consequences of this conceptual thought and of this language. These two gifts banished man from Paradise where he could obey his instincts with impunity and do or not do as he pleased". For Konrad Lorenz and his disciples, Human Rights as we call them were a mistake, a disturbing aberration from nature and the efficient game of life. Jean Hamburger notably replied: "... it is not a question of a mistake, it is a matter of destiny. A destiny which defines humanity". According to him, the ethical

standards which gave birth to the concept of Human Rights "express a rejection of the natural biological order... The concept of Human Rights is not inspired by the natural law of life. Quite the contrary, it is a rebellion against natural law. An admirable rebellion. An admirable move by an admirable being who decides to impress the mark of his spirit on an indifferent or hostile world. Human

contre la loi naturelle. Admirable rébellion. Démarche admirable d'un être qui décide d'imprimer la marque de son esprit sur un monde indifférent ou hostile. L'homme ne trouve pas ses droits dans l'ordre naturel, il les conquiert contre cet ordre. L'audace est somptueuse. Elle sépare définitivement l'homme de sa seule condition animale. Elle donne son plein sens à l'aventure humaine. »
Comment poursuivre, malgré et contre tous les dangers qui la guettent, l'aventure des Droits de l'Homme en Europe, à l'aube du XXIe siècle ? Voici quelques pistes pour une réflexion et une action futures.
1. Tout d'abord il est essentiel de faire prévaloir la raison et la réalité sur l'irrationnel. Or, la réalité de l'Europe est celle d'une société multiculturelle. Tous les rêves fous d'une société monoculturelle, mononationale ou ethniquement « pure » passent à côté de cette réalité.
2. Face aux mythes obscurs, dangereux et réducteurs de la « communauté de sang », et pour vaincre ces mythes, il faut courageusement construire une Europe, communauté d'esprit, fondée sur des valeurs communes, dont notamment celle qui est à la base de toute la philosophie des Droits de l'Homme : l'égale dignité de tous les êtres humains. Or, l'Europe souffre aujourd'hui d'un terrible déficit d'idées, de visions et de valeurs. Vaclav Havel l'a dit avec force au Sommet de Vienne : « L'Europe d'aujourd'hui manque d'éthique, d'imagination, de générosité. » Il est d'une extrême urgence de combler ce triple déficit de l'Europe.
3. Il faut réduire au minimum le décalage entre la situation réelle et ce que les Droits de l'Homme promettent. Ceux-ci perdent leur crédibilité et leur pouvoir de séduction s'ils ne sont qu'un discours incantatoire, une belle promesse jamais tenue. L'Europe de la fin du XXe siècle ne doit donner raison ni à Michel Villey qui stigmatisait l'impuissance des Droits de l'Homme, ni à Karl Marx qui décrivait ceux-ci comme l'expression des intérêts faussement idéalisés des possédants et des puissants. L'Europe doit vivre les Droits de l'Homme – tous les Droits de l'Homme, non seulement les droits civils et politiques, mais aussi les droits économiques, sociaux et culturels – dans leur universalité et dans leur indivisibilité. C'est seulement si tous ces droits lui sont effectivement garantis que l'homme peut vivre dans la dignité. Or, il faut bien avouer que l'Europe a considérablement moins avancé dans la voie de la « démocratie sociale » que dans celle de la « démocratie politique », pour reprendre les termes

beings do not find his rights in the natural order, they win them against this order. The audacity is splendid. It raises humanity definitively from the animal condition. It gives the full meaning to the human adventure".
In the face of so many threats, how can we pursue the adventure of Human Rights in Europe at the dawn of the twenty-first century? Here are a few suggestions for consideration and future action.

1. First of all, it is essential to allow reason and reality to prevail over the irrational. Now, the reality of Europe is that of a multi-cultural society. Any crazy dreams of a mono-cultural, mono-national or ethnically "pure" society ignore that reality.
2. To combat the obscure, dangerous and reductive myths of the "community of blood", we must courageously build a Europe, a community of spirit, based on common values, including above all the value which is the cornerstone of the entire philosophy of Human Rights: the equal dignity of all human beings. Now Europe is suffering today from a terrible deficit of ideas, vision and values. Vaclav Havel stated emphatically at the Vienna Summit: "The Europe of today lacks ethics, imagination and generosity..." It is a matter of the utmost urgency to make up for Europe's triple deficit.
3. We must reduce as far as possible the gap between the true situation and that promised by Human Rights. These lose their credibility and power of seduction if they are nothing but an incantation, a fine promise never kept. Europe at the close of the twentieth century must not side with Michel Villey who stigmatised the powerlessness of Human Rights, nor with Karl Marx who described them as the falsely idealised interests of those who have and of those in power. Europe must implement Human Rights – all Human Rights, not only civil and political rights, but also economic, social and cultural rights – in their universality and in their indivisibility. It is only if all these rights are effectively guaranteed that people can live in dignity. Now

employés dès 1949 par Pierre-Henry Teitgen, l'un des pères de la Convention européenne des Droits de l'Homme. Quant aux droits culturels, ils sont malheureusement les grands oubliés parmi les Droits de l'Homme. Une Europe sérieusement attachée aux Droits de l'Homme ne saurait tolérer les multiples formes d'exclusion qui persistent, voire s'aggravent dans notre société.

4. L'Europe doit surmonter une vision essentiellement égoïste, individualiste et revendicative des Droits de l'Homme. Ceux-ci ne sont pas seulement les droits de chacune et de chacun d'entre nous, ce sont aussi, et avant tout, les droits d'autrui. C'est dans la rencontre avec l'autre et l'altérité que nous découvrons et respectons l'homme, sa dignité et ses droits. Nous devons réapprendre ce que Emmanuel Lévinas appelle la « rencontre du visage d'autrui ». Les Droits de l'Homme ne peuvent vivre sans cette rencontre, sans la solidarité entre les hommes. Notre société en manque cruellement ; c'est la raison pour laquelle beaucoup, et surtout beaucoup de jeunes, la perçoivent, peut-être de manière diffuse, comme un « labyrinthe de la solitude » (Octavio Paz). Cherchant à en sortir, ils s'engagent dans l'impasse de la haine collective. Vaclav Havel en a livré un remarquable diagnostic dans son discours d'Oslo, le 29 août 1990, sur « l'anatomie de la haine » ; celle-ci, dit-il, donne l'illusion de délivrer de la solitude et de l'abandon et de libérer du sentiment de faiblesse et d'impuissance. La vraie issue du labyrinthe de la solitude réside dans la rencontre avec l'autre et l'altérité ; elle passe par la construction d'une société fraternelle et solidaire.

5. Enfin, si nous voulons donner aux Droits de l'Homme tout leur sens, si nous voulons qu'ils permettent à l'homme de s'épanouir dans toutes les dimensions qui sont les siennes, nous devons repenser notre conception de l'homme. Notre société ne glisse-t-elle pas de plus en plus vers une vision singulièrement réductrice de l'homme et de son destin, celle de l'*homo oeconomicus*, l'homme réduit à un rôle de facteur ou, dans la meilleure des hypothèses, d'acteur économique ? Certains parlent de la fin des idéologies. En fait, notre société est envahie par une idéologie qui ne s'avoue pas comme telle ; celle du « panéconomisme ». Elle conduit paradoxalement à une sorte de doctrine marxiste à l'envers ; selon elle, l'économie de marché et la liberté économique seraient la condition nécessaire et suffisante de la liberté tout court et de la jouissance des Droits de l'Homme. L'Europe perdrait son âme en se laissant enfermer

we must admit that Europe has made considerably less progress along the path to "social democracy" than along that of "political democracy", to use the terms employed in 1949 by Pierre-Henry Teitgen, one of the fathers of the European Convention of Human Rights. As for cultural rights, they are unfortunately grossly neglected among Human Rights. A Europe seriously committed to Human Rights would not tolerate the many forms of exclusion which persist, and are even becoming exacerbated in our society.

4. Europe must overcome an essentially egotistical, individualist and protest oriented concept of Human Rights. They are not only the rights of every man and woman, they are also, and above all, the rights of others. It is in the encounter with the other and with otherness that we discover and respect people, their dignity and their rights. We must relearn what Emmanuel Lévinas calls "meeting the other's face". Human rights cannot exist without this meeting, without human solidarity. Our society is cruelly lacking in this; that is why many, and especially many young people, see it, perhaps in a diffuse way, as a "labyrinth of solitude" (Octavio Paz). Seeking a way out, they become caught in the impasse of collective hatred. Vaclav Havel made a remarkable analysis in his speech at Oslo, on 29 August 1990, on "the anatomy of hatred"; which, he said, gives the illusion of releasing people from solitude and abandonment and liberating them from the feeling of weakness and powerlessness. The true way out of the labyrinth of solitude resides in going out to meet the other and otherness; it comes from the construction of a society based on fellowship and solidarity.

5. Lastly, and if we want to give Human Rights their full meaning, if we want them to enable people to be fulfilled in every way, we must rethink our conception of humanity. Is our society not slipping towards an increasingly reductive view of humanity and its destiny, that of "homo oeconomicus", people reduced to the role of economic factors, or, at best, actors? Some talk of the end of ideologies. In fact, our society is in the grip of an ideology which does not admit to being one: that of "pan-economism". It leads, paradoxically, to a sort of marxist doctrine in reverse; according to this ideology, the free market economy and economic freedom are the necessary and sufficient conditions for freedom itself and for the enjoyment of Human Rights. Europe is

dans cette nouvelle forme de déterminisme ; elle doit lui résister de toutes ses forces.

Voilà quelques directions dans lesquelles devraient s'engager notre réflexion et notre action si nous voulons que les Droits de l'Homme gardent leur pouvoir de séduction et demeurent un élément essentiel de l'horizon d'une Europe humaine, tolérante et démocratique. Janos Kis a raison : l'éthique de l'égale dignité seule permet de gérer le pluralisme démocratique. Si l'Europe ne vit pas cette éthique, si elle ne vit pas les Droits de l'Homme dans leur universalité et dans leur indivisibilité, si les Droits de l'Homme ne tiennent pas leurs promesses, les hommes et surtout les jeunes risqueront de plus en plus d'être séduits par les ennemis des Droits de l'Homme et de la démocratie. Si ce sont eux qui prévalent, l'Europe, une fois de plus livrée au règne des instincts « naturels » de rejet de l'autre, de haine, de violence et de mort, entrera à nouveau dans la nuit de la barbarie.

losing its soul by allowing itself to be locked into this new form of determinism; it must resist it with all its strength.

These are a few pointers as to where our thoughts and actions should be turning if we want Human Rights to maintain their power of seduction and remain a priority on the horizon of a human, tolerant and democratic Europe. Janos Kis is right: the ethic of equal dignity alone makes it possible to manage democratic pluralism. If Europe does not implement this ethic, if it does not implement Human Rights in their universality and indivisibility, if Human Rights do not fulfil their promise, people, especially the young are in increasing danger of being seduced by the foes of Human Rights and democracy. If these enemies prevail, Europe, again prey to "natural" instincts to reject the other, inspired to hatred, violence and death, will enter once more into the darkness of barbarism.

Peter Leuprecht

English translation: Ros Schwartz

Né à Salzbourg (Autriche) en 1937, directeur des Droits de l'Homme au Conseil de l'Europe de 1980 à 1993, Peter Leuprecht est Secrétaire Général adjoint du Conseil de l'Europe. Il a enseigné plusieurs années à l'Institut d'Études politiques de l'Université de Strasbourg et à l'Institut des Hautes Études européennes de Strasbourg.

Born in Salzburg (Austria) in 1937, Director of the Human Rights at the Council of Europe from 1980 to 1993, Peter Leuprecht is Deputy Secretary General of the Council of Europe. He has taught for several years at the Institute of Political Studies of the University of Strasburg and at the Institute of European High Studies of Strasburg.

La raison Caractérisée par une femme Ayant Sur Latete Le feu Sacré De L'amour De La patrie, met De niveau L'homme blanc et L'homme De Couleur Derrierre Lui et une Corne D'abondance un bananier et Des Campagnes fertiles il S'appuye Sur Les Droits De L'homme Et tient De L'autre main Le Décrd Du 15 Mai Concernant Les gens De Couleur La raison Est poussée par La Nature qui est Couronnée

Les Mortels Sont Égaux Ce N'est pas La
C'est La Seule Vertu qui fait La Di

123 - Anonyme
L'Égalité accordée aux noirs
(décret du 15 mai 1791, France)
« Les Morts sont Égaux. Ce n'est pas la naissance, c'est la seule Vertu qui fait la Différence »
Eau forte colorée, 0,316 x 0,467
Musée Carnavalet, Paris
Inv. Hist G C. 007

123 - Anonymous
Equality granted to blacks
(decree of 15 May 1791, France)
"The dead are equal. It is not birth, it is only virtue which creates the distinction"
Coloured etching, 0.316 x 0.467
Musée Carnavalet, Paris
Inv. Hist G C. 007

La séduction des droits de la personne

C'est parfois par la lecture de l'espace urbanisé que se perçoit le mieux une organisation sociale : la puissance d'un donjon, le resserrement d'un village dans son ombre, les nécessaires fortifications... Les groupes humains sont liés par des jeux de pouvoir que la séduction d'une justice pour tous tente de recomposer.
124 - Everts
*Château médiéval et village d'Almanso
Province d'Albacete, Espagne*
Photographie

Sometimes it is through studying urban spaces that we gain an understanding of social organization: the power of a castle keep, the village nestling in its shadow, the necessary fortifications... Human communities are bound together by a power hierarchy which the seduction of one justice for all endeavours to reshuffle.
124 - Everts
*Medieval castle and village of Almanso
Province of Albacete, Spain*
Photograph

124

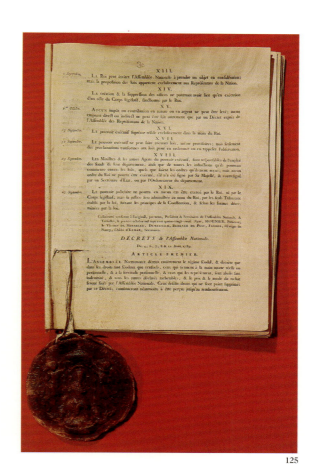

125

125 - *Abolition des droits féodaux*, août 1789
Musée de l'Histoire
de France
Archives nationales, Paris

126 - T. Koning
d'après J. Van Meurs
Les Droits de l'Homme et du Citoyen, proclamés en République batave, 1795
Gravure, 0,465 x 0,395
Rijksprentenkabinet
Rijksmuseum, Amsterdam
Inv. FM 5342b

126

125 - *Abolition of feudal rights*, August 1789
Musée de l'Histoire
de France
Archives nationales, Paris

126 - By T. Koning in the manner of J. Van Meurs
The Rights of Man and of the Citizen, proclaimed in the Batavian Republic, 1795
Engraving, 0.465 x 0.395
Rijksprentenkabinet
Rijksmuseum, Amsterdam
Inv. FM 5342b

L'individu dans son travail.

127 - Berlin : atelier de l'usine de petits moteurs A.E.G.

dessinée par Peter Berhens, 1912

Photographie

127

The individual at work.

127 - Berlin: workshop in AEG's small engine factory

drawn by Peter Berhens, 1912

Photograph

The seduction of human rights

128 - Jacques Langevin
Fin du XXe siècle, un atelier
Photographie

128

128 - Jacques Langevin
Workshop; late 20th century
Photograph

La séduction des droits de la personne

L'individu dans un corps social.

129 - Cointe
Travailleurs émigrés sur un chantier de travaux publics, 1992
Photographie

130 - Laffont
Jeunes enfants d'Europe au travail, 1991
Photographie

131 - Un bidonville à La Courneuve, 1989
Photographie

129

The individual as part of a social group.

129 - Cointe
Immigrant workers on a public works site, 1992
Photograph

130 - Laffont
Children of Europe at work, 1991
Photograph

131 - A slum at La Courneuve, France, 1989
Photograph

130

131

Le droit au repos.

132 - Fernand Léger
Les Loisirs (Hommage à Louis David), 1948-1949
Huile sur toile, 1,54 x 1,85
Musée national d'Art moderne, Paris
AM. 2992 bis P

133 - Le repos hebdomadaire
Hommes en villégiature
Photographie
Collection particulière

132

The right to rest.

132 - Fernand Léger
Les Loisirs (Hommage à Louis David), 1948-1949
Oil on canvas, 1.54 x 1.85
Musée national d'Art moderne, Paris
AM. 2992 bis P

133 - Weekly rest
Men on holiday
Photograph
Private collection

133

The seduction of human rights

134 - Picasso
La Repasseuse, 1904
Huile sur toile
1,16 x 0,733
New York
Salomon R. Guggenheim Museum
Fondation Thannhäuser

134 - Picasso
Woman ironing, 1904
Oil on canvas
1.16 x 0.733
New York
Salomon R. Guggenheim Museum
Thannhäuser Foundation

La séduction des droits de la personne

Le droit pour les femmes d'exercer une citoyenneté reconnue.
135 - Affiche politique allemande de Karl-Maria Stadler publiée le 8 mars 1914 pour la Journée internationale des femmes
Musée de l'Affiche, Essen

136 - Nina Bang, socialiste danoise, première femme ministre d'un gouvernement occidental (ministre de l'Instruction publique), 1924
Photographie

135

Women's right to citizenship.
135 - Karl-Maria Stadler, German political poster published on 8 March 1914 on international women's day
The Poster's Museum, Essen

136 - Nina Bang, Danish socialist, first woman minister of a western government (minister of state education), 1924
Photograph

136

137

137 - Déclaration des Droits
de l'Homme et du Citoyen

*Les droits de l'homme
sont inscrits. Mais leur
quête est chaotique
comme l'est celle d'une
justice pour tous. Autant
d'espoirs et de clameurs
mêlés chez ceux pour qui
cet idéal est si urgent
qu'il devient impatience.*
138 - Jérôme Delay
Middow Ibram Daayoue
Baâdoa, Somalie
16 décembre 1992
Photographie

138

137 - Declaration
of Human Rights

*Human rights are
enshrined in law. But
the pursuit of human
rights is disordered, as
is that of one justice for
all. So much hope and
anger among those for
whom this ideal is so
crucial that they are
growing impatient.*
138 - Jérôme Delay
Middow Ibram Daayoue
Baâdoa, Somalia
16 December 1992
Photograph

139 - Laurent Rebours
La séparation
Sarajevo, janvier 1990
Photographie

139

139 - Laurent Rebours
The Separation
Sarajevo, January 1990
Photograph

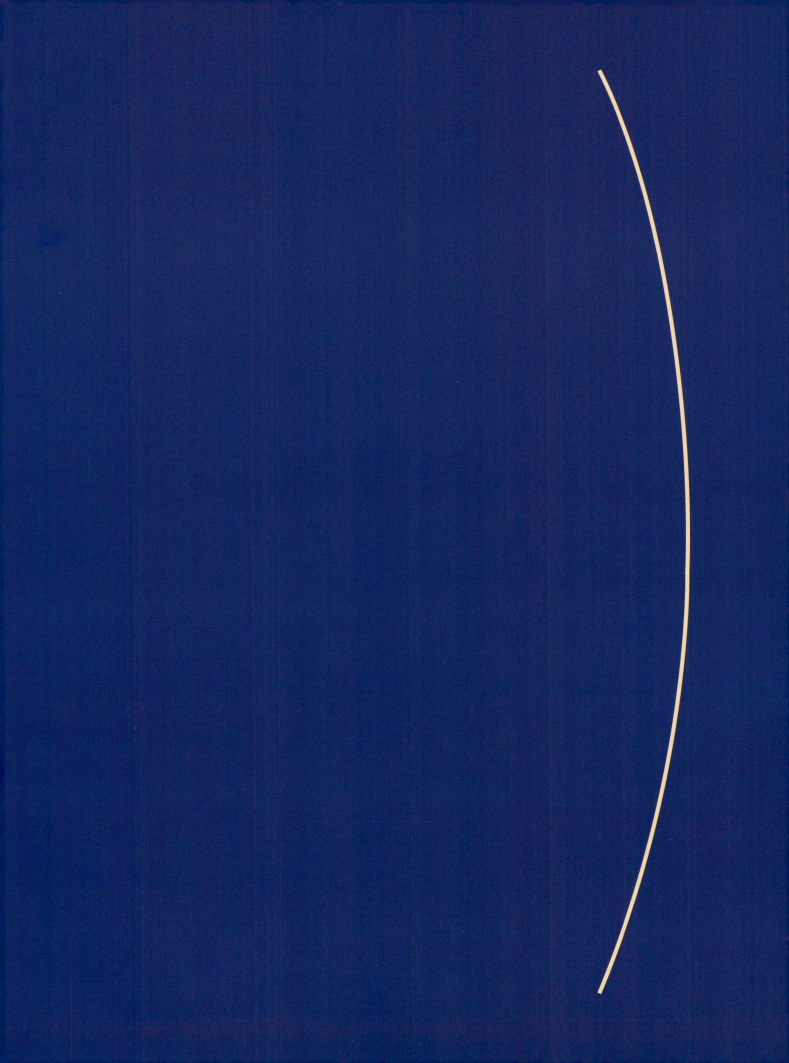

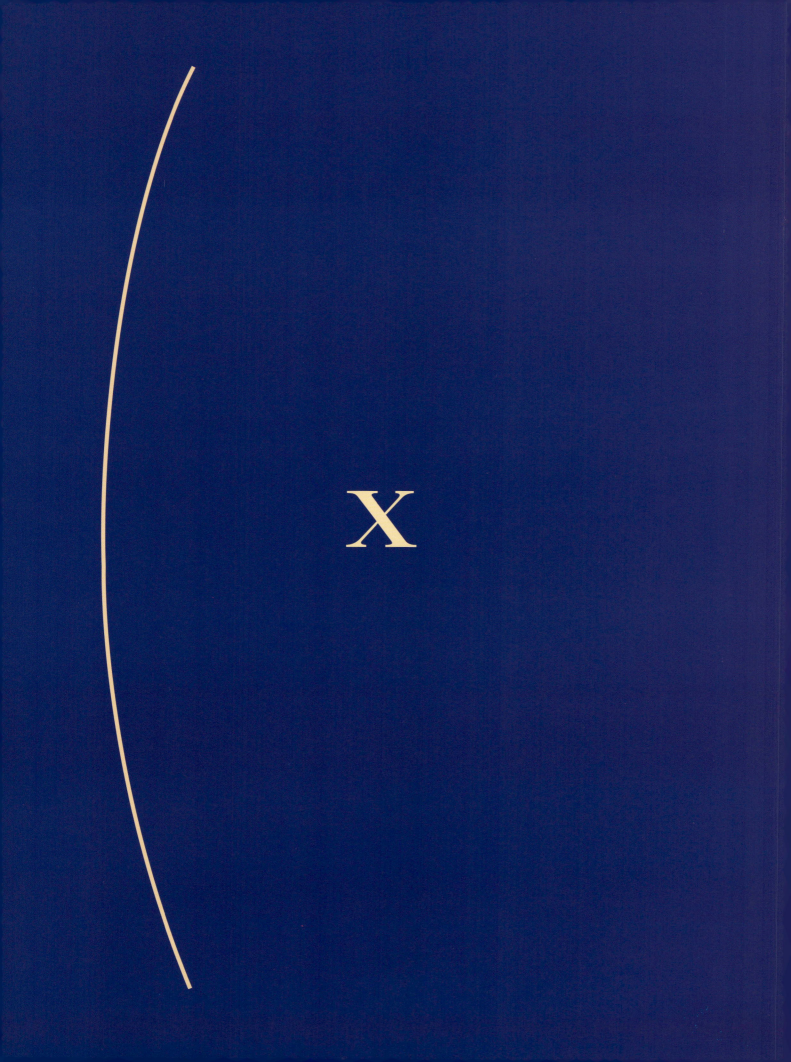

La séduction
de la barbarie

The seduction
of barbarity

XI. **Sacrifice de Caïn et Abel, Meurtre d'Abel,** *vers 1084*
Plaquette ivoire, 0,1 x 0,22
Provient de la cathédrale de Salerne en Italie du Sud
Musée du Louvre, Paris

XI **Sacrifice of Cain and Abel, Murder of Abel,** *c. 1084*
Ivory plaque, 0.1m x 0.22
From the Cathedral of Salerno in southern Italy
Musée du Louvre, Paris

ELIE WIESEL

Séductrice, la barbarie ? Envoûtante, la cruauté ? Il suffit d'étudier l'Histoire de l'humanité pour y répondre. Et la réponse est accablante, déprimante.

Caïn et Abel ne représentent pas nécessairement deux êtres, chacun incarnant la violence ou la pureté, mais un seul, ou plutôt deux tendances en un seul. Et c'est la meurtrière qui triompha.

Autrement dit, il y a en chaque être humain un tueur comme Caïn et une victime comme son frère cadet. C'est l'éternel combat entre la brutalité agissante et l'innocence passive, entre le bien et le mal. La frontière entre les deux, dit à peu près Alexandre Soljenitsyne, ne passe pas entre systèmes ou régimes, mais traverse le cœur humain. Dostoïevski prétend que l'homme ne choisit pas mais oscille entre les deux. Homme d'action, Caïn aurait pu ne pas verser le sang et Abel ne pas mourir. Celui-ci eut-il tort de trop rêver ? Tous les deux, on les retrouve, aujourd'hui encore, en autrui ainsi qu'en nous-mêmes. Constatation triste mais inévitable : de même que sa victime, le tueur reste humain même quand il détruit la vie. Mais c'est le choix qui permet à l'homme d'accomplir ou de trahir son humanité.

On dirait que nous n'avons rien appris du passé. Caïn continue de tuer et Abel de s'effondrer. Cela est injuste, mais en fin de compte, c'est la Mort qui gagne, toujours.

Son mystère fascine autant que celui de ses émissaires.

Comment comprendre l'attrait que la torture et le sang exercent sur certaines personnes ? On dit que donner la mort provoque de la joie chez les uns, de même que donner la vie suscite le bonheur chez tous les autres.

Donc victorieux, le bourreau ? Comblé et heureux, le tortionnaire ? Fier de sa supériorité, l'expert en barbarie ? Est-ce la raison pourquoi tant d'individus y adhèrent ou en sont épris ?

Is barbarism seductive and cruelty fascinating? One only has to look at the history of humanity to find the answer. And the answer is depressing, devastating.

Cain and Abel do not necessarily represent two beings respectively embodying violence and purity, but rather two facets of the same being. And it was the murderous one that triumphed.

In other words, within every human being there is a killer like Cain and a victim like his younger brother. It is the eternal struggle between active brutality and passive innocence, between good and evil. The boundary between the two, to paraphrase Alexander Solzhenitsyn, is not between systems, or regimes, but cuts right across the human heart. Dostoevsky claims that man does not choose, but vacillates between the two. A man of action, Cain could have chosen not to spill blood and Abel not to die. Was the latter wrong to dream too much? Still today, we can find both of them, in others and within ourselves. A sad but unavoidable fact: like his victim, the killer remains human even when he destroys life. But it is choice which enables man to fulfil or to betray his humanity.

It appears we have learned nothing from the past. Cain continues to kill and Abel to succumb. That is unjust, but, at the end of the day, it is always Death who wins.

Its mystery holds as great a fascination as does that of its emissaries. How is it possible to understand the appeal that torture and blood hold for some people? It is said that taking life gives pleasure to some people, in the same way that giving life is a source of joy to others.

So, victory to the executioner? Fulfilled and happy, the torturer? Proud of his superiority, the expert in barbarism? Is that why so many people subscribe to it or are obsessed with it?

An admission: I have never been able to

La séduction de la barbarie

Un aveu : je n'ai jamais bien compris les assassins et les bourreaux qui tuaient – ou tuent encore – pour des raisons idéologiques. Leur mentalité et leur psychologie m'échappaient. Les Inquisiteurs qui contemplaient en pleurant les Juifs et les hérétiques condamnés à périr par le feu, je ne parviens pas à les saisir intellectuellement. Néron, Caligula, Robespierre, Hitler, Staline : volonté de puissance seulement ? Besoin de dominer l'autre ? Existe-t-il une logique dans l'acceptation de la Mort, de même qu'il existe un mécanisme et une rigueur dans la provocation de la mort ? J'avoue que, dans mes travaux jusqu'ici, je n'ai pas vraiment essayé d'approfondir ces questions. Je préférais consacrer mon temps et mon attention aux victimes. Je me souviens de mes compagnons plus que de nos gardiens.

Le peu que je sais sur cette troublante thématique, je le tiens de mes lectures. Je sais que lorsqu'elle n'est pas impulsive, la barbarie devient culte et s'érige en système. Étouffant pour les soumis, exaltant pour les régnants, le régime barbare est réductionniste. À l'intérieur de ses murailles, au sommet, tout est simple sinon simpliste. Ceux qui détiennent la puissance dessinent les contours de sa légitimité. Fermés au doute, à l'hésitation, ils avancent droit au but qu'ils s'autorisent seuls à atteindre. Tout leur appartient. Craignant la lumière et la parole, ils ordonnent le silence et se veulent porteurs de ténèbres. Pareils aux dieux des mythologies, tout leur est permis. Pour montrer leur supériorité, ils humilient. Pour manifester leur liberté, ils emprisonnent. Pour se sentir vivants, ils éprouvent le besoin de tuer. D'où la séduction, sur eux, de la barbarie. Songeons-y : durant ce que, si pauvrement, nous nommons l'Holocauste, un simple soldat allemand possédait le pouvoir de terroriser mille hommes et femmes enfermés dans un ghetto ; un officier pouvait impunément les condamner à mort ou leur accorder le sursis. Un SS anonyme s'arrogeait le droit de voler, de piller, de violer, tandis que ses supérieurs étaient occupés à bâtir une société nouvelle, une espèce autre dont ils devaient être les dieux tout-puissants.

À une échelle différente, un commissaire du Parti communiste vivait, entouré de respect et de crainte, comme un prince au temps des czars. Aveuglé par son idéologie fanatique, il résistait mal à la barbarie qui, pour lui, était réalisation bienfaisante et peut-être même bénédiction divine.

Insistons sur l'élément idéologique de l'équation. Le confort et le pouvoir seuls ne suffisent

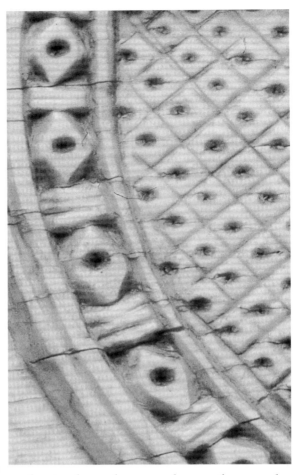

understand murderers and executioners who killed – or still kill – for ideological reasons. Their mentality and their psychological motivation are beyond me. Intellectually I cannot fanthom the Inquisitors who cried as they watched the Jews and heretics sentenced to be burned to death. Nero, Caligula, Robespierre, Hitler, Stalin: purely a desire for power? The need to dominate others? Is there a logic in the acceptance of death, as there is a mechanism and a precision in the provocation of death? I confess that, in my work until now, I have never really tried to explore these questions. I preferred to devote my time and my attention to the victims. I remember my companions better than I do our guards.

The little I know of this disturbing subject, I have learned from books. I know that when it is not impulsive, barbarism becomes a cult and sets itself up as a system. Stifling for those subjected to it, exhilarating for those in power, the barbaric regime is reductionist. Within its walls, at the top, everything is simple, if not simplistic. Those who hold the power define the boundaries of its legitimacy. Impervious to doubt, or hesitation, they make straight for the goal that they alone are

pas à expliquer l'appétit et le goût de la barbarie. Même si l'on peut nier une composante idéaliste autre qu'antinomienne dans le Fascisme et le Nazisme, l'on doit reconnaître sa présence chez les intellectuels et les militants communistes des premiers temps. Bien que d'essence totalitaire, le Communisme du début représentait un idéal rédempteur pour une humanité souffrante et désorientée. Je comprends que l'on ait pu répondre à son appel. Et suivre sa démarche.

Ce que je trouve plus difficile à comprendre, c'est la soumission aveugle qui caractérise l'adhésion communiste des années staliniennes. Comment des intellectuels honnêtes et intègres pouvaient-ils, durant les abjectes purges de Moscou, continuer de jurer fidélité au régime d'un Vichinsky ? Comment pouvaient-ils, en 1939, croire en Staline qui venait de conclure un pacte avec Hitler ? Comment pouvaient-ils, dans les années cinquante, à l'ombre des procès honteux de Prague et de Budapest, rester chantres de la police de Béria et du communisme stalinien ? Comment pouvaient-ils, écrivains et penseurs, vivre en paix avec leur conscience en lisant la propagande antisémite issue de Moscou et reproduite dans la presse communiste en Occident ?

Et comment comprendre l'adhésion d'anciens démocrates allemands à l'idéologie lors des élections de 1933 ? Et les rapports affectifs qui existaient entre la population allemande et son Führer jusqu'en 1945 ?

Dans les pays occupés par les Nazis, l'on allait jusqu'à assister à une sorte de symbiose entre les intellectuels et les tueurs. Aujourd'hui on le sait déjà : parmi les officiers des *Einsatzkommandos*, dont la mission sanglante fut d'effectuer des massacres en Ukraine, en Lituanie, en Lettonie et en Russie Blanche, se trouvait un grand nombre de diplômés en philosophie et en sciences humaines. Abdiquant devant la barbarie leur intelligence et leur conscience, ils en firent une perversion vivante nourrie de sa propre laideur.

Mais plus terrible que tout, c'est quand les victimes elles-mêmes se laissent séduire par la barbarie. Dans le Livre de Job, Satan triomphe quand notre héros malheureux se soumet à son sort. Alors il se reconnaît coupable sans même savoir de quoi et finit par voir dans sa souffrance un châtiment juste et mérité. « Je souffre, donc je le mérite, semble-t-il dire. Il y a donc une justice là-haut et ici-bas. » Autrement dit : quand les victimes de la barbarie commencent à croire en sa validité morale, et en sa vérité, c'est la victoire définitive de leur

authorized to reach. Everything belongs to them. Fearing light, and language, they decree silence and like to think of themselves as harbingers of darkness. Like the mythological gods, they can do as they please. To show their superiority, they humiliate. To demonstrate their freedom, they imprison. In order to feel alive, they experience the need to kill. Hence the allure, for them, of barbarism. Let us think about it: during what we so inadequately call the Holocaust, a mere German private had the power to terrorize thousands of men and women shut up in a ghetto; an officer could with impunity sentence them to death or grant them a reprieve. An anonymous SS assumed the right to steal, to pillage and to rape, while his superiors were engaged in building a new society, another race, of which they were to be the all-powerful gods.

On a different scale, a Communist party official enjoyed deference and fear, living like a prince during the reign of the Tsars. Blinded by his fanatical ideology, he found it hard to resist barbarism which, for him, was a beneficial accomplishment and possibly even a divine blessing.

Let us emphasize the ideological component of the equation. Wealth and power alone are not sufficient to explain the craving and the taste for barbarism. Whereas it is possible to claim that Fascism and Nazism are purely antinomian, devoid of any idealism, an element of idealism must be acknowledged among the early Communist intellectuals and militants. Although essentially totalitarian, early communism represented a redeeming ideal for a suffering and disoriented humanity. I understand how it was possible to respond to its appeal. And follow its processes.

What I find harder to comprehend is the blind acceptance which characterised communism during the Stalinist period. How could intellectuals with honesty and integrity continue to swear allegiance to the regime of a Vyshinsky, during the despicable purges of Moscow? How could they, in 1939, believe in Stalin who had just signed a pact with Hitler? How could they, in the 1950s, in the shadow of the shameful Prague and Budapest trials, sing the praises of Beria's police and Stalinist Communism? How could they, writers and thinkers, live at peace with their consciences as they read the antisemitic propaganda coming out of Moscow and reproduced in the Communist press in the West?

bourreau, car l'humanité aurait son visage. Et la culture, et la quête spirituelle, c'est lui qui les limiterait en les animant.

Or, la culture n'admet pas, n'est pas censée admettre les frontières et les murs qui séparent ses composantes ethniques ou sociales. La culture est précisément ce qui les transcende, comme elle transcende le temps et l'espace. N'est-ce pas là l'un des mystères de la chose imaginée, ou de l'expérience vécue mais exprimée par l'imaginaire ? Puisée au niveau le plus secret de l'être, la parole ou l'image créatrice se transmettent avec une force et une délicatesse que nul ne peut détecter ni écarter. L'art est dans la communication. Culture signifie lien. Culture inspire l'interrogation. Que ce soit Rembrandt ou Spinoza, Schiller ou Bach, la question qu'ils posent n'est pas : « Qui suis-je ? » Mais : « Qui es-tu ? » Et cette question est d'essence unificatrice. Une œuvre qui sépare, qui divise, qui suscite haine et mépris et se met au service de la mort, ne peut que dégénérer. J'appartiens à une génération qui peut en témoigner.

Malheureusement, de même que la culture a besoin de s'étendre, la barbarie est, elle aussi, contagieuse, transcendant régimes et ethnies. Elle se répand partout où on la laisse entrer,

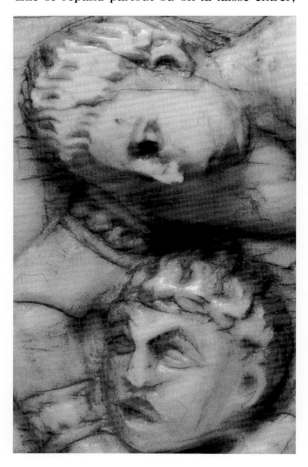

And how is it possible to understand the former German democrats subscribing to Hitler's ideology at the 1933 elections? And the love which the German population bore its Führer up until 1945?

In the countries occupied by the Nazis, it was possible even to witness a sort of symbiosis between the intellectuals and the murderers. Today, we are already aware that the officers of the *Einsatzkommandos*, whose bloody mission was to carry out mass murders in the Ukraine, Lithuania, Latvia and White Russia, included a high proportion of philosophy and social science graduates. Surrendering intellect and conscience when confronted with barbarism, they turned it into a living perversion nourished by its own ugliness.

But the most terrible thing of all is that victims themselves become enthralled by barbarism. In the Book of Job, Satan triumphs when our unfortunate hero submits to his fate. Then he admits he is guilty, without even knowing of what, and ends up seeing his suffering as a just and deserved punishment. "I am suffering, therefore I deserve to," he seems to be saying. "Thus there is justice in heaven and on earth". In other words, when the victims of barbarism begin to believe in its moral validity, and in its truth, it is the ultimate victory of their executioner, for humanity will be in his image. And culture and the spiritual search, inspired by the executioner, would be inhibited.

Now, culture does not recognize, is not supposed to recognize, boundaries and walls dividing it into ethnic and social components. On the contrary, culture transcends them, as it transcends time and space. Is it not one of the mysteries of the thing imagined, of the experience which is real but expressed through invention? Drawn from the innermost depths of a person's being, the creative word or image is transmitted with a power and a subtlety which none can detect or hinder. Art is in communication, culture signifies a bridge. Culture inspires interrogation. Be it Rembrandt or Spinoza, Schiller or Bach, the question they ask is not: who am I? But: who are you? And this question is essentially unifying. A work which separates, which divides, which stirs up hatred and contempt and puts itself at the service of death, can only degenerate. I belong to the generation which can attest to that.

Unfortunately, just as culture needs to spread, barbarism too is contagious, transcending

partout où les êtres humains oublient leur souveraineté. Les jeunes néo-nazis et les skinheads, ensorcelés par la force brutale, sévissent en Allemagne mais aussi en Grande-Bretagne, et dans tous les pays où être humain est une tare suscitant la honte et le remords.

Et la culture là-dedans ? Serait-ce que la barbarie possède la sienne propre ? Je refuse d'y croire. Le combat qui nous oppose à la barbarie n'est pas entre deux cultures, mais entre deux conceptions de l'humanité. L'une l'avilit, l'autre l'illumine.

Peut-on freiner la barbarie ? Si oui, par quels moyens ? Par la culture ? Peut-être. Mieux qu'en termes politiques, c'est dans le domaine de la culture que l'Europe accomplira sa mission unificatrice. Mais j'en connais une meilleure voie et une arme plus efficace : la mémoire.

Après tout, qu'est-ce que la culture sinon une célébration de la mémoire ?

regimes and ethnic groups. It spreads wherever it is allowed to penetrate, wherever human beings forget their sovereignty. Young neo-Nazis and skinheads, captivated by brute force, are rampant in Germany and also in Britain, and in all the countries where to be human is a weakness prompting shame and remorse.

And what is the role of culture in all this? Is it possible that barbarism has its own culture? I refuse to believe so. The fight against barbarism is not a struggle between two cultures, but between two conceptions of humanity. One debases it, the other enlightens it.

Can we halt barbarism? If so, how? Through culture? Perhaps. Rather than in political terms, it is in the field of culture that Europe will fulfil its ambition of unification. But I know a better way, and a more effective weapon: memory.

After all, what is culture if not a celebration of memory?

Elie Wiesel
(Réflexions sur la barbarie - Reflections on barbarism)

English translation: Ros Schwartz

Né à Sighet (Roumanie) en 1928, Elie Wiesel est déporté à l'âge de 15 ans à Birkenau, Auschwitz et Buchenwald. Depuis 1976, il enseigne la philosophie et l'histoire des religions à l'Université de Boston. En 1986 il a reçu pour son œuvre le Prix Nobel de la Paix. Born in Sighet (Romania) in 1928, Elie Wiesel is deported at the age of fifteen to Birkenau, Auschwitz and Buchenwald. Since 1976, he is Professor of Religious Studies and Philosophy at Boston University. In 1986 he received for his work the Noble Peace Prize.

La Nuit *(1960)*, L'Aube *(1960)*, Le Jour *(1961)*, Les Portes de la forêt *(1964)*, Les Juifs du silence *(1966)*, Le Mendiant de Jerusalem *(1968)*, Le Testament d'un poète juif assassiné *(1980)*, Le Cinquième fils *(1983)*, Le Crépuscule au loin *(1987)*, l'Oublié (1989), Célébration talmudique (1991)...

Les quatre pourvoyeurs de la Mort n'ont pas fini de mener leur ronde. Bien que nous connaissions leur manège ordinaire, ils savent toujours surprendre, comme si jamais on ne savait tirer une quelconque leçon du passé.
140 - Albrecht Dürer
Les Quatre Cavaliers de l'Apocalypse
Xylographie, 0,394 x 0,281
Bibliothèque nationale, Paris

The four harbingers of death have not finished their dance. Although we are wise to their usual tricks, they can always surprise us, as if we were never capable of learning from the past.
140 - Albrecht Dürer
The Four Horsemen of the Apocalyps
Xylograph, 0.394 x 0.281
Bibliothèque nationale, Paris

140

Cette haine de l'Autre et de sa différence mêlée aux certitudes d'avoir la vérité pour soi, le droit pour soi, ont attisé combien de bûchers !

141 - Jean-Paul Laurens
Les Hommes du Saint-Office, 1889
Huile sur toile, 0,145 x 0,195
Musée d'art et d'archéologie, Moulins-sur-Allier

142 - Jan Luiken
Protestants quittant la France en 1685
Gravure
Bibliothèque du Protestantisme, Paris

How many flames have been fanned by this hatred of the Other and of their difference combined with the certitude of having truth and right on their side?

141 - Jean-Paul Laurens
Les Hommes du Saint-Office, 1889
Oil on canvas, 0,145 x 0,195
Musée d'art et d'archéologie, Moulins-sur-Allier (France)

142 - Jan Luiken
Protestants leaving France in 1685
Engraving
Bibliothèque du Protestantisme, Paris

Il existe une fascination du soldat triomphant, une séduction trouble, presque animale et toujours les mêmes mots lui sont attachés : force et instinct, ordre et pureté.
143 - Alain Willaume, *Soldat*, 1988
Photographie

143

We are fascinated by the victorious soldier; it is a disturbing attraction, almost animal, always suggesting the same words: strength and instinct, order and purity.
143 - Alain Willaume, *Soldier*, 1988
Photograph

The seduction of barbarity

144 - Goya
Scènes de sorcellerie
La Amaleda d'Osuma
L'Ensorcelé, 1787
Toile, 0,42 x 0,3
National Gallery, Londres

144 - Goya
Scenes of witchcraft
The Amaleda d'Osuma
The Bewitched, 1787
Canvas, 0.42 x 0.3
National Gallery, London

La séduction de la barbarie

145 - Henri Rousseau, dit Le Douanier Rousseau
La Guerre ou *La Chevauchée de la discorde*, 1894
Huile sur toile, 1,14 x 1,05
Musée d'Orsay, Paris

Il existe une autre fascination, celle qui s'attache à la disparition du « héros » et l'hommage guerrier qui lui est rendu appartient à la même mise en scène glaçante, à la même commémoration rituelle.
146 - Jérôme Delay
Rafales de Kalachnikoff en l'honneur d'un soldat mort, 1993
Photographie

145

145 - Henri Rousseau, known as Le Douanier Rousseau
War or *La Chevauchée de la discorde*, 1894
Oil on canvas, 1.14 x 1.05
Musée d'Orsay, Paris

We are also fascinated by the death of the hero – the warrior's tribute paid to him gives rise to the same chilling spectacle, the same ritual commemoration.
146 - Jérôme Delay
Kalashnikov salute in honour of a dead soldier, 1993
Photograph

146

"1. Nous voulons chanter l'amour du danger, l'habitude de l'énergie et de la témérité.
2. Les éléments essentiels de notre poésie seront le courage, l'audace et la révolte. [...]
7. Il n'y a plus de beauté que dans la lutte. Pas de chef d'œuvre sans un caractère agressif. La poésie doit être un assaut violent contre les forces inconnues pour les sommer de se coucher devant l'homme.
8. Nous sommes sur le promontoire extrême des siècles !... À quoi bon regarder derrière nous, du moment qu'il nous faut défoncer les vantaux mystérieux de l'impossible ? Le Temps et l'Espace sont morts hier. Nous vivons déjà dans l'absolu, puisque nous avons déjà créé l'éternelle vitesse omniprésente.
9. Nous voulons glorifier la guerre – seule hygiène du monde –, le militarisme, le patriotisme, le geste destructeur des anarchistes, les belles idées qui tuent, et le mépris de la femme.
10. Nous voulons démolir les musées, les bibliothèques, combattre le moralisme, le féminisme et toutes les lâchetés opportunistes et utilitaires. [...]
C'est en Italie que nous lançons ce manifeste de violence culbutante et incendiaire, par lequel nous fondons aujourd'hui le *Futurisme*, parce que nous voulons délivrer l'Italie de sa gangrène de professeurs, d'archéologues, de cicérones et d'antiquaires. L'Italie a été trop longtemps le grand marché des brocanteurs. Nous voulons la débarrasser des musées innombrables qui la couvrent d'innombrables cimetières."

147 - Filippo Tommaso Marinetti
Manifeste du Futurisme, 1909
(extrait)

"1. We intend to sing the love of danger, the habit of energy and fearlessness.
2. Courage, audacity, and revolt will be essential elements of our poetry. [...]
7. Except in struggle, there is no more beauty. No work without an aggressive character can be a masterpiece. Poetry must be conceived as a violent attack on unknown forces, to reduce and prostrate them before man.
8. We stand on the last promontory of the centuries!... Why should we look back, when what we want is to break down the mysterious doors of the Impossible? Time and space died yesterday. We already live in the absolute, because we have created eternal, omnipresent speed.
9. We will glorify war – the world's only hygiene – militarism, patriotism, the destructive gesture of freedom-bringers, beautiful ideas worth dying for, and scorn for woman.
10. We will destroy the museums, libraries, academies of every kind, will fight moralism, feminism, every opportunistic or utilitarian cowardice. [...]
It is from Italy that we launch through the world this violently upsetting, incendiary manifesto of ours. With it, today, we establish Futurism because we want to free this land from its smelly gangrene of professors, archaeologists, ciceroni, and antiquarians. For too long has Italy been a dealer in secondhand clothes. We mean to free her from the numberless museums that cover her like so many graveyards."

147 - Filippo Tommaso Marinetti
Initial Manifesto of Futurism, 1909
(extract)

148 - Le KL Auschwitz II
(Birkenau)
Konzentrationslag
(camp de concentration)
Archives du Centre de
documentation juive
contemporaine, Paris

148 - The KL Auschwitz II
(Birkenau)
Konzentrationslag
(concentration camp)
Archives du Centre de
documentation juive
contemporaine, Paris

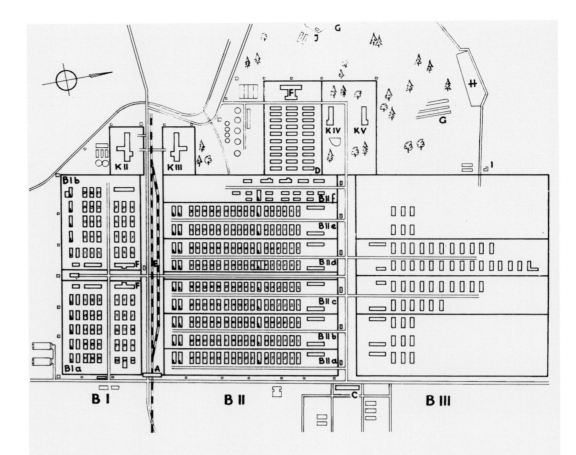

A	Le service de garde principal avec mirador	A	The main sentry post with watchtower
BI	Le premier secteur du camp	BI	The first section of the camp
BII	Le deuxième secteur du camp	BII	The second section of the camp
BIII	Le troisième secteur du camp en construction (Mexique*)	BIII	The third section of the camp under construction (Mexico*)
BIa	Le camp des femmes	BIa	The women's camp
BIb	Au début, camp des hommes ; à partir de 1943, camp des femmes	BIb	At the begining, men's camp; from 1943, women's camp
BIIa	Le camp de la quarantaine	BIIa	The quarantine camp
BIIb	Le camp des familles juives venant de Theresienstadt, "camp privilégié" pour les personnalités juives "éminentes" de plus de 65 ans, servait principalement, en réalité, de centre de transit vers les camps d'extermination. Seuls 16% des Juifs qui y furent internés survécurent	BIIb	The camp for Jewish families from Theresienstadt, "the privileged camp" for "eminent" Jewish figures aged over 65, served chiefly as a transit camp for the extermination camps. Only 16% of the Jews who were interned there survived
BIIc	Le camp des Juifs de Hongrie	BIIc	The Hungarian Jews' camp
BIId	Le camp des hommes	BIId	The men's camp
BIIe	Le camp des Tziganes (Zigeuneringer)	BIIe	The Gypsies' camp (Zigeuneringer)
BIIf	L'hôpital des détenus	BIIf	The prisoners' hospital
C	La kommandantur et les baraquements pour les SS	C	The Kommandantur and the SS barracks
D	Le magasin des objets pillés sur les détenus assassinés (Canada*)	D	The storeroom for objects looted from the prisoners (Canada*)
E	La rampe où l'on déchargeait les convois humains et procédait aux "sélections", dès la descente du train. On remarquera que la voie ferrée n'a d'autre finalité que d'amener les déportés jusqu'à leur lieu d'extermination	E	The ramp where human convoys were unloaded and "selection" took place as they got off the trains. The railway had no other purpose than to convey the deportees to their death
F	Les douches	F	The showers
G	Les bûchers où l'on brûlait les cadavres	G	The pyres where they burned the corpses
H	Les fosses communes des prisonniers de guerre soviétiques	H	The communal graves of the Russian prisoners of war
I	La première chambre à gaz provisoire, encore appelée Bunker I, consiste en cinq petites chambres à gaz, un baraquement pour le déshabillage, une fosse adjacente pour les cadavres	I	The first provisional gas chamber, still called Bunker I, consisted of five little gas chambers, a hut for undressing and an adjacent pit for the bodies
J	La deuxième chambre à gaz provisoire, encore appelée Bunker II, avec grande capacité pour le gazage, baraquement pour le déshabillage et fosse adjacente pour les cadavres. Utilisée en 1942 et reconvertie au printemps 1944, lors de l'arrivée de quelques 350 000 Juifs hongrois	J	The second provisional gas chamber, still called Bunker II, with a huge capacity for gassing, a hut for undressing and an adjacent pit for the bodies. Used in 1942 and reconverted in spring 1944, on the arrival of 350,000 Hungarian Jews
KII	La chambre à gaz souterraine et le crématoire II avec cinq fours comportant chacun trois creusets. Fonctionnent de juin 1943 à novembre 1944	KII	The underground gas chamber and the crematorium II. It had five furnaces, each with three crucibles. In operation from June 1943 to November 1944
KIII	La chambre à gaz et le crématoire III, identiques à KII. Même période de fonctionnement	KIII	The gas chamber and crematorium III, identical to KII, same period of operation
KIV	La chambre à gaz et le crématoire IV avec deux fours comportant chacun quatre creusets. À partir de mars 1943, fonctionnement défectueux répété. Détruits par les détenus, lors de la révolte du 7 octobre 1944	KIV	The gas chamber and crematorium IV with two furnaces each with four crucibles. From March 1943, recurring operational fault
KV	La chambre à gaz et le crématoire V, identiques à KIV, fonctionnent d'avril 1943 à novembre 1944	KV	The gas chamber and crematorium V, identical to KIV, in operation from April 1943 to November 1944
L	Les latrines et les lavabos	L	The latrines and washbasins

* *Surnoms donnés par les détenus du camp*

* *Nicknames given by the prisoners*

The seduction of barbarity

149

150

L'ardeur que met l'artiste à reconstituer minutieusement la mémoire perdue de ces êtres porte témoignage de l'exigence qu'il y a en Europe, depuis l'Holocauste, à se re-souvenir de l'Autre blessé, de l'Autre nié dans sa dignité d'homme.

149 - Photographie de la classe terminale du lycée Chases, Vienne, 1931
150 - Christian Boltanski
Vue d'installation de l'exposition *Le Lycée Chases*, Kunsverein für die Rheinländer und Westfalen, Düsseldorf, 1987

The passion the painter invests in reconstructing in detail the lost memory of these beings bears witness to Europe's demand, since the Holocaust, that we remember the injured "Other", the "Other" denied their human dignity.

149 - Photograph of the top class of the Chases High School, Vienna, 1931
150 - Christian Boltanski
View of the installation of the exhibition *Chases High School*, Kunsverein für die Rheinländer und Westfalen, Düsseldorf, 1987

La séduction de la barbarie

151 - Rob Huibers
Manifestants turcs
Cologne, 3 juin 1993
Photographie

Que s'exprime cette faculté d'indignation et de révolte et qu'aucun malheur ne soit jamais tenu à distance !
152 - Anthony Suau
Moscou, 4 octobre 1993
Photographie

151

151 - Rob Huibers
Turkish demonstrators
Cologne, 3 June 1993
Photograph

This capacity for indignation and revolt must be expressed; may no misfortune ever be held at arm's length!
152 - Anthony Suau
Moscow, 4 October 1993
Photograph

152

153 - Jérôme Delay
Bosko et Admira, Sarajevo, juin 1993
Photographie

154 - Didier Chamizo
Le Dieu Mars, décembre 1991
Acrylique sur toile, 1,30 x 0,97
Collection particulière

---

153 - Jérôme Delay
Bosko and Admira, Sarajevo, June 1993
Photograph

154 - Didier Chamizo
Le Dieu Mars, December 1991
Acrylic on canvas, 1.30 x 0.97
Private collection

155 - Alfred Kubin
Puissance, 1903
Plume et encre de Chine, 0,309 x 0,266
Städtische Galerie im Lenbachhaus, Munich

155

155 - Alfred Kubin
Power, 1903
Pen and Indian ink, 0.309 x 0.266
Städtische Galerie im Lenbachhaus, Munich

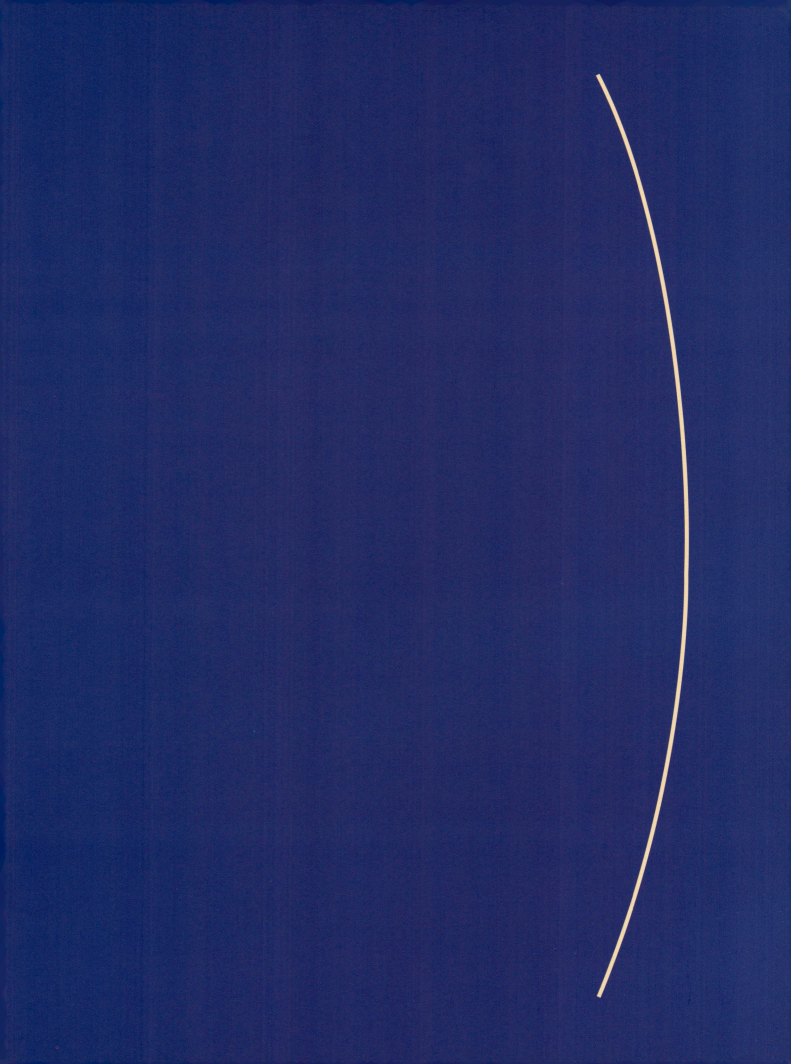

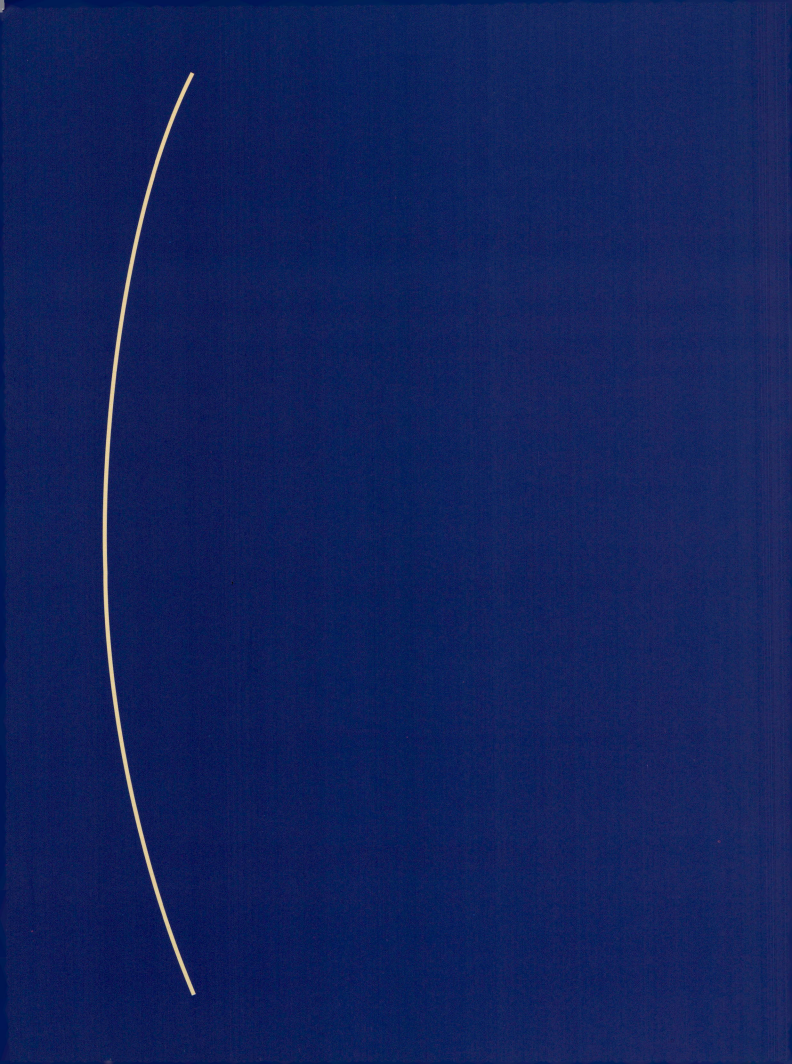

Épilogue

XII. Rembrandt
Philosophe en méditation, *1632*
Bois, 0,28 x 0,34
Collection de Louis XVI
Musée du Louvre, Paris

XII. Rembrandt
Philosopher meditating, *1632*
Wood, 0.28 x 0.34
Louis XVI collection
Musée du Louvre, Paris

EDUARDO LOURENÇO

Haute et solennelle plus haute que la lumière

La lourde pâleur sacrée du Parthénon

Règne sur le jour.

Sophia Andresen - *Iles*

Depuis longtemps les Européens ont vécu, spontanément, dans la conviction que leur temps – celui de « leur travail et de leurs jours », autant que celui de leurs rêves – était partagé par toute l'humanité. La rencontre avec d'autres cultures, après un instant de trouble, n'a pas entamé une conviction qui, faisant d'eux les « maîtres du temps », les rendait, par la même occasion, des sujets privilégiés de l'Histoire. D'ailleurs l'Histoire n'a été autre chose qu'une métamorphose, lente mais assez réussie, de notre temps particulier de Grecs, de Romains et de Chrétiens en un temps virtuellement universel. Ceux qui prirent les premiers la mesure de notre planète lui donnèrent, au moins à des fins pratiques, l'heure exacte. Tous les aéroports du monde ne font que nous confirmer dans cette croyance en un temps unique. Le temps européen non seulement scandait, apparemment sans opposition, le rythme abstrait du changement cosmique hérité de Babylone, mais donnait une orientation précise à un voyage qui, sans cette scansion, serait vécu comme un piétinement intemporel ou un éternel retour. Temps de César, en souvenir de la première Europe impériale, mais surtout « temps de Dieu », à la fois promesse de salut et guerre du temps dans le cœur de l'homme. Cette temporalité vivante a donné au destin européen la figure fellinienne d'une « *nave che va...* ». C'est toujours comme une nef que l'imaginaire européen s'est représenté son destin voyageur – nef d'Ulysse, nef de la folie, nef rédemptrice de Colomb – emportant à son bord l'humanité tout entière. Mais

High and solenn higher than the light

The holy heavy pallor of the Parthenon

Dominates the day.

Sophia Andresen - *Islands*

For long Europeans have lived unthinkingly convinced that their Time, that of their work and daily life as also of their dreams, was shared by all mankind.
Their encounters with other cultures failed, after a moment of uneasiness, to shake a conviction which, since it made them "the masters of the time", established them, by implication, as the favoured subjects of History. Moreover, History was merely a transformation, gradual but successful enough, of our particular time, that of the Greeks, the Romans and Christendom, into a time that was virtually universal. Those who were the first to take the measurements of our planet were the ones who, for practical purposes at least, determined its precise timing. All the world's airports merely confirm us in this belief of ours in a uniform time. Not only did European time, seemingly without opposition, set the measure for the abstract rhythm of cosmic change which was a legacy from Babylon, it gave a precise direction to a journey which, without that measure, would have been experienced either as timeless marking-time or perpetual return. It was Caesar's time, recalling Europe's first empire, but, above all, it was "God's time", at once a promise of salvation and time-war in men's hearts. This vivid sense of time's passage conferred on Europe's destiny the Felliniesque appearance of a *"nave che va..."*, a ship sailing onward. Europeans' imagination has always conceived their ongoing destiny in the form of a ship – Ulysses' ship, the Ship of Fools, Columbus's redemption-bringing

Épilogue

à présent que le temps européen est devenu, à la fois, universel et fini, alors que nous ne savons plus si la nef mythique a toujours le désir et le pouvoir de continuer son errance, nous avons tout le loisir de prendre la mesure d'une fiction qui a fait de l'Europe une sorte de Don Juan de l'Histoire.

Pour la première fois depuis que les Européens se sont donnés un destin de médiateurs entre les autres peuples et continents, l'Europe de Marco Polo prend conscience de son espace fini. Par la même occasion son temps abstraitement universel, inscrit sur toutes les horloges du monde, devient celui d'une temporalité rétrécie, coupée pour ainsi dire de l'élan irrésistible de l'époque où elle se croyait en charge du futur. Comme si l'Europe souffrait d'une maladie de langueur par le simple fait qu'elle ne croit plus à un avenir qui serait, en quelque sorte, le prolongement, sinon l'achèvement, de son rêve conquérant, de son rôle de séductrice parmi les autres cultures. Les Européens s'apprêtent à vivre la fin de ce siècle, et encore plus la fin du second millénaire après le Christ, avec l'idée que cette échéance comporte une charge symbolique particulière. En fait, c'est uniquement pour nous, Européens, que le concept de « fin de siècle » ou de « fin de millénaire » a une résonance particulière. Nous saisissons bien que ces échéances n'ont pas le même sens pour de grandes cultures non européennes – la Chine, le Japon, l'Islam, l'Inde – ou n'évoquent pas les mêmes fantasmes, les mêmes rêveries, espérances ou nostalgies. Il en va de même pour ces cultures qui ont repris, à leur manière, l'héritage des modèles européens, les États-Unis ou l'Amérique latine. Seul le rapport au temps de la culture européenne est imprégné d'une sorte d'inquiétude à résonance tragique due au fait qu'elle s'est identifiée, à un certain moment, au rôle de Sibylle et de Cassandre de l'aventure humaine. Toutes les autres cultures existent en fonction d'une *réponse*, d'une croyance, ou d'un discours mythique, source d'une familiarité avec le temps que les Européens, depuis Héraclite, mais surtout depuis saint Augustin, n'ont jamais connue.

Paradoxalement, la fin de ce deuxième millénaire, vidé à l'avance de sa dimension sacrée, dans la mesure où l'Europe ne se vit plus comme culture chrétienne, est en train de dissoudre sa temporalité tragique dans un autre type de temporalité lié à des cultures qui n'ont pas éprouvé le besoin de dramatiser leur rapport au temps, comme si elles n'allaient nulle part. À l'instar de l'Égypte, la

ship – wich bears with it the whole of mankind. Now, however, when European time has become both universal and completed, when we no longer know whether the mythical ship still possesses the desire and the power to go on with its voyaging, we are free to form a judgment of this legend which has portrayed Europe as a sort of Don Juan of History.

For the first time since the Europeans took on themselves the role of mediators between the world's other peoples and continents, the Europe of Marco Polo is becoming aware of its finite space. In the same connection, Europe's abstractly universal time, inscribed on all the world's clocks, is becoming that of a restricted temporality, cut off, so to speak, from the irresistible advance of the age in which it had expected to control the Future. It is as though Europe has entered into a decline simply because it no longer believes in a future that would be, more or less, the prolongation, if not the completion, of its dream of conquest, its role as seducer among the other cultures. Europeans are preparing to live through the end of this century, and, still more, the end of the second millennium of the Christian era, with the idea that this culminating date is attended with special symbolic significance. Actually, it is only for us Europeans that the concept of "fin de siècle", "fin de millénaire", has a special resonance. We well appreciate that these dates lack the same meaning for the great non-European cultures, those of China, Japan, Islam and India, or that for them they do not call up the same phantasms, the same dreams, hopes or nostalgias. This is true also of the cultures which have taken over, in their own way, an inheritance of European models – the United States or Latin America. It is only relationship with the Time of European culture that is permeated with a sort of tragical anxiety due to the fact that this culture identified itself, at a certain moment, as the Sibyl and Cassandra of mankind's adventure. All the other cultures are based upon a response, a belief or a mythical discourse which gives them a familiarity with Time which Europeans, since Heraclitus, and especially since Saint Augustine, have never known.

Paradoxically, the end of this second millennium, already emptied of its sacred dimension (in that Europe no longer exists as a Christian culture), is engaged in dissolving its tragic temporality in another type of

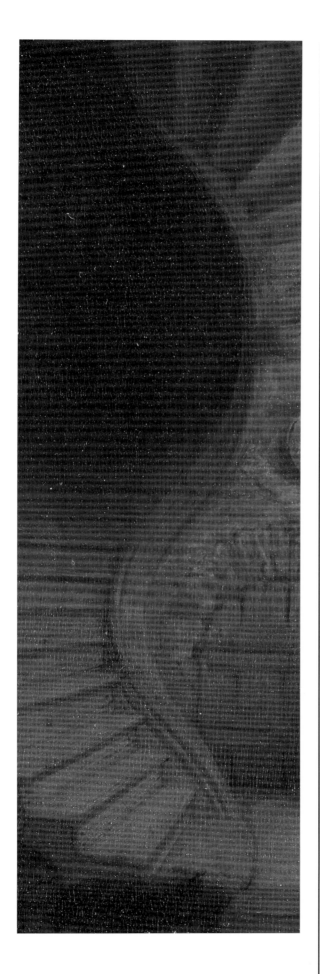

temporality, linked with cultures which have not felt the need to dramatise their relation to time, as though they were not going anywhere. Like ancient Egypt, China, India and Japan are united with their eternal present, which, of course, renews itself and changes, but without assuming the mask which our culture put on very early, that of Oedipus. Everything is happening as though we too had at last given up going somewhere, perhaps because others, our successors, are going there instead. This view may be characteristic of a way of looking at things which sticks too close to the window-panes of a European present which is particularly Hamlet-like, gripped by demons of abdication and impotence, at the moment when we expected we were going to accomplish the great dream of the Community. Be that as it may, Europe is no longer living through its own time with that restless and alarming passion, strongly attached to the future, which seemed to be carrying it beyond itself, while it imposed its feverish anxiety upon the very rhythm of History. This sort of psychodrama of European culture and the melancholy it emits are, as it were, the shadow borne by Europe's supreme illusion, that of being one with a temporality which derived either from a Faith of universal bearing or from the very universality of Reason. In all the other cultures man's time is the time of God or of the gods. European culture alone wanted God's time to be the time of man. When this Promethean challenge lost its justification, with man becoming a heavier burden to himself than God, our thirst seems to have been extinguished. We too are, like the ecstatic cultures, engaged in experiencing our present as though it is not going anywhere. We now seek for rest, a dreamy rest wherein angels like those of Wim Wenders would look after our superhuman tasks, or, like Buddha's, a dream with eyes closed, remote from the sufferings that taking account of time inflicts upon our hearts of flesh and blood. But what, in the East, is bound up with true wisdom and actual experience, is in the West, especially in our Europe, which has forgotten its own dreams of the absolute, merely a ludic infatuation – which, nevertheless, is highly indicative of a profound bewilderment, an inability to recognise time as essence of Being. From having been the seducer-continent, with all the devilishness that is present in any seduction, Europe has become a continent seduced.

Chine, l'Inde, le Japon font corps avec leur éternel présent qui se renouvelle et change, naturellement, mais sans prendre le masque que le nôtre a pris très tôt : celui d'Œdipe. Tout se passe comme si nous avions enfin renoncé, nous aussi, à aller quelque part, peut-être parce que d'autres, nos héritiers, y vont à notre place. Cette vision est peut-être le propre d'un regard qui colle trop aux vitres d'un présent européen particulièrement *hamlétien*, saisi par les démons de l'abdication ou de l'impuissance, au moment où nous croyions réaliser le grand rêve communautaire. Quoi qu'il en soit, l'Europe ne vit pas son temps propre avec cette passion inquiète et inquiétante, puissamment happée par l'avenir, qui semblait la déporter au-delà d'elle-même, alors qu'elle marquait de son inquiétude fiévreuse le rythme même de l'Histoire. Cette espèce de psychodrame de la culture européenne, la mélancolie qu'il dégage, sont pour ainsi dire l'ombre portée de l'illusion européenne par excellence, de faire corps avec une temporalité qui relèverait, soit d'une Foi à portée universelle, soit de l'universalité même de la Raison. Dans toutes les autres cultures, le temps des hommes est le temps de Dieu, ou des dieux. Seule la culture européenne a voulu que le temps de Dieu soit le temps des hommes. Quand ce défi prométhéen a perdu sa raison d'être, l'homme devenant pour lui-même un fardeau plus lourd que Dieu, notre soif a semblé s'éteindre. Nous aussi, nous sommes comme les cultures extatiques, en train de vivre notre présent comme s'il n'allait nulle part. Maintenant nous aspirons au repos, celui du rêve, dans lequel des anges à la manière de Wim Wenders se chargeraient de nos tâches surhumaines, ou celui de Bouddha, rêve aux yeux clos inaccessible aux souffrances que la prise en compte du temps inflige à nos cœurs de chair et de sang. Mais ce qui en Orient relève d'une vraie sagesse, d'une expérience vécue, en Occident – en particulier dans notre Europe oublieuse de ses propres rêves d'absolu – n'est qu'un engouement ludique. Bien significatif, toutefois, d'un égarement profond, d'une incapacité d'assumer le temps comme essence de l'Être. De continent séducteur – avec ce qu'il y a de démoniaque dans toute séduction – l'Europe est devenue un continent séduit. Certes, le spectacle de notre culture ne semble pas très différent de celui que nous évoquons toujours avec jubilation, celui de toutes les grandes époques créatrices du passé européen : le temps des cathédrales, de

True, the spectacle presented by our culture does not seem very different from that which we still recall with rejoicing, that of all the great creative epochs of Europe's past: the age of the cathedrals, the Renaissance, the time of the Baroque, the Romantic period (despite its morbid essence), or that of the advance, never actually checked, towards objective knowledge of the world, with its results both magical and disturbing. The changes and transformations undergone by European society, in all spheres, are giddy-making to contemplate. One might even suppose that there is some profound link between the constant mutation of our society, so fast that we have ceased to notice it, and that sense of suspended time which, as significance and symbol, can be seen as characterising our attitude to History as European history. But that observation is too general. If there is some truth in it, then it ought to apply also to other cultures that are just as dynamic as Europe's, if not more so. Yet we know that these cultures are not experiencing anything comparable to our historic melancholy. They belong to a different temporality which no empirical tragedy, even such as Hiroshima, seems capable of affecting. These are cultures which, for contrasting reasons, cannot "sin" as European culture can. It has never struck any Japanese or any American (despite the Christian heritage) to suppose that his culture, after the misleeds of which his country has been guilty, should accept an ineffaceable stain such as Auschwitz has left on the conscience of Europe. Even Vietnam was only a vicissitude which did not really disturb the image of America as the land of liberty. Our bad conscience means that, in spite of everything, the essentials of our culture, its ethical roots, the landmarks of which are Socrates and the Bible, have been preserved. For how long? It is on this invisible and precarious line that Europe's destiny, dependent on the idea of freedom of choice and of salvation, seems to hesitate and to become, like the others, a pragmatic destiny typical of a culture of indifference.

We have reason to believe that our strange hesitation in face of the future has its source in the very heart of what was a culture inspired both by an insatiable desire for what we call Truth and by a no less imperious need for clarity in our actions both public and private. The temptation to nihilism is inseparable from what is profoundly at stake in European thought. It is, for that thought,

la Renaissance, de la fête baroque, du romantisme – malgré son essence maladive – ou de l'élan jamais vraiment arrêté de la connaissance objective du monde, avec ses fruits à la fois magiques et inquiétants. Les changements et les métamorphoses de la société européenne, dans tous les domaines, donnent le vertige. On pourrait même supposer qu'il existe un lien profond entre la mutation constante de notre société, tellement rapide qu'elle nous est devenue indifférente, et ce sentiment de *temps suspendu* qui, dans l'ordre du sens et du symbole, caractériserait notre rapport à l'Histoire en tant qu'histoire européenne. Mais cette remarque est trop générale. Si elle recèle quelque vérité, elle devrait s'appliquer aussi à d'autres cultures, aussi dynamiques, ou davantage, que celle de l'Europe.

Or, nous savons que ces cultures n'éprouvent rien de comparable à notre mélancolie historique. Elles relèvent d'une autre temporalité qu'aucune tragédie empirique – fût-elle celle d'Hiroshima – ne semble pouvoir affecter. Ce sont des cultures qui, pour des raisons opposées, ne peuvent pas « pécher » comme la culture européenne. Il n'est venu à l'idée d'aucun Japonais ni d'aucun Américain (malgré l'héritage chrétien) d'imaginer que sa culture, après les méfaits dont son pays s'est rendu coupable, ait à prendre à son compte une tache indélébile comme celle qu'Auschwitz a laissée dans la conscience européenne. Même le Viêt-nam ne fut qu'une péripétie qui n'a pas vraiment troublé l'image de l'Amérique comme patrie de la liberté. Notre mauvaise conscience signifie que, malgré tout, l'essentiel de notre culture, son enracinement éthique dont les repères sont Socrate et le texte biblique, a été préservé. Pour combien de temps ? C'est sur cette ligne invisible et précaire que le destin européen, suspendu à l'idée de liberté de choix et de salut, semble hésiter et devenir lui aussi un destin pragmatique typique d'une culture de l'indifférence.

Nous avons des raisons de croire que notre hésitation étrange devant l'avenir a sa source au cœur même de ce qui fut une culture animée à la fois par le désir insatiable de ce que nous appelons la Vérité, et le besoin non moins impérieux de clarification de notre action, aussi bien publique que privée. La tentation nihiliste est inséparable de l'enjeu profond de la pensée européenne. Elle est pour cette pensée ce que Méphistophélès est pour Faust. Elle doit vivre avec elle car c'est elle qui la fait vivre, à condition d'être son

what Mephistopheles is for Faust. It has to live with it because this is what gives it life, provided that it functions as enigmatic foil and shadow, not as sun, even black sun. Faust is strong enough not to let himself be drawn, like Don Juan, into a rendezvous with death for the sake of mere pleasure – hidden suffering –, of taking up a purely imaginary challenge, for behind Death, which he seems to defy, stands no-one. We have not reached the end of Faustian civilisation – to judge by appearances, its drive is stronger than ever – but it has been gradually emptied of the meaning Goethe gave it, its desire for true light, the symbol of truth. Faust's dream sustains no longer, except as a memory, Europe's world of the imagination. It could be said that all epic passion, and even all passion, has departed from Europe's horizon, as if we had become an unemployed continent, in both the literal and the figurative sense of the word.

This situation is all the stranger in that, by and large, European society as a whole is still a world in which "one lives well", a society in which horror and distress are not accepted as inevitable, still less as natural. In this regard, Europe is still an object of envy for some and subject of seduction for others. But this is largely unknown to Europe itself, which is rather like a Rome indifferent to its own splendour, still fascinating to others, but shining in a time that revolves about itself, like that of ancient Egypt. For half a century, tortured by the need to safeguard their way of life and their sense of liberty, Europeans have lived with the feeling that History, as the assumed destiny of the present and the future, concerned them. They believed that they were still at the heart of the passions and conflicts that make up history's texture.

Memory of a fratricidal past, along with fear, even persuaded them to become, seriously, citizens of a real Europe conceived as being the society par excellence of political and civil liberty, the universal homeland of human rights, preoccupied more than any other by the need for a social justice worthy of the name. This aim has not vanished, but the passing away of the fear, in whose shadow it had been conceived, sufficed for it to become blurred, for old tribal quarrels to reappear and plunge us, almost without any transition, into these times which we had thought over and done with, wherein Europe's destiny takes the form of civil war without end. This even causes us to doubt

Épilogue

repoussoir énigmatique, sa part d'ombre, et non pas son soleil, même noir. Faust a eu la force de ne pas se laisser entraîner comme Don Juan vers le rendez-vous avec la mort, pour le seul plaisir – souffrance cachée – de relever un défi purement imaginaire, car derrière la Mort qu'il semble braver il n'y a personne. Nous ne sommes pas arrivés à la fin de la civilisation faustienne – selon les apparences

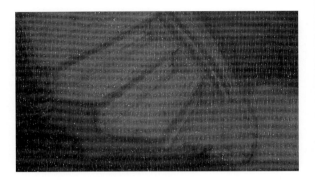

sa pulsion est plus forte que jamais – mais celle-ci s'est vidée peu à peu de son sens goethien, de son désir de vraie lumière, symbole de vérité. Le rêve de Faust ne nourrit plus, sinon à titre de souvenir, l'imaginaire européen. On dirait que toute passion épique – et même toute passion – a déserté l'horizon européen, comme si nous étions devenus un continent sans emploi, au sens propre et figuré.

Situation d'autant plus étrange que, à tout prendre, la société européenne dans son ensemble est encore un monde où « il fait bon vivre », une société où l'horreur et la détresse ne sont pas acceptées comme fatales et encore moins comme naturelles. À ce titre l'Europe est toujours objet de convoitise pour les uns et sujet de séduction pour les autres. Mais, un peu à son insu, à la façon d'une Rome indifférente à ses splendeurs, toujours éblouissante au regard des autres, mais brillant dans un temps qui tourne sur lui-même comme celui de l'ancienne Égypte. Pendant un demi-siècle, tenaillés par le besoin de sauvegarder leur mode de vie et leur sens de la liberté, les Européens ont vécu avec le sentiment que l'Histoire, comme destin assumé du présent et de l'avenir de l'humanité, les concernait. Ils croyaient être encore au cœur des passions et des conflits dont l'Histoire est tissée. Le souvenir d'un passé fratricide et la peur les avaient même persuadés de devenir, pour de bon, les citoyens d'une vraie Europe conçue comme la société par excellence de la liberté politique et civile, comme la patrie universelle des droits de l'homme, hantée plus

our capacity or our will to become that Community for which many Europeans have prayed for half a century.

Europe's disarray cannot be denied, but it is not due essentially either to circumstances or to the state of the world during the last half-century. It is merely the final manifestation of the long and inexorable process of Europe's eclipse on the world scene and also in that role, both real and imaginary, of instrument for understanding and symbolically dominating the fate of mankind, which European culture has taken upon itself... It matters little if we realise, with hindsight, that this claim was due as much to self-interested illusion in the service of an actual historic power as to misreading of the true state of the world. Since, through the pens of Herder and Hegel, we had composed "the philosophy of World History", we possessed the right to assume that we were the masters or the animators of that History. And yet, about two centuries ago, the changes in Europe's imperial status expressed by the American revolt put and end to the European dream of world-wide ascendancy.

Thereafter the meaning of Western history was to be determined no longer in Europe alone, even if, alas, Europe retained the power to spread its internal conflicts worldwide. Twice in half a century it drew the United States into its suicidal adventures. It was in the nature of things that Europe paid the price for doing that. After 1914 History's clock (which exists) was to tick no more by European time. The entire epic drive of the West was taken over by the power – economic and military but also scientific – which sent a man to the Moon and which we rightly call the American culture. The imaginery that invades the planet's screens belongs to this new way of relating to a time which opens entirely on to a future within man's range. At the most intense moment of its ideological messianism the culture of the Soviet Union, itself likewise heir to Europe's universalising Utopia, was never able to give so brilliant a form to its will to shape its own future and ours. The exhaustion (only temporary?) of this epic drive has not sufficed to re-awaken our fervour as actors in History who had fallen asleep. The Marxist dream, even when diverted from its aims, ideal or twisted, had too many links with the social and millenarian dreams of old Europe. It is not the same with "the American dream", which is essentially individualistic. It is that dream's power – but also more power itself –

qu'aucune autre par l'impératif d'une justice sociale digne de ce nom. Ce dessein ne s'est pas évanoui, mais il a suffi que la peur à l'ombre de laquelle il avait été conçu se dissipe, pour qu'il devienne flou, pour que les anciens contentieux tribaux réapparaissent et nous plongent, presque sans transition, dans ces temps que l'on croyait révolus, où le destin européen prit la forme d'une guerre civile interminable. Au point de nous faire douter de notre capacité ou de notre volonté de devenir cette Communauté que, depuis un demi-siècle, beaucoup d'Européens appellent de leurs vœux.

Le désarroi européen est indéniable, mais il ne tient pas essentiellement aux circonstances, ni à l'état du monde pendant le dernier siècle. Il n'est que la manifestation finale du long et inexorable processus d'effacement de l'Europe sur la scène du monde, et aussi du rôle – à la fois réel et imaginaire – d'instrument de compréhension et de domination symbolique du destin de l'humanité que la culture européenne s'était attribué. Il importe peu de savoir, après coup, qu'une telle prétention relevait autant de l'illusion intéressée au service d'une puissance historique réelle, que de la méconnaissance de l'état véritable du monde. Puisque sous la plume de Herder ou de Hegel nous rédigions « la philosophie de l'Histoire universelle », nous étions en droit de nous supposer les maîtres ou les animateurs de cette Histoire. Pourtant, il y a à peu près deux siècles, les changements du statut impérial de l'Europe exprimés par le soulèvement américain mettaient à mal la rêverie universelle européenne.

Dorénavant, le sens de l'histoire occidentale ne devait plus se décider seulement en Europe, même si, malheureusement, elle avait gardé le pouvoir d'étendre ses conflits internes à la terre entière. Deux fois en un demi-siècle elle entraîna les États-Unis dans ses aventures suicidaires. Il était dans l'ordre des choses qu'elle en payât le prix. À partir de 1914, l'horloge de l'Histoire – et elle existe – ne devait plus battre à l'heure européenne. Toute la pulsion épique de l'Occident a été prise en charge par la puissance économique, guerrière, mais aussi scientifique, qui a envoyé l'homme sur la lune et que, à juste titre, nous appelons la culture américaine. L'imagerie qui envahit les écrans de la planète relève de cette nouvelle façon de se rapporter à un temps entièrement ouvert sur un avenir à la portée de l'homme. Au moment le plus intense de son messianisme idéologique, la culture de

and not European dreaming that killed the other dream which sustained the adventure, now finished, of actually-existing "socialism". The chilly temporality which is ours at present reflects well enough the feeling of powerlessness in face of America's accession to "cultural" mastery of our civilisation and the paradoxical vacuum created by the collapse of the Marxist utopia and discourse, themselves the final expressions of a European time that was essentially Promethean.

In a way, we ought, rather, to rejoice at having arrived, despite ourselves, at what seems to be our setting-aside from History. Since we are less tormented now by the will to power, everything should encourage us to accept our modest role as the Greeks at the heart of the new Roman Empire, perhaps wielding over our new masters that power of fascination which tourists feel when they disembark, un-guided, in a past whose seductiveness is intact. Unfortunately – or fortunately – in history as in nature, according to Aristotle, there is no room for vacuums. To rest and become an object of contemplation means to fall out of History. Even if we wanted to, it is not in our power to grant ourselves that space away from the movement which is drawing towards an unpredictable future the whole of mankind, of which we are part. More than any other continent – and this has long been the case – Europe is involved, by its own will, but also increasingly by the will of others, in a collective destiny to which it has to submit, or to try and take on with as much autonomy as possible. Europe holds no longer the cul-

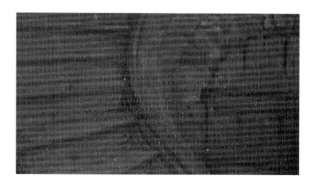

tural itself to be that, our culture has become, like the rest, and without favour, a culture that is looked at. This is only fair, and, in any case, is the situation that exists. European culture sought to be, in form, a culture of doubting and self-critical examination, but it now finds itself subjected to a much more radical examination because

l'Union soviétique, héritière elle aussi de l'utopie universalisante de l'Europe, n'a jamais pu donner une forme aussi éclatante à sa volonté de modeler son avenir et le nôtre. L'essoufflement (passager ?) de cette pulsion épique n'a pas suffit à réveiller notre ferveur d'acteurs endormis de l'Histoire. Le rêve marxiste, même détourné de ses fins idéales ou perverties avait trop de liens avec les rêves sociaux et millénaristes de la vieille Europe. Il en va autrement du « rêve américain » d'essence individualiste : c'est sa puissance – mais aussi la puissance tout court – et non pas la rêverie européenne, qui a tué l'autre rêve qui soutenait l'aventure aujourd'hui finie du « socialisme » réel. La temporalité frileuse qui est en ce moment la nôtre traduit assez bien le sentiment d'impuissance devant l'accession de l'Amérique à la maîtrise « culturelle » de notre civilisation et le vide paradoxal créé par l'effondrement de l'utopie et du discours marxistes, dernières expressions d'un temps européen d'essence prométhéenne.

D'une certaine façon, nous devrions plutôt nous réjouir d'être arrivés, malgré nous, à ce qui ressemble à notre mise à l'écart de l'Histoire. Moins tenaillés par la volonté de puissance, tout nous inviterait à accepter notre rôle modeste de Grecs au cœur du nouvel Empire romain, exerçant peut-être sur nos nouveaux maîtres cette sorte de fascination que ressentent les touristes débarquant sans référence dans un passé à la séduction intacte. Malheureusement – ou heureusement – dans l'histoire comme dans la nature pour Aristote, il n'y a pas de place pour le vide. Se reposer, devenir objet de contemplation, c'est tomber hors de l'Histoire. Même si nous le voulions, il n'est pas en notre pouvoir de nous octroyer cet espace en retrait du mouvement qui entraîne vers un avenir imprévisible l'ensemble de l'humanité dont nous faisons partie. Plus qu'aucun autre continent – et cela depuis longtemps – l'Europe est impliquée de par sa propre volonté, mais de plus en plus par la volonté des autres, dans un destin collectif qu'il lui faut subir ou essayer d'assumer avec le maximum d'autonomie. L'Europe ne détient plus l'hégémonie culturelle dont elle se prévalait. De *regard* du monde, ou s'imaginant l'être, notre culture est devenue elle aussi, et sans bienveillance, culture *regardée*. Ce n'est que justice, et de toute façon, situation de fait. Dans sa forme, la culture européenne s'est voulue culture du doute et regard autocritique, mais à présent, elle se trouve soumise à un examen autrement plus

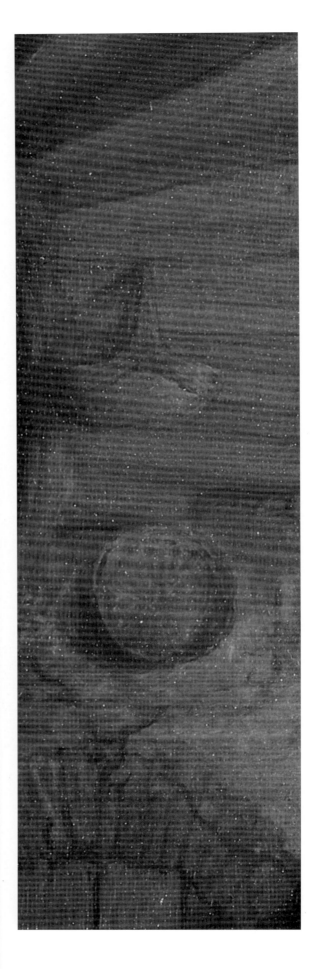

radical parce que venant de ces Autres qu'elle ne voyait pas, tout en croyant les comprendre – à la façon de Hegel – mieux qu'ils ne se comprenaient eux-mêmes. Le dialogue-défi qui nous est imposé n'a rien à voir avec les chocs culturels qui, dans le passé, nous obligeaient à renforcer et à mieux expliciter la nature de nos rapports avec les autres, et avec nous-mêmes. Aujourd'hui, confrontés à des cultures de croyance, avons-nous une réponse, quand nous-mêmes ne croyons plus à rien ? A-t-elle seulement un être cette Europe à la recherche d'elle-même ?

Un certain nombre d'Européens croient encore que notre culture, non seulement comme mémoire, mais aussi comme capacité d'invention, toujours puissante dans le domaine pragmatique, nous tient lieu d'identité ; qu'en elle s'exprime et se trouve déjà la forme la plus haute de ce « vouloir être » européen qui a tant de mal à s'exprimer en des termes de volonté politique. Mais nous ne sommes plus à l'époque des Lumières ni même à celle de Marx ou de Victor Hugo qui croyaient, chacun à sa manière, à l'exemplarité des valeurs que notre civilisation était censée cultiver et répandre dans le monde. Ce que nous avons appelé Modernité n'a été autre chose qu'un effort soutenu pour déconstruire toute espèce de discours auquel nous serions tentés d'accorder un statut positif. Comme Don Juan – mais sur le mode ludique – la culture européenne ne croit littéralement à rien, même si elle s'ingénie à faire de cette pose la dernière des séductions.

Apparemment, l'apothéose du « culturel », la valeur accordée à la Culture, soulevée par une espèce d'euphorie programmée, ne corrobore pas cette lecture pessimiste du genre de culture qui est la nôtre en cette fin de siècle. Le « culturel » joue le rôle que l'Histoire jouait pour Nietzsche il y a un siècle. La Culture – en tant que culture dominante en Europe – n'est plus habitée par une vraie passion, mais par la volonté de déguiser avec raffinement son manque de prise sur la réalité. Aucune préoccupation d'ordre ontologique ou éthique, sauf à titre de mimétisme rituel, ne semble plus nous concerner. Seuls les jeux de la représentation, et bientôt ceux de la virtualité, nous intéressent véritablement. À l'instant où nous archivons la mémoire de tous les temps, notre temporalité vécue ôte à la mémoire, avec son jeu entre passé et présent, toute véritable profondeur. La prolifération des musées où nous nous revisitons du dehors, comme des extra-terrestres, atteste, sinon cet effacement de

this comes from those Others whom it failed to see, even while believing that it understood them (à la Hegel) better than they understood themselves. The challenging dialogue now forced upon us has nothing in common with the culture-shocks which, in the past, obliged us to strengthen and clarify the nature of our relations with the others and with ourselves. Today, confronted by cultures of belief, have we an answer to them, when we no longer believe in anything? Does it even possess being, this Europe in search of itself?

A certain number of Europeans still believe that our culture, not only as a memory but also as a capacity for invention which is still strong in the pragmatic sphere, serves us as an identity - that in it is expressed and already located the highest form of that European "will to be" which is finding such difficulty in expressing itself in terms of political will. But we are no longer in the age of the Enlightenment, nor even in that of Marx or of Victor Hugo, who believed, each in his own way, in the exemplary status of the values which our civilisation was supposed to be cultivating and spreading through the world. What we called Modernity was nothing but a sustained effort to deconstruct every kind of discourse to which we might be tempted to accord positive status. Like Don Juan – but ludically – European culture literally believes in nothing, even though it tries to use this pose as its ultimate seductive power.

It might seem that the apotheosis of the "cultural", the value ascribed to Culture, raised up by a sort of programmed euphoria, fails to confirm this pessimistic reading of our type of culture in this fin de siècle. The "cultural" is playing the role that History played for Nietzsche a century ago. Culture, meaning the culture that predominates in Europe, is no longer filled with any real passion, but rather with the will to disguise with subtlety its failure to grasp reality. No concern of an ontological or ethical order seems to affect us, except as mere ritual mimicry. Only games of display, and soon those of virtuality, really interest us. At the moment when we are consigning to the archives the memory of all times, the temporality we are experiencing removes from memory, with its game played between past and present, all genuine depth. The proliferation of museums in which we revisit ourselves from without, like extra-terrestrials, bears witness, if not to this obliteration of the absolutely tragic, at least to that of the universally meaningful.

Épilogue

l'absolument tragique, tout au moins celui du globalement signifiant. Ces merveilleux musées culturels ne sont pas les albums de notre famille perdue, mais le bric-à-brac fascinant et « kitch » de ce qui fut passion, violence, rêve ; et ils nous intéressent dans la mesure où ce qu'ils nous offrent ressemble aux autos déchets du cimetière d'Arrabal.

L'exigence du Sens est trop ancrée dans notre culture, la temporalité qui lui était particulière trop ambivalente pour que, même dans les moments où nous doutons de notre avenir, nous croyions irrémédiable cette pulsion ludique et nihiliste, source de séduction aux couleurs noires. Si cette situation nous frappe tant c'est parce qu'elle nous semble l'envers de la vocation oubliée, mais toujours présente dans l'inconscient culturel de l'Europe, hanté par l'image du bateau qui, même ivre, n'a jamais perdu l'espoir d'arriver, comme disait Pessoa, à « une espèce de port au soleil ».

Il y a cent ans, l'Europe, sous l'appellation « fin de siècle », a eu conscience d'un temps crépusculaire qui, à première vue, présente des analogies avec notre temporalité grise d'aujourd'hui. Mais le sens et le contenu de cette « dépression », dont le symbolisme fut la fleur précieuse et morbide, étaient tout autre. L'Europe de la fin du XIXᵉ siècle était effectivement la reine du monde. La City imposait sa règle d'or partout. Pendant un siècle les Européens avaient bouleversé, comme les hommes ne l'avaient jamais fait, nos connaissances au sujet de la nature, de la vie, de l'histoire. Ils avaient pris le risque de se débarrasser de croyances millénaires,

en proposant à leur place des rêves et des mythes qui furent les nôtres pendant ce siècle. Un grand trouble spirituel saisit alors les esprits les plus délicats ou les plus prophétiques ; alors se fit jour une volonté de quitter cette Europe audacieuse et impitoyable envers son propre héritage. On se crut à « la fin du monde ». Bien à tort, car

These wonderful cultural museums are not the albums of our lost family but the fascinating, "kitsch" bric-à-brac that remains from what was passion, violence, dreams, and they interest us to the extend that what they offer us resembles the discarded motor-cars in Arrabal's cemetery.

The demand for Meaning is too well rooted in our culture, and the temporality of which it was disctinctive is too ambivalent for us, even in the movements when we doubded our future, to accept as irremediable this ludic and nihilistic urge which is a source of sinister seduction. If this situation strikes us so forcibly, that is because it seems to us the reverse side of the vocation which, though forgotten, is always there in Europe's cultural unconscious, haunted by the image of the boat which, even thought drunk, has never lost hope of arriving, as Pessoa put it, at "some port on sunshine".

A hundred years ago Europe had a sense, with the term "fin de siècle", of experiencing a twilight time which, at first glance, offers similarities with our grey temporality of today. but the meaning and content of that "depression", the symbol of which was an affected and sickly flower, was quite different. The Europe of the end of the 19th century was effectively ruler of the world. The City imposed its gold standard everywhere. For a hundred years the Europeans had been overturning, as never before, our knowledge concerning nature, life and history. They had undertaken the risk of shaking off beliefs held for a thousand years, offering, in place of these, dreams and myths that were ours during this century. A great spiritual confusion then overcame the most delicate or most prophetic minds, and there appeared a will to abandon this Europe that was so audacious and pitiless towards its own inheritance. People thought they had come to "the end of the world". That was quite wrong, for, in contrast to what is happening nowadays, Europe was then the subject and the issue of all those upheavals and breaks with the past, which were justified by the conviction that in this way a future in Europe's colours was being shaped.

We know what became of that calling-in-question of the past. It did not prevent Europe from throwing itself into adventures of which it lost control and in which it was almost buried, dragging the world in its wake. Ahead of the catastrophe, European culture became a game of destruction, of knocking

contrairement à ce qui se passe aujourd'hui, l'Europe était alors le *sujet* de l'enjeu de tous ces bouleversements et ruptures justifiés par la conviction de façonner ainsi un avenir aux couleurs européennes.

Nous savons ce qu'il est advenu de cette mise en question du passé. Elle n'a pas empêché l'Europe de se lancer dans des aventures dont elle a perdu le contrôle, et où elle a failli être ensevelie, entraînant le monde à sa suite. Devançant la catastrophe, la culture européenne est devenue un jeu de massacre, et, après le massacre, réellement et symboliquement, un jeu. Traversant l'Atlantique, ce jeu a séduit une Amérique qui n'a jamais fait dépendre son rôle dans le monde du destin ou de l'éclat de sa culture. Elle y a ajouté un supplément de violence, mais aussi d'irrespect, que son cinéma a exporté partout. La séduction venait de changer de camp. C'est sous cette forme que la culture européenne a perdu la clé de son nihilisme encore prométhéen d'il y a un siècle, pour devenir peu à peu culture fascinée par un nouveau nihilisme, un « nihilisme joué », à la puissance de séduction indéniable. Dans le contexte de la culture américaine, encore imprégnée de ce qu'on peut appeler une temporalité heureuse, une façon bon enfant de se référer à son passé et à l'Histoire, ce « nihilisme » n'affecte en rien le sens conquérant propre aux États-Unis. Il en va autrement du continent qui a vu naître Dante, Cervantès, Shakespeare et Kafka.

C'est par rapport à cette temporalité heureuse que celle de l'Europe semble, sinon malheureuse, du moins incertaine. Les Européens se rappellent que le jour même où ils ont abordé au Nouveau Monde, ils ont commencé à vieillir. C'est un Européen (Vico) qui imagine le devenir historique comme une spirale de « corsi » et « ricorsi », d'avancées et de retours. Cette image cadre assez bien avec le besoin de la culture européenne de revenir périodiquement sur ses pas. Pareil réflexe était aisé quand son espace-temps symbolique se confondait avec l'espace-temps de l'histoire universelle. Maintenant que son temps propre l'a rejointe, ces tentations de retour ne la renouvelleraient pas. Notre culture européenne – une parmi d'autres – se trouve désormais confrontée aux mêmes défis que l'ensemble de la communauté humaine, mais elle ne peut les surmonter par aucune tentation de revenir symboliquement sur elle-même (comme lors de la Renaissance et du Romantisme). Elle ne peut non plus se contenter de son rôle de consommatrice ou

things down, and, after they had all been knocked down, really and symbolically no more than a game. Crossing the Atlantic, this game seduced an America whose role in the world had never had to depend on the fate or the brilliance of its culture. To this game America added extra violence, but also extra disrespect which its films exported eve-

rywhere. The seduction was due to the changing of sides. It was in this form that European culture lost the key to its still-Promethean nihilism of a century ago, to become gradually a culture fascinated by a new nihilism, an "acted nihilism" with an undeniable power to seduce. In the context of American culture, still permeated with what can be called a fortunate temporality, a good-natured way of relating to its past and to History, this "nihilism" had no affect on the conquering course taken by the United States. But it was otherwise with the continent that gave birth to Dante, Cervantes, Shakespeare and Kafka.

It is in relation to America's fortunate temporality that Europe's temporality seems, if not unfortunate, then at least uncertain. Europeans remember that the very day that they reached the New World they began to grow old. It was a European (Vico) who imagined history as a spiral, or made up of "corsi" and "ricorsi", of advance and retreat. This image fits well enough with European culture's need to retrace its steps from time to time. Such a reflex was easy when its symbolic space-time was identical with that of world history. Now that its own time has rejoined it, such temptations to go back would not bring renewal. Our European culture, one among others, is now faced with the same challenges as the rest of the human community, but it cannot overcome them by yielding to any temptation to go back upon itself, symbolically, as in the Renaissance or in the Romantic period. No can it rest content with its role of consumer or adapter

de rehabilleuse de créations venues d'ailleurs, uniquement pour se donner l'illusion qu'elle a encore une véritable prise sur l'avenir. D'autant moins qu'elle garde intacte sa capacité d'invention et de renouvellement. En réalité, notre seule faiblesse, celle qui entrave la marche vers l'avenir, tient au fait que nous n'épousons pas sans idée de retour l'utopie d'un destin commun librement accepté. Le continent que nous avons à explorer s'appelle toujours Europe. Après avoir connu toutes les séductions, les Européens pourraient se laisser séduire par leur nouvelle vocation, plus modeste mais non moins universelle que celle des temps mythiques. Nous devons assumer cette sorte de faiblesse historique, non comme une source de jouissance masochiste, mais comme une invitation à redonner à notre voyage dans le Temps cette couleur de défi à nous-mêmes, semblable à celui d'Ulysse, notre saint patron.

of creations coming from elsewhere, just so as to give itself the illusion of still having a foothold in the future. And this all the less because it retains intact its capacity for invention and renewal. In reality our only weakness, that which hinders our march towards the future, lies in the fact that we are not embracing, without any notion of going back on it, the utopia of a freely-accepted common destiny. The continent which we have to explore is still called Europe. After having known all the seductions, the Europeans should be able to let themselves be seduced by their new vocation, more modest but no less universal than that of the mythical times. We ought to take this sort of historical weakness not as a source of masochistic pleasure but as an invitation to give our voyage through Time once more that quality of challenge to ourselves, like the challenge faced by Ulysses, our patron saint.

Eduardo Lourenço
(L'Europe, ou la séduction du temps perdu - Europe, or the seduction of lost time)

English translation: Brian Pearce

Né à São Pedro do Rio Seco (Portugal) en 1923, essayiste de formation essentiellement philosophique, Eduardo Lourenço s'est intéressé à la critique littéraire, à la théorie de la littérature et à l'histoire des idées. Après avoir été exilé en Allemagne et au Brésil, son activité se partage aujourd'hui essentiellement entre le Portugal et la France où il était professeur et où il vit.

Born in São Pedro do Rio Seco (Portugal) in 1923, essayist with an essentially philosophic formation, Eduardo Lourenço was interested in literary critic, in the theory of literature and in the history of ideas. After he was exiled to Germany and Brasil, his activity is now essentially shared between Portugal and France.

Il est notamment l'auteur de : Pessoa revisitado *(1973)* (Pessoa, l'Étranger absolu, *1990),* O Fascismo nunca existiu *(1976),* O labirinto da saudade *(1978)* (Le Labyrinthe de la Saudade, *1988),* Fernando, Rei da Nossa Baviera *(1986)* (Fernando Pessoa, Roi de notre Bavière, *1988),* Nós e a Europa ou as duas razôes *(1988)* (L'Europe introuvable, *1991)...*

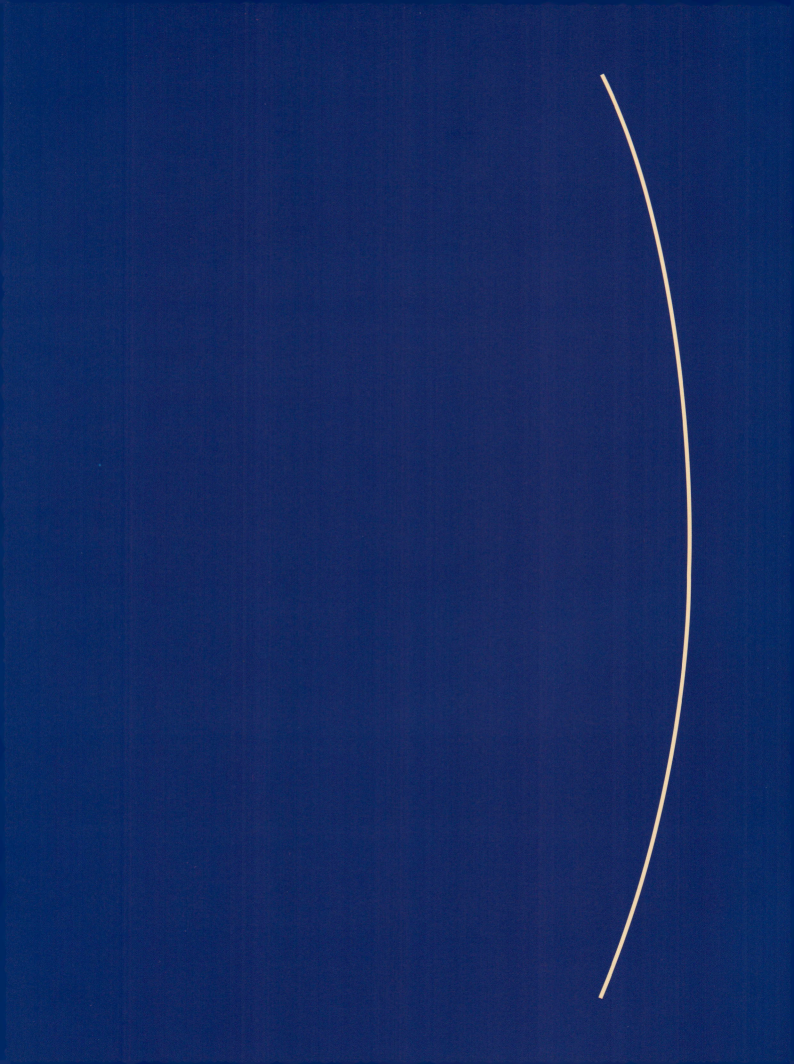

Sommaire Summary

Foreword

Preface

Presentation and illustrations

Prologue

The seduction of extending one's horizon

The seduction of modernity

The seduction of the landscape

The seduction of frontiers

The seduction of town planning

The seduction of memory

The seduction of words

The seduction of the "Other"

The seduction of Human Rights

The seduction of barbarity

Epilogue

C. LALUMIÈRE	*Avant-Propos*	7
R. WEBER	*Préface*	11
R. DULAU	*Argument et iconographie*	22
G. DUBY	*Prologue*	24
A. PLESU	*La séduction de voir au-delà de son propre horizon*	38
A. TOURAINE	*La séduction de la modernité*	62
G. JELLICOE	*La séduction du paysage*	90
C. MAGRIS	*La séduction des frontières*	114
S. E. PETERSEN	*La séduction d'urbaniser*	138
N. SOMBART	*La séduction de la mémoire*	168
W. GODZICH	*La séduction de dire*	190
A. DJEBAR	*La séduction de l'Autre*	218
P. LEUPRECHT	*La séduction des droits de la personne*	246
E. WIESEL	*La séduction de la barbarie*	274
E. LOURENÇO	*Épilogue*	294

Crédits Photos Credits

Dans les légendes, seuls les titres en italique ont été attribués par l'auteur de l'œuvre.

Double page centrale. Bibliothèque nationale (Carte de l'Europe par Nicolas de Fer, 1695, Cartes et plans, Réserve, CE B 1118, Bibliothèque nationale, Paris). I. *Royal Collection Enterprises.* II. *Dagli Orti.* III. *Artephot.* IV. *The Landscape Institute, London.* V. *Marit Ahlen, Bureau des Inscriptions runiques, Direction nationale du Patrimoine, Suède.* VI. *Andreas Trier Mörch.* VII. *Réunion des musées nationaux.* VIII. *Madame Ela Bienenfeld.* IX. *Mark Tansey.* X. *Artis, 137 Bd Magenta, 75010 Paris.* XI. *Réunion des musées nationaux.* XII. *Réunion des musées nationaux.* 1. *Réunion des musées nationaux.* 2. *Artephot.* 3. *D. R.* 4. *Bibliothèque nationale.* 5. *Bibliothèque nationale.* 6. *F.-M. Ricci/Institut du monde arabe.* 7. *Bibliothèque nationale.* 8. *Bibliothèque nationale.* 9. *Collection particulière.* 10. *Anthony d'Offay Gallery, London.* 11. *Edimédia.* 12. *Bibliothèque nationale.* 13. *The Bodleian Library, University of Oxford.* 14. *Royal Collection Enterprises.* 15. *Giraudon.* 16. *Bibliothèque nationale.* 17. *Roger-Viollet.* 18. *Réunion des musées nationaux.* 19. *Roger-Viollet.* 20. *Réunion des musées nationaux.* 21. *Photothèque des musées de la ville de Paris, SPADEM.* 23. *Rhône-Poulenc.* 24. *Musée historique des Tissus, Lyon.* 25. *EDF-MTS.* 26. *M. Golvin.* 27. *Cinémathèque de Toulouse.* 28. *Casterman.* 29. *D. R.* 30. *Artephot.* 31. *Réunion des musées nationaux.* 32. *Alinari/Giraudon.* 33. *Réunion des musées nationaux.* 34. *Giraudon.* 35. *Artothek.* 36. *Réunion des musées nationaux.* 37. *CNMHS/SPADEM.* 38. *Artephot.* 39. *Réunion des musées nationaux.* 40. *D. R.* 41. *Musée de la Poste-Paris.* 42. *Barbey/Magnum.* 43. *Galerie Michel Luneau.* 44. *Roger-Viollet.* 45. *Bibliothèque nationale.* 46. *Ville de Bayeux.* 47. *Artephot.* 48. *Artephot.* 49. *Bibliothèque nationale.* 50. *D. R.* 51. *CNES/Dist. Spot Image/Explorer.* 52. *Keystone.* 53. *Anthony Suau/Vu.* 54. *Landesbildstelle, Berlin.* 55. *Manciet/Sygma.* 56. *Anthony Suau/Vu.* 57. *Documentation du Musée national d'Art moderne, Centre Pompidou, Paris.* 58. *Dagli Orti.* 59. *Lauros/Giraudon.* 60. *SABAA.* 61. *Edimédia.* 62. *Bibliothèque nationale.* 63. *Jean Bernard.* 64. *D. R.* 65. *Fondation Le Corbusier.* 66. *Les Éditions de Minuit.* 67. *Cinémathèque de Toulouse.* 68. *Straiton/Explorer.* 69. *Manciet/Sygma.* 70. *Roger-Viollet.* 71. *Arthus-Bertrand/Explorer.* 72. *Collection particulière.* 73. *Aventurier/Gamma.* 74. *Casterman.* 75. *Musée des Beaux-Arts, Dijon.* 76. *François Petit.* 77. *Bibliothèque municipale d'Abbeville.* 78. *Michel Random.* 79. *British Museum.* 80. *D. R.* 81. *Inventaire général/SPADEM/Cl. M. Rosso.* 82. *Polfliet/Agence Sipa.* 83. *J.-P. Amet/Sygma.* 84. *Musée Vivenel, Compiègne (Oise).* 85. *P. Cadet/CNMHS/SPADEM.* 86. *J.-P. Roux.* 87. *Documentation photographique des Collections du Musée national d'Art moderne, Centre Pompidou, Paris.* 88. *Hartung/Documentation photographique des Collections du Musée national d'Art moderne, Centre Pompidou, Paris.* 89. *Benjamin Mouton.* 90. *Collection particulière.* 91. *Galerie Ghislaine Hussenot.* 92. *Bridgeman/Giraudon.* 93. *CESCM URA 998 Poitiers.* 94. *Bibliothèque nationale.* 95. *Edimédia.* 96. *Bibliothèque nationale.* 97. *Béatrice Hatala/Documentation du Musée national d'Art moderne, Centre Pompidou, Paris.* 98. *D. R.* 99. *J.-L. Charmet.* 100. *Sygma.* 101. *M. Anssens. Fonds régional d'Art contemporain Nord-Pas de Calais.* 102. *D. R.* 103. *Éditions C.N.P.* 104. *Alexias Tjoyas.* 105. *Deschamps/Vu.* 106. *Reproduced by courtesy to the Trustees, The National Gallery, London.* 107. *D. R.* 108. *Roger-Viollet.* 109. *Réunion des Musées nationaux.* 110. *Documentation photographique des Collections du Musée national d'Art moderne, Centre Pompidou, Paris.* 111. *D. R.* 112. *D. R.* 113. *Halin/Rapho.* 114. *D. R.* 115. *Maillard/Institut du monde arabe.* 117. *D. R.* 118. *Bibliothèque nationale suisse, Berne.* 119. *D. R.* 120. *D. R.* 121. *Cécile Lacoste.* 122. *Malek Alloula.* 123. *Musées de la Ville de Paris/SPADEM.* 124. *Everts/Rapho.* 125. *Bulloz.* 126. *Rijksmuseum, Amsterdam.* 127. *D. R.* 128. *Langevin/Sygma.* 129. *Cointe/Pix.* 130. *Laffont/Sygma.* 131. *D.R.* 132. *Bahier/Migeat/ Documentation photographique des Collections du Musée national d'Art moderne, Centre Pompidou, Paris.* 133. *Collection particulière.* 134. *Artephot.* 135. *J.-L. Charmet.* 136. *Keystone.* 137. *Roger-Viollet.* 138. *Delay/Associated Press.* 139. *Rebours/Associated Press.* 140. *Giraudon.* 141. *Musée de Moulins.* 142. *Lauros/Giraudon.* 143. *Willaume/Vu.* 144. *Bridgeman/Giraudon.* 145. *Réunion des musées nationaux.* 146. *Delay/Associated Press.* 148. *Centre de documentation juive contemporaine, Paris.* 149. *D. R.* 150. *D. R.* 151. *Huibers/Hollandse Hoogte/Vu.* 152. *Suau/Vu.* 153. *Delay/Associated Press.* 154. *Chamizo.* 155. *Christa Spangenberg/Lenbachhaus.*

Conception graphique : Olivier Douzou

Achevé d'imprimer
en avril 1994
sur les presses de Graphi Imprimeur
12450 LA PRIMAUBE
pour le compte des Éditions du Rouergue
N° Imprimeur A94/1694R

Dépôt légal : avril 1994

ISBN : 2 905209 81 X